HEIKE C. SCHMIDT UND JOACHIM WILLEITNER

NEFERTARI

SONDERHEFTE DER ANTIKEN WELT

Zaberns Bildbände zur Archäologie

VERLAG PHILIPP VON ZABERN · GEGRÜNDET 1785 · MAINZ

HEIKE C. SCHMIDT UND JOACHIM WILLEITNER

Nefertari

GEMAHLIN RAMSES' II.

Mit Aufnahmen aus dem Königinnengrab

von Alberto Siliotti (CEDAE)

VERLAG PHILIPP VON ZABERN · MAINZ AM RHEIN

IV, 144 Seiten mit 108 Farb- und 117 Schwarzweißabbildungen

Umschlag vorne: Grab der Nefertari im Tal der Königinnen. Eingangswand zu Raum II. Foto: Archiv.

Umschlag hinten: Nefertari an einer Statue Ramses' II. im ersten Hof des Luxortempels. Foto: H. C. Schmidt.

Vorsatz: Die thronende Göttin Selket und die geflügelte Maat, Göttin der Wahrheit (Abb. 167).
Foto: Abdel Ghaffar Shedid.

Die Deutsche Bibliothek – CIP-Einheitsaufnahme

Nefertari : Gemahlin Ramses' II. / Heike C. Schmidt und
Joachim Willeitner. Mit Aufnahmen aus dem Königinnengrab von
Alberto Siliotti. – Mainz : von Zabern, 1994
(Zaberns Bildbände zur Archäologie)
ISBN 3-8053-1529-5
NE: Schmidt, Heike C.; Siliotti, Alberto; GT

© für die Erstausgabe 1994 by ANTIKE WELT, Verlag Philipp von Zabern, Mainz am Rhein
© für die Buchausgabe 1994 by Verlag Philipp von Zabern, Mainz am Rhein
ISBN 3-8053-1529-5
2. Auflage 1997
ISBN 3-8053-1474-4 (Sonderhefte der Antiken Welt)
Satz: Typo-Service Mainz
Lithos: MWP GmbH, Wiesbaden
Alle Rechte, insbesondere das der Übersetzung in fremde Sprachen, vorbehalten.
Ohne ausdrückliche Genehmigung des Verlages ist es auch nicht gestattet, dieses Buch oder Teile daraus
auf photomechanischem Wege (Photokopie, Mikrokopie) zu vervielfältigen.
Printed in Germany by Philipp von Zabern
Printed on fade resistant and archival quality paper (PH 7 neutral)

Inhaltsverzeichnis

Joachim Willeitner:

«Pharao» und «Große königliche Gemahlin»   3

Der historische Hintergrund   5

An der Seite Ramses' II.   8

Die Frauen am Hof Ramses' II.   25

Wie sah Nefertari aus?   37

Die letzten Jahre und Nefertaris mutmaßliches Ende   47

Heike C. Schmidt:

«Die Schönste von ihnen»   51

Joachim Willeitner:

Nefertaris Wirken am Hofe Ramses' II.   54

«... um derentwillen die Sonne erscheint»   65

Ein weiterer Kultbau für Nefertari?   80

Aus der Schatzkammer der Königin   84

Das Grab der Nefertari im Tal der Königinnen und seine Wiederentdeckung   89

Heike C. Schmidt:

Die Transfiguration der Nefertari   104

Bildnachweis   144

Literatur (Auswahl)   144

Abb. 1 Ramses II. und Nefertari beim Kultvollzug anläßlich des Minfestes. Relief an der östlichen Rückwand des Pylons des Luxortempels.

Joachim Willeitner

«Pharao» und «Große königliche Gemahlin»

Frauen am ägyptischen Königshof

Im Vergleich mit den anderen antiken Hochkulturen wies das pharaonische Ägypten (Abb. 4) im Verlauf seiner über dreitausendjährigen Geschichte eine ganze Reihe von bedeutsamen Frauengestalten auf, die die Geschicke des Landes als eigenständige Herrscherinnen oder als Königsgemahlinnen an der Seite des regierenden Pharao mitbestimmt und geprägt haben.

Frauen als «Pharao»

Am Ende sowohl des Alten (6. Dynastie) wie auch des Mittleren Reiches (12. Dynastie) findet sich mit Nitokris (wohl 2151–2150) bzw. Sobeknofru (wohl 1760–1756) jeweils eine Frau auf dem Pharaonenthron, die, wenn auch letztendlich vergeblich, versucht hat, den in Auflösung begriffenen Zentralstaat zusammenzuhalten, bevor dieser, in der Ersten bzw. Zweiten Zwischenzeit, in zahllose Kleinreiche zerfiel. Auch die dem Neuen Reich zugehörige 19. Dynastie, der so bedeutende Herrscher wie Sethos I. (1293–1279) und Ramses II. (1279–1213) angehörten, wurde mit einer selbständigen Regentin, nämlich Tawosret (1193–1190), abgeschlossen.

Die prominenteste weibliche Herrschergestalt auf dem Pharaonenthron, die Königin Hatschepsut (Abb. 2) in der frühen 18. Dynastie (1479–1458), zeigt besonders deutlich, daß mit der Regentschaft über Ägypten automatisch das Ablegen alles Weiblichen verbunden war: auch die Frauen waren «Pharao», nicht «Pharaonin». Denn auf der Mehrzahl ihrer Bildwerke erscheint Hatschepsut mit männlichem Oberkörper ohne Busen, sie trägt den obligatorischen Königsschurz mit Stierschweif und verzichtet zumeist nicht einmal auf den rituellen Königsbart, der aber auch bei den männlichen Pharaonen nicht durch natürlichen Haarwuchs zustande kam, sondern als künstliche Bartperücke im Gesicht befestigt wurde.

Man kann als Ausnahme die letzte Herrscherpersönlichkeit eines eigenständigen Staates Ägypten, nämlich jene berühmte Kleopatra VII. (51–30 v. Chr.),

Abb. 2 Sphinxkopf der Königin Hatschepsut. Granit, H. 16,5 cm. Ägyptisches Museum Berlin (Charlottenburg).

Abb. 3 Kopf der Königin Teje. Steatit; H. 7 cm; aus Serabit el-Chadim/Sinai. Ägyptisches Museum Kairo, Inv. JE 38257.

anführen, die ohne Einsatz ihrer Weiblichkeit wohl nicht Caesar und Marc Anton für sich hätte einnehmen können; doch war Kleopatra bekanntlich auch keine echte Ägypterin, sondern als Mitglied des ptolemäischen Herrscherhauses – in der Nachfolge Alexanders des Großen – griechisch-stämmig. Wiederum war es aber eine Frau gewesen, die eine Epoche des Nillandes beendete; denn anschließend folgte für mehrere Jahrhunderte die römische Fremdherrschaft, während deren Ägypten nur Randprovinz eines Großreiches war.

Prominente «Große königliche Gemahlinnen»

Neben diesen Regentinnen, die selbst das Herrscheramt ausübten, gab es aber auch Frauen an der Seite des regierenden Pharaos, die es verstanden, aus dem Schatten ihres Mannes heraus ins Rampenlicht der Geschichte zu treten. Mit ihrem (seit dem Mittleren Reich nachweisbaren) offiziellen Amtstitel *hemet nisut weret (hm.t njsw.t wr.t)*, «Große königliche Gemahlin», der sie zur Unterscheidung von allen anderen Mitgliedern des königlichen Harims als Hauptfrau ausweist, stellten sie ein wichtiges Element der altägyptischen Staatsideologie, ja der Weltordnung, der Maat, dar: In der dualistisch gedachten Schöpfung waren sie das weibliche Gegenstück zu den männlichen Herrschern, sie durften somit, ja sie mußten sogar – im Gegensatz zu ihren eigenständig regierenden Geschlechtsgenossinnen – ihre Weiblichkeit wahren und demonstrieren, denn sie sollten im Idealfall dem Thronfolger das Leben schenken und damit den ewigen Kreislauf von Tod und Geburt aufrechterhalten.

In diese Kategorie prominenter Ägypterinnen fallen vor allem Persönlichkeiten aus der Zeit des Neuen Reiches: gleich am Anfang dieser Periode steht die Königin Ahhotep, die Mutter der Hyksos-Vertreiber und Reichsgründer Kamose (wohl 1545–1539) und Ahmose (1539 bis 1514), die somit am Übergang von der 17. zur 18. Dynastie zur Stammutter des Neuen Reiches wird. Ihre Tochter Ahmes-Nefertari fungierte, gemeinsam mit ihrem Sohn Amenophis I. (1514 bis 1493), über mehrere Jahrhunderte als vergöttlichte Schutzpatronin der Arbeitersiedlung von Deir el-Medine auf der thebanischen Westseite, wo die an den Gräbern im Tal der Könige und im Tal der Königinnen tätigen Handwerker beheimatet waren. Im weiteren Verlauf der 18. Dynastie erhob Amenophis III. (1390 bis 1353) mit Teje (Abb. 3) eine «Bürgerliche» zur «Großen königlichen Gemahlin», und der Thronfolger aus dieser Verbindung, Amenophis IV./Echnaton (1353 bis 1336), bildet mit seiner Frau Nofretete und den insgesamt sechs namentlich überlieferten Töchtern die wohl populärste Herrscherfamilie des pharaonischen Ägypten.

Nur wenig später hat sich jene rätselhafte Episode abgespielt, in welcher die Witwe eines Pharao sich an den hethitischen König mit der Bitte wandte, ihr einen seiner Söhne als Gatten zu geben, da die eigene männliche Linie ausgestorben war und sie keinen niederrangigeren Ägypter zum Mann nehmen wollte. Bedauerlicherweise ist dieses bedeutsame Ereignis nicht in ägyptischen Quellen, als Hieroglyphentext, überliefert, sondern nur in einem hethitischen, also keilschriftlichen Dokument, den sogenannten «Mannestaten Schuppiluliumas», in welchen dessen Sohn und (übernächster) Nachfolger Murschili einen Rückblick auf die Regierungszeit seines Vaters hält. In diesen biographischen Aufzeichnungen wird der verstorbene Pharao keilschriftlich *Nibchururia* umschrieben, wohinter sich sowohl der Thronname Echnatons *(Nefer-cheperu-Ra)* wie auch derjenige Tut-anch-Amuns *(Neb-cheperu-Ra)* verbergen kann. Entsprechend umstritten ist, ob es sich bei der Königswitwe um Nofretete, Kija, Merit-Aton oder Anches-en-Amun handelte. Sicher ist nur, daß ein hethitischer Prinz namens Zananza nach längeren Verhandlungen zwar nach Ägypten geschickt, jedoch unterwegs ermordet wurde. Die ägyptische Königin, deren Heiratsansinnen auf diese Weise hintertrieben worden war, muß nach dem Tod ihres Mannes zumindest kurzzeitig allein die Herrschaft ausgeübt haben, denn nur so befand sie sich in einer Position, die es ihr erlaubte, mit ihrem Brief an Schuppiluliuma selbständig Entscheidungen von solcher Tragweite – man stelle sich einen Hethiter an der Spitze des Pharaonenreiches vor! – zu treffen.

Die durch die Ermordung des hethitischen Prinzen offen ausgebrochenen Spannungen zwischen Ägypten und dem Hethiterreich, die schließlich unter Ramses II. im Jahr 1275 v. Chr. in der Auseinandersetzung um die Stadt Qadesch am Orontes kulminierten, konnten erst Jahrzehnte später wieder bereinigt werden. Nach Abschluß eines Friedensvertrages ehelichte Ramses II. eine (wenn nicht in der Folge noch eine zweite) hethitische Prinzessin, die sogar in den Rang einer «Großen königlichen Gemahlin», also einer Hauptgattin, erhoben wurde. Am ägyptischen Königshof, wohin sie gelangte, hatten bis kurz zuvor, bis zu ihrem jeweiligen Ableben, zwei Frauengestalten in dominanter Position gewirkt: einerseits die Königinmutter (Mut-)Tuy und andererseits Nefertari, die schon vom 1. Regierungsjahr an die «Große königliche Gemahlin» an der Seite Ramses' II. war. Beide Frauen hatten sich beispielsweise mit eigenen Keilschriftbriefen an der regen diplomatischen Korrespondenz zwischen den ehemals verfeindeten Herrscherhäusern im Zuge des Friedensvertrages beteiligt, nahmen also auch nach außen hin Repräsentationsaufgaben wahr. Nicht nur aufgrund dieses Sachverhaltes gilt Nefertari unbestritten als die bedeutendste Hauptgemahlin an der Seite Ramses' II., auch wenn im Verlauf der langen, 67jährigen Regierung dieses Herrschers insgesamt mindestens sieben Trägerinnen dieses Titels überliefert sind. Im vorliegenden Werk wird nun – in teils sogar bislang unveröffentlichten Bildern und Zeugnissen – das Leben dieser außergewöhnlichen Königsgemahlin skizziert, und es werden ihre Hinterlassenschaften, die ihre Ausnahmestellung dokumentieren, vorgestellt.

Joachim Willeitner

Der historische Hintergrund

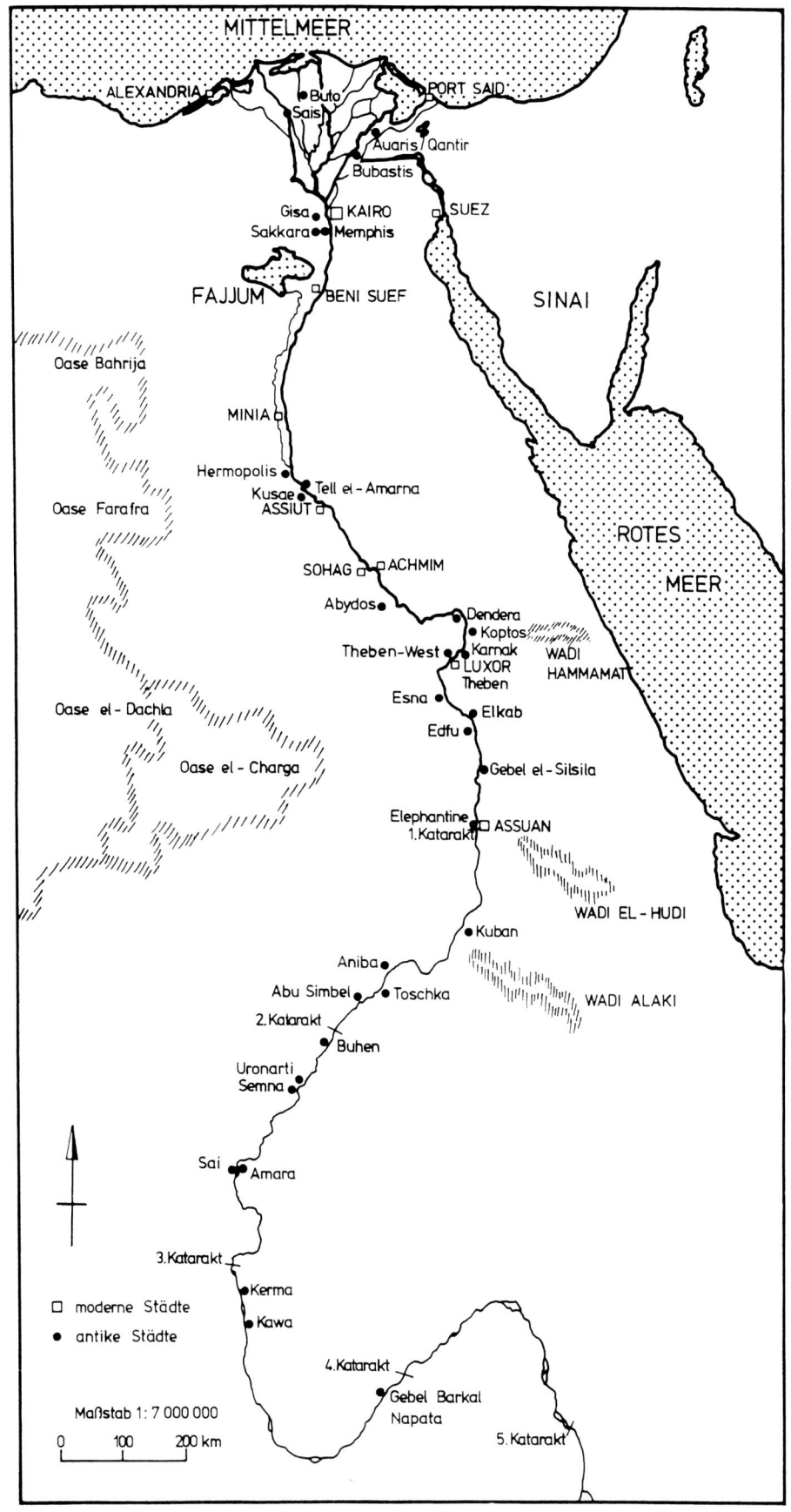

Als Ramses II. im Jahre 1279 v. Chr. nach dem Tod seines Vaters Sethos I. den Pharaonenthron besteigt, treten auch zwei Frauen ins Rampenlicht der Geschichte, seine beiden «Großen königlichen Gemahlinnen» – also Hauptgemahlinnen – Nefertari (Abb. 1, 5) und Isisnofret (Abb. 33). Beider Herkunft liegt im dunkeln. Ebenso rätselhaft ist die Tatsache, daß Ramses, entgegen allen sonstigen Gepflogenheiten, zwei Gemahlinnen nebeneinander in den Rang einer «Großen königlichen Gemahlin» erhoben hatte, denn üblicherweise nahm immer nur eine Frau diese hohe Stellung ein, und erst nach deren Ableben oder Verstoßung erhielt eine andere diesen Titel. Bis vor wenigen Jahren ging man zudem davon aus, daß auch noch eine dritte Frau schon ab der Thronbesteigung Ramses' II. als Hauptgemahlin fungierte, nämlich Henut-mi-Ra, da man diese fälschlicherweise für eine Tochter Sethos' I. und dessen Hauptgemahlin (Mut-)Tuy und somit für eine Vollschwester Ramses' II. gehalten hatte.

Ramses II. hatte von seinem Vater Sethos I. ein wieder weitgehend konsolidiertes Reich übernommen. Denn erst seit zwei Generationen war die Herrschaft, wie es auch zuvor während des Alten und Mittleren Reiches sowie während weiter Teile der vorangegangenen 18. Dynastie die Regel gewesen war, wieder vom Vater auf den Sohn weitergegeben worden: Sethos I. legitimierte seinen Thronanspruch in seiner Eigenschaft als ältester Sohn Ramses' I., auch wenn dieser nur kurzzeitig regiert hatte (1292–1290). Ramses I., mit dem die 19. Dynastie beginnt, war seinerseits jedoch nicht mit dem vorherigen Herrscher, König Haremhab (1319–1293), verwandt, sondern stammte, wie sein eben genannter Amtsvorgänger übrigens auch, aus bürgerlichen Verhältnissen: sein Vater war ein Truppenkommandant namens Sethos, und Ramses I. fungierte zunächst – unter seinem ursprünglichen Namen Paramessu – ebenfalls als Truppenkommandant und später als Wesir (vgl. Abb. 50a,b).

Abb. 4 Karte des Niltals mit den wichtigsten archäologischen Stätten.

Abb. 5 Königin Nefertari mit Geierhaube. Wandmalerei aus ihrem Grab im Tal der Königinnen.

Diese Periode am Übergang von der 18. zur 19. Dynastie, in welcher sich statt einer geregelten Erbfolge die Truppenkommandanten an der Spitze des Nillandes ablösten und die man deswegen als eine Art Militärdiktatur betrachten könnte, hat ihre tieferen Ursachen bereits in der Amarnazeit unter Pharao Amenophis IV./Echnaton (1353–1336). Dieser hatte als Sohn Amenophis' III. (1390–1353) und der Teje den Thron bestiegen und die schon unter seinem Vater forcierte Verehrung der Sonnenscheibe Aton zum alleinigen Staatskult erklärt. Die Hauptstadt wurde nach Mittelägypten in das neugegründete Achet-Aton (heute Tell el-Amarna) verlegt, wo bei den Ausgrabungen zahllose Bildnisse des Herrschers, seiner berühmten Gemahlin Nofretete und von deren sechs Töchtern, aber nie von Söhnen, zutage getreten sind. Entsprechend unklar sind die Verwandtschaftsverhältnisse der nachfolgenden Herrscher Semenchkare (1335 bis 1332) und Tut-anch-Amun (1332 bis 1323) zu Echnaton, mit dessen ältester bzw. dritter Tochter sie verheiratet waren. Nach dem Tod Tut-anch-Amuns, als kein potentieller Thronfolger aus der Herrscherfamilie mehr existierte, bestieg zunächst der greise Eje (1323 bis 1319), ein hoher Hofbeamter aus dem mittelägyptischen Achmim, den Thron, dem nach seinem Tod Haremhab folgte. Vieles spricht dafür, daß Eje und Haremhab nicht das beste Einvernehmen hatten und sich heftige Machtkämpfe abspielten, bei denen sich zunächst die Partei des Eje durchsetzen konnte, die aber schließlich den Anhängern Haremhabs unterlag. Bereits Tut-anch-Amun, der anfänglich noch Tut-anch-Aton geheißen hatte, mußte unter dem Druck der Amunspriester in Theben die religiösen Reformen Echnatons rückgängig machen und Amarna als Residenz verlassen. Die Hauptstadt wurde aber nicht nach Theben zurückverlegt, sondern weiter nach Norden, nach Memphis – wohl, weil die unter Echnaton völlig vernachlässigte Grenze zum syrisch-palästinensischen Raum besonders gefährdet war und der Pharao von einer dem Krisenherd näher gelegenen Residenz aus, die zudem noch traditionelle Garnisons- und (während des Alten und Mittleren Reiches) alte Hauptstadt war, im Bedarfsfall schneller intervenieren konnte.

Eine neue Residenz

Ähnliche Überlegungen – wobei die Ramessidendynastie ohnehin aus dem Ostdelta zu stammen scheint – bewogen Ramses II. wohl dazu, seinen Regierungssitz noch weiter nach Nordosten, nämlich an den Deltarand beim heutigen Qantir bzw. Tell ed-Daba'a zu verschieben, wo er die «Ramsesstadt» (Piramesse) anlegen ließ. Spätestens in seinem 5. Regierungsjahr muß diese neue Residenz zumindest soweit funktionsfähig gewesen sein, daß er seinen berühmten Feldzug gegen die Stadt Qadesch und gegen die Hethiter von hier aus starten konnte.

Die Verlegung der Hauptstadt ins Delta scheint nach neuester Kenntnis sogar schon unter Sethos I. eingeleitet worden zu sein, denn man hat zwischenzeitlich in diesem Areal Bauglieder mit der Namensinschrift dieses Herrschers auffinden können. Dennoch müssen zunächst auch unter Ramses II. noch weite Teile der Verwaltung in Memphis verblieben sein, denn seit einigen Jahren wird in der zu Memphis gehörigen Nekropole von Saqqara der Friedhof der höchsten Staatsbeamten aus der Zeit zwischen Tut-anch-Amun und Ramses II. freigelegt. Dabei kam auch das Grab des nachmaligen Pharaos Haremhab zum Vorschein, das sich dieser in seiner Eigenschaft als Wesir Tut-anch-Amuns hatte anlegen lassen und das er nach seiner Thronbesteigung zugunsten eines standesgemäßen Herrschergrabes im Tal der Könige aufgab.

Der Ramsesstadt schien nur eine kurze Blüte beschieden gewesen zu sein. Die Verlagerung der Nilarme des Deltas und speziell die fortschreitende Verlandung des Flußbettes, an welchem die neue Residenz lag, zwangen allerspätestens zu Beginn der Dritten Zwischenzeit die Herrscher der 21. Dynastie dazu, ihre Hauptstadt nochmals zu verlegen, und zwar nur wenige Kilometer weiter nordöstlich nach Tanis, dem heutigen San el-Haggar. Dabei wurde die alte Ramsesstadt als «Steinbruch» zur Gewinnung von Baumaterial für die neue Metropole ausgebeutet, wobei man sich oftmals nicht einmal die Mühe machte, an den Statuen und Steinquadern die alten Inschriften Ramses' II. durch die eigenen Namenskartuschen zu ersetzen: so ist heute das Ruinengelände von Tanis übersät von Relikten Ramses' II. (Abb. 6, 44), und bis vor kurzem – getäuscht vom augenscheinlichen Befund – lokalisierten die Ägyptologen auf dem Boden von Tanis fälschlicherweise auch die «Ramsesstadt» – ein Irrtum, der erst durch die aktuellen Ausgrabungen im Delta revidiert werden konnte.

Abb. 6 Blick auf das Ruinengelände von Tanis im Ostdelta mit Spolien (Obelisken- und Säulentrümmer) Ramses' II.

Joachim Willeitner

An der Seite Ramses' II.

Zu Herkunft, Stellung und Lebensumständen Nefertaris

Nefertari, eine der insgesamt sieben namentlich überlieferten «Großen königlichen Gemahlinnen» Ramses' II., zählt in vielerlei Hinsicht zu den auffälligsten Frauengestalten des alten Ägypten. Sie tritt uns wie kaum eine andere Königin in zahlreichen bildlichen Darstellungen entgegen: in der Regel ist sie an der Seite ihres Gatten wiedergegeben, sei es in rundplastischer Version (bspw. Abb. 7), sei es als Relief (bspw. Abb. 47); daß sie dabei viel kleiner erscheint als der König, liegt in altägyptischen Konventionen und der kultischen und propagandistischen Funktion der Bildwerke begründet. Statuen, die die Königin alleine zeigen, sind seltener (bspw. Abb. 23a–c). Ähnliche Aussagen lassen sich auch für ihre Darstellungen auf Tempelreliefs treffen: zumeist begleitet sie ihren Gatten bei religiösen Zeremonien und tritt nur im Ausnahmefall (Abb. 68) ohne ihn auf. Doch nicht nur, daß sie dabei nahezu gleich groß wie ihr Mann erscheinen kann (Abb. 1), schon allein die Tatsache, daß sie den Kulthandlungen überhaupt beiwohnt und dabei auf den Wänden der Sakralbauten wiedergegeben ist, fällt aus dem Rahmen der üblichen pharaonischen Bildmotive und unterstreicht die Ausnahmestellung dieser Königin. In vergleichbarer Weise werden wohl nur noch Teje, die Gemahlin Amenophis' III., und vor allem Nofretete, die unmittelbar nachfolgende Gattin des «Ketzerkönigs» Amenophis' IV./Echnatons, herausgestellt. Teje ist auch, nach heutigem Wissensstand, neben Nefertari die einzige Königin, der schon zu Lebzeiten ein eigener Tempel geweiht war, der also bereits vor ihrem Tod ein vergöttlichter Status zuteil wurde. Beide genannten Anlagen liegen in Nubien, im Süden des ägyptischen Reiches: der der Teje geweihte Kultbau findet sich in Sedeinga im heutigen Nordsudan, derjenige, in welchem Nefertari verehrt wurde, ist der kleinere der beiden Felstempel von Abu Simbel. In beiden Fällen wird dabei die Königin jeweils mit der Göttin Hathor gleichgesetzt.

Nefertari gebar ihrem Gatten zwar den ältesten Sohn, der seinen Vater aber nicht überlebte: Thronfolger wurde schließlich Merenptah, ein Sohn der Isisnofret, ihrer mutmaßlich schärfsten Rivalin am Königshof.

Abb. 7a,b Nefertari kleinformatig an einer Kolossalstatue Ramses' II. im 1. Hof des Luxortempels.

Unsterblichen Ruhm verlieh der Herrscherin vor allem ihr Felsgrab im Tal der Königinnen, das mit seinen prachtvollen und farbenfrohen Wandmalereien als das schönste der gesamten thebanischen Nekropole gilt. Die soeben abgeschlossenen Restaurierungsarbeiten an dieser Stätte, dank deren der hochgefährdete Bilderschmuck einstweilen vor weiterer Zerstörung durch eindringendes Grundwasser und durch Verschiebung des Muttergesteins bewahrt werden konnte, geben willkommenen Anlaß, auch einmal Leben und Wirken jener Frau auszuleuchten, die hier ihre letzte Ruhe gefunden hatte. Daß dabei die derzeitige Quellenlage oftmals keine eindeutige Interpretation der Gegebenheiten und Rekonstruktion der damaligen Ereignisse zuläßt und viele Unsicherheiten bestehenbleiben, liegt auf der Hand. So spiegelt die Beschäftigung mit Nefertari auch immer die lebhafte Auseinandersetzung der Ägyptologen untereinander wider.

Abb. 8a, b Die Namenskartusche der Nefertari mit dem vorangestellten Mut-Geier.

Der Name «Nefertari»

Da bei den ägyptischen Hieroglyphen (übrigens ebenso wie im Arabischen, der heutigen Landessprache Ägyptens) nur die Konsonanten geschrieben werden und die Vokale, die dazwischen zu lesen sind, nur mit großen Vorbehalten rekonstruiert werden können, gibt es für die Königin, deren Namen im Schriftbild aus der Konsonanten- und Halbvokalfolge N, f, r, t, j, r, j besteht (vgl. ihre Namenskartusche in Abb. 8), verschiedene und in der Ägyptologie international unterschiedlich gehandhabte Vokalisationsmöglichkeiten, wie *Nofretari* (analog zu *Nofretete*, der Gemahlin Amenophis' IV./Echnatons, mit der sie jedoch nicht verwechselt werden darf; bevorzugt in französischen Publikationen), *Nofretere* (so das renommierte *Lexikon der Ägyptologie*) oder *Nefertari* (so zumeist auch im angelsächsischen Raum üblich). Für das vorliegende Werk wurde – zugegeben willkürlich – letztgenannte Namensvariante gewählt.

Wie jeder altägyptische Eigenname ist auch *Nefertari* ein Personenname, der eine konkrete Bedeutung besitzt oder, anders ausgedrückt, der sich übersetzen läßt. Während diesbezüglich der Name des Gatten, *Ramses*, keine Probleme bereitet (*Ra-messes* heißt «[der Sonnengott] Ra hat ihn geboren»), gibt es verschiedene grammatikalische Ansätze, den Namen der Königin zu interpretieren. Hauptbestandteil ist die Vokabel *nefer* – genauer gesagt, deren durch die Endung *-t* gebildete weibliche Form *neferet* bzw. *nofret* –, was man mit «schön», «gut» oder «vollkommen» übersetzen kann. Dieses Element findet sich beispielsweise auch im Namen der Nofretete, deren Namen «die Schöne ist gekommen» bedeutet und oft als Indiz für eine ausländische Herkunft der Königin bemüht wird. Im Namen der Nefertari, der in der ägyptologischen Transkription vollständig *Nfr.t-jrj mrj.t-n-Mwt* (also um den Zusatz «Geliebt bzw. auserwählt von Mut» erweitert) lautet, steckt sogar der Superlativ «Die Schönste», verknüpft mit einer Art Reflexivform «davon» oder «von ihnen», so daß der Name in Übersetzung am ehesten «die Schönste davon» oder «die Schönste von ihnen» – in sinngemäßer freier Übertragung «die Allerschönste» – bedeutet. Allerdings kann die Namensendung auch als «zugehörig zu (die Philologen sprechen dann von einer Nisbenbildung) gelesen werden, dann hieße die Königin «die der Schönheit zugehörig ist» oder – wiederum in freier Übertragung – «der die Schönheit zu eigen ist». Man kann den Namen sogar possessiv deuten als «seine (gemeint wäre dann damit Ramses' II.) Allerschönste». Gänzlich auszuschließen ist der letztgenannte Bezug auf den Gemahl wohl nicht, denn vieles spricht dafür, daß die Königin diesen Namen erst nach ihrer Vermählung angenommen hat und daß sie als unverheiratetes Mädchen einen ganz anderen, uns nicht mehr überlieferten Namen getragen hat. Denn ein Name mit einer Programmatik dieses Typs gibt oft zu erkennen, daß er erst später angenommen worden ist. Es war aber wohl nicht primär, wie nahezuliegen scheint, das attraktive Äußere der Königin, das Ramses dazu brachte, seiner Gemahlin einen neuen Namen zu geben. Vielmehr dürften ideologische Gründe, darunter vor allem die bewußte Anlehnung an Ahmes-Nefertari, die Stammutter des Neuen Reiches, im Vordergrund gestanden haben.

Die Vermutung, daß *Nefertari* ein erst später angenommener Name sei, würde es natürlich gänzlich aussichtslos machen, nach Spuren der Königin vor ihrer Designation zu suchen, denn wie eingangs erwähnt sind ihre Abkunft und Eltern immer noch unbekannt. Allerdings sind auch bürgerliche Frauen – bei denen programmatisch bedingte Namensänderungen nicht belegt sind und auch keinen Sinn ergeben dürften – überliefert, die den Namen *Nefertari* tragen. Und auch im königlichen Bereich gibt es – abgesehen von der Tatsache, daß im großen Tempel Ramses' II. in Abu Simbel und im Tempel von Derr bei der Auflistung seiner Töchter das eine Mal an dritter, das andere Mal an vierter Stelle eine Prinzessin Nefertari genannt wird – mindestens noch einen Fall, nämlich bei einer Tochter Thutmosis' III., in welchem eine Prinzessin offensichtlich gleich von Geburt an den Namen *Nefertari* ge-

Abb. 9 Deir el-Medine auf der thebanischen Westseite. Im Zentrum die Fundamente der Arbeitersiedlung, links davon die Lehmziegelumfassungsmauer des ptolemäischen Tempels und dazwischen die Fundamente der von Bruyère freigelegten Kapellen.

tragen hat, denn für eine programmatisch begründete Namensänderung gibt es bei dieser, nach heutigem Wissensstand eher unbedeutenden Königstochter keinerlei Hinweise.

Kryptographische Schreibungen des Königinnennamens

Was die Namensschreibung «Nefertari» betrifft, so sei an dieser Stelle noch auf zwei interessante Reliefblöcke hingewiesen, die im Januar 1938 von Bernard Bruyère unter dem Boden im Hof des kleinen ptolemäerzeitlichen Tempels von Deir el-Medine unweit der Arbeitersiedlung auf der thebanischen Westseite (Abb. 9) entdeckt worden sind und deren besondere Bedeutung im Zusammenhang mit Nefertari Etienne Drioton erkannt hat. Denn diese beiden jeweils gleich hohen (23 cm) und gleich dicken (5 cm) Kalksteinplatten, die sich nur durch ihre Länge von 79,5 (Abb. 11) bzw. 52 cm (Abb. 10) voneinander unterscheiden, tragen eine kryptographische, also nicht auf den ersten Blick durchschau- und erkennbare «verborgene» Schreibvariante des Königinnennamens. Beide Stücke, deren Zusammengehörigkeit schon aufgrund der übereinstimmenden Abmessungen augenfällig ist, befinden sich heute im Museum von Kairo.

Ursprünglich waren diese beiden Platten möglicherweise in einem kleinen, dem Reichsgott Amun geweihten Heiligtum Ramses' II. verbaut, das sich zwischen der Arbeitersiedlung von Deir el-Medine und dem (später entstandenen) kleinen ptolemäischen Tempel befindet und ebenfalls von Bruyère ausgegraben worden ist. Denn an diesem Ort wurden, wie einer unscheinbaren Fundnotiz am Ende einer der Grabungspublikationen zu entnehmen ist, zahlreiche Wandmalereifragmente, darunter auch solche mit der Namensnennung der Nefertari, gefunden. Leider gibt es bislang keine detailliertere Veröffentlichung dieser Relikte und keine Abbildungen davon, die eventuell Licht auf die genauere Funktion des genannten kleinen Sanktuars und damit der beiden Reliefblöcke werfen könnten.

Die größere der beiden Platten (Abb. 11) zeigt, von rechts nach links, die sitzende Göttin Mut mit einer *Su*-Binse *(sw)* in der Hand, hinter ihr die Göttin Thoeris mit einem *Was*-Szepter *(w3s)* und anschließend, über einer Darstellung von Papyrus und Lotos, den beiden Wappenpflanzen von Ober- und Unterägypten, ein Brot, ein Rind und zwei identische Hieroglyphenzeichen. Es folgen eine sitzende Frau mit hoher Doppelfederkrone und Blütenwedel, die durch die Lebenshieroglyphe in ihrer Hand als Göttin ausgewiesen ist, und dann ein der nachfolgenden sitzenden Göttin Mut zugewandter nackter Knabe mit der typischen Kinderlocke, wobei über dem Knaben die unterägyptische Krone und vor dem Gesicht der Mut wiederum die Brothieroglyphe zu sehen ist. Den Abschluß bilden ein Blumengebinde und eine geknotete Stoffschleife, die sogenannte «Isisblut»-Hieroglyphe.

Auf dem kleineren Stück (Abb. 10) findet sich – wiederum von rechts nach links – zunächst eine sitzende, durch die Thronhieroglyphe, die gleichzeitig ihre Namensschreibung darstellt, auf ihrem Kopf als Isis ausgewiesene Göttin; hinter ihr thront eine weitere, nur durch Kuhgehörn, Sonnenscheibe und hohe Doppelfederkrone charakterisierte Frau, die auch ohne Namensbeischrift als Hathor angesprochen werden kann, wobei beide Gestalten, Isis und Hathor, ein *Was*-

Szepter *(w3s)* tragen. Es folgen die beiden Wappenpflanzen Lotos und Papyrus in Szepter- bzw. Amulettform und dahinter eine sitzende Göttin mit Geierhaube, Kuhgehörn und Sonnenscheibe, die ein Papyrusszepter in der Hand hält, wohl wiederum eine Hathor; zuletzt kommen nochmals, übereinander angeordnet, die beiden Wappenpflanzen.

Ein solches scheinbar sinnloses Nebeneinander von sitzenden Götterfiguren und Gegenständen und von dazwischen eingestreuten Hieroglyphen ist meistens ein sicherer Anhaltspunkt dafür, daß man es mit einer kryptographischen Schreibung zu tun hat, bei der mit sprachlichen Doppeldeutigkeiten und graphischen Varianten operiert wird, die sich nur mit philologischen Kenntnissen aufschlüsseln lassen. Die bildlichen Darstellungen von Gottheiten stehen in diesem Zusammenhang oftmals für ein Epitheton oder eine besondere Eigenschaft, die für die jeweilige Gottheit charakteristisch ist, welche dann anstelle der Götterfigur in den kryptographischen «Text» einzusetzen ist. Diesem Prinzip zufolge kann die sitzende Isis auf der kleinen Reliefplatte, analog zu ihrer Eigenschaft als Gattin des Unterwelts- und Totengottes Osiris, als *hemet nisut weret (hm.t njsw.t wr.t)*, «Große königliche Gemahlin», gelesen werden, die Hathor dahinter bedeutet *nebet (nb.t)*, «Herrin», die Wappenpflanzen der beiden Reichsteile ergänzen den Titel zu «die Herrin der beiden Länder», die zweite Hathor steht für *henut (hnw.t)*, «Gebieterin», und zwar, ausgedrückt durch die andere graphische Variante der Wappenpflanzen am linken Ende der Platte, «von Ober- und Unterägypten». Auf der Reliefplatte ist also eine typische Königinnentitulatur, «Die große königliche Gemahlin, die Herrin der beiden Länder, die Gebieterin von Ober- und Unterägypten», verschlüsselt wiedergege-

Abb. 10 Block mit kryptographischer Schreibung der Titulatur der Nefertari. Kalkstein; H. 23 cm, Br. 52 cm; Deir el-Medine. Ägyptisches Museum Kairo, Inv. JE 72215.

ben. Auf Nefertari oder eine andere Königsgemahlin gibt es hier noch keinen Hinweis. Der läßt sich jedoch auf dem zweiten, größeren Block finden.

Auf diesem hält die vorderste Göttin, nämlich die Amuns-Gemahlin Mut, eine Binse, das Hieroglyphenzeichen mit dem Lautwert *su (sw)*, in der Hand. Beides zusammen kann vordergründig *mut nisut (mw.t njsw.t)*, also «Mutter des Königs», gelesen werden, aber auch, was hier die sinnvollere Deutung ist, *hemet nisut (hm.t njsw.t)*, «Gemahlin des Königs», lauten. Die nächste Göttin, die zumeist in ihrer gräzisierten Namensform *Thoeris* geläufig ist, heißt ägyptisch eigentlich *Ta-weret*, also «die Große», und kann somit auch das Adjektiv «groß» ersetzen. Die Kuh dahinter ist die rein tiergestaltige Erscheinungsform der Hathor (vgl. Abb. 188) und kann – wie bei der vorderen anthropomorphen Version der Hathor auf dem kleineren Block – für *nebet (nb.t)*, also «Herrin», stehen, wobei das Brot eine zusätzliche, eigentlich grammatikalisch nicht mehr erforderliche Schreibung für die Feminin-Endung *-t* darstellt.

Mit den Wappenpflanzen darunter heißt die ganze Figurengruppe demnach wiederum «die Herrin der beiden Länder». Die Göttin dahinter, die, hielte sie nicht das nur Gottheiten vorbehaltene Lebenszeichen in der einen Hand, ohnehin von der Ikonographie her eher als «Gottesgemahlin des Amun» (vgl. Abb. 58) bezeichnet werden müßte, ersetzt den Begriff «Königin», und die beiden identischen Hieroglyphen vor ihrem Gesicht sind problemlos als «die beiden Ufer (des Nils)» *(idb.wj)* – als Synonym für Ägypten» – zu übersetzen. Besonders raffiniert verschlüsselt ist der darauf folgende Name *Nefertari*, wobei die unterägyptische Krone als Hieroglyphe für den Buchstaben *n* zunächst einen einfachen Einstieg bietet. Die komplette Szene zeigt einen der Göttin Mut zugewandten Knaben, der auf eine ganz charakteristische Weise seine erhobene Hand vor sein Gesicht hält. Dieses Motiv drückt in allen bildlichen Darstellungen – zum Beispiel, wenn auf den Grabmalereien im Rahmen der Bestattungsszenen die klagenden Angehörigen des Verstorbenen wiedergege-

Abb. 11 Block mit kryptographischer Schreibung von Titulatur und Namen der Nefertari. Kalkstein; H. 23 cm, Br. 79,5 cm; Deir el-Medine. Ägyptisches Museum Kairo, Inv. JE 72216.

Abb. 12 Knauf von einer Truhe mit der Namenskartusche von Pharao Eje aus dem Grab der Nefertari. Kalkstein mit blauer Fayenceglasur; Dm. 8,0 cm. Museo Egizio, Turin, Inv. Suppl. 5162.

falls vergöttlichten Sohn Amenophis I., auf der heute verlorengegangenen Partie dieser Stele vertreten war.

Zur Herkunft der Nefertari

Wie bereits mehrfach angesprochen, ist über das Leben Nefertaris, bevor sie Ramses ehelichte, nichts bekannt, und möglicherweise hatte die spätere Königin ursprünglich auch einen ganz anderen Namen getragen. Auch über ihre Abkunft und Eltern herrscht völlige Unklarheit. Es gibt die Vermutung, daß Ramses, dessen Familie offensichtlich aus dem Delta kam und erst seit zwei Generationen mit Ramses I. und Sethos I. das Herrscherhaus stellte, seine Hausmacht am Hauptkultort des Reichsgottes Amun dadurch stärken wollte, indem er in eine vornehme thebanische Familie einheiratete. Dann bleibt aber die Frage, warum die Eltern der nachmaligen Nefertari nie offiziell Erwähnung gefunden haben, denn auch dies hätte ja eine propagandistische Wirkung gehabt. Für eine Abkunft aus einer hochgestellten nichtköniglichen Familie spricht vor allem einer ihrer Titel, nämlich *Irit pat* (*Jrj.t p'.t*). Dieser Titel ist, ohne die feminine Endung -*t* bei *jrj*, normalerweise nur bei Männern höchsten Standes belegt und wird unzureichend als «(Gau)fürst» oder «Erbprinz» übersetzt, um den hohen Rang dieses Titels auszudrücken. Bei Auflistungen von Titeln und Ämtern im Rahmen von biographischen Angaben wird er stets an erster Stelle genannt. Nefertari stellt nun eine der wenigen Frauen dar, die diesen Titel – in einer femininisierten Form, also mit «Fürstin» bzw. «Erbprinzessin» wiederzugeben – tragen.

Dennoch vermuteten einige Ägyptologen, ohne dies jedoch näher begründen zu können, Nefertari sei eine Schwester Ramses' II. gewesen, doch königlicher Abstammung war Nefertari wohl nicht, denn sie trägt nirgends den Zusatz «Königstochter», auf den sie im Fall einer Berechtigung sicher nicht verzichtet hätte. Allerdings ist in ihrem Grab im Tal der Königinnen bei den Ausgrabungen zu Beginn unseres Jahrhunderts auch ein großformatiger Knauf eines Möbelstückes gefunden worden (Abb. 12), der nicht mit ihrem Namen, sondern mit dem des Pharaos Eje, des direkten Nachfolgers Tut-anch-Amuns und vorletzten Herrschers der 18. Dynastie, beschriftet war. Für einige Ägyptologen ist dies ein Hinweis, daß Eje auch der Vater – oder zumindest ein sehr enger Anverwandter – der Königin gewesen sei, doch stößt man

ben sind – Trauer und Schmerz aus: auch der Knabe auf dem Bild weint demnach. Gibt man dem gesamten Bild den Untertitel «Er richtet seine Klage an die Göttin Mut», dann würde dies in ägyptischer Übersetzung und Transkription *jw.f jr dj.t rmj.t n Mw.t* lauten; zusammen mit dem voranzustellenden Buchstaben *n* (unterägyptische Krone) kann man – auch ohne daß an dieser Stelle die exakten grammatikalischen Regelungen hierfür erläutert werden müssen – bereits erahnen, daß sich durch Zusammenziehung und Umstellung der obigen Begriffe und Buchstaben der Name der Königin, *Nfr.t-jrj mrj.t n Mw.t*, «Nefertari, auserwählt von Mut», ableiten läßt. Das abschließende Blumengebinde wird *anch* gelesen und bedeutet «Leben», und die Stoffschleife dahinter, das sogenannte «Isis-Blut», hat den Lautwert *ti(t) (tj[t])*: *anch.ti* bedeutet «sie möge leben!» Der «Text» auf der größeren der beiden Platten lautet demnach insgesamt «Die große königliche Gemahlin, die Herrin der beiden Länder, die Gebieterin Ägyptens, Nefertari Merit-en-Mut: sie möge leben!».

Wahrscheinlich beinhaltet auch die Tatsache, daß das Namenskryptogramm der Nefertari mit einem weinenden Kind verschlüsselt ist, noch eine weitere Anspielung, über die aber nur spekuliert werden kann: trauert hier jemand um Nefertari? Dann kämen die beiden Blöcke eventuell aus funerärem Kontext. Fest steht jedoch, daß hier mit *Nefertari* nur die Gemahlin Ramses' II. gemeint sein kann und nicht etwa ihre Namensvetterin aus der frühen 18. Dynastie – was der Fundort Deir el-Medine vielleicht nahelegen würde, da Ahmes-Nefertari gerade hier besondere Verehrung als vergöttlichte Schutzpatronin der Arbeitersiedlung erfahren hat. Denn das Epitheton «geliebt von Mut» ist charakteristisch für erstgenannte Regentin.

Aus diesem Grund kann auch eine weitere Frauendarstellung auf einem Stelenfragment, das bei den Grabungen Bernard Bruyères zwischen 1935 und 1940 im selben Fundort Deir el-Medine zutage getreten ist, eindeutig als Wiedergabe der Ramses-Gemahlin bestimmt werden. Das Bruchstück zeigt die nach links gewandte Königin mit der diesmal aber nicht verschlüsselten, sondern in normalen Hieroglyphen wiedergegebenen Beischrift «die große königliche Gemahlin, die Herrin der beiden Länder, (Nefer)tari, geliebt von Mut». Doch ist es recht wahrscheinlich, wie später näher begründet werden wird, daß ursprünglich auch Ahmes-Nefertari, gemeinsam mit ihrem eben-

Abb. 13 Kolossale Standfigur der Merit-Amun, Tochtergemahlin Ramses' II. Kalkstein; H. ca. 10 m; 1981 in Achmim ausgegraben.

bei der Annahme seiner Vaterschaft auf erhebliche chronologische Probleme: Eje, der nachweislich als bereits greiser Mann den Thron bestieg, ist schlichtweg zu alt, um als Erzeuger Nefertaris in Frage zu kommen. Denn ansonsten müßte Nefertari zum Zeitpunkt ihrer Eheschließung mit Ramses II. ebenfalls schon betagter gewesen sein, zumindest deutlich älter als ihr Gatte. Man könnte dann zwar erklären, warum die Eltern – und vor allem der Vater – offiziell «totgeschwiegen» worden seien, denn Eje zählte noch zu den Königen im Umfeld der «ketzerischen» Amarnazeit, die auf den Königslisten unterschlagen werden, so auch auf der berühmten Aufzählung Sethos' I. im Tempel von Abydos, wo auf Amenophis III. – unter Auslassung von Amenophis IV./Echnaton, Semenchkare, Tut-anch-Amun und Eje – unmittelbar Haremhab folgt. Doch könnte man dann kaum mehr plausibel machen, warum Ramses II. ausgerechnet in diese politisch abgeschriebene Familie eingeheiratet haben sollte.

Dennoch ist in einer der jüngsten Publikationen über Nefertari, die anläßlich einer Dokumentationsausstellung über die Restaurierungsarbeiten im Grab der Nefertari erstellt worden ist, wieder die Vaterschaft des Eje vertreten worden. Man geht dort sogar noch viel weiter und rekonstruiert aufgrund von Namensähnlichkeiten einen von Frauen geprägten Familienzweig, an dessen Anbeginn Ahmes-Nefertari steht, die Gemahlin des Begründers des Neuen Reiches Ahmose und Mutter des nächsten Herrschers, Amenophis' I. Die nächste prominente Vertreterin dieser Ahnenreihe soll Teje, die Gemahlin Amenophis' III. und Mutter von Amenophis IV./Echnaton, sein, die nachweislich bürgerlicher Abkunft war und deren Eltern Juja und Tuja nicht nur namentlich bekannt sind; man konnte sogar deren gemeinsames Grab im Tal der Könige weitgehend ungeplündert auffinden, konnte also daraus sowohl die Grabschätze wie auch die Mumien bergen. In besagter Publikation wird nun vorgeschlagen, die Namen Teje und Tuja seien gleichwertige Kurzformen desselben längeren Namens, nämlich von Nefertari, und man nimmt dabei sogar eine verwandtschaftliche Beziehung zwischen der ersten Trägerin dieses Namens, Ahmes-Nefertari vom Anfang der 18. Dynastie, und der Amenophis III.-Gemahlin Teje an. Auch Juja und Eje hält man dabei für Varianten eines längeren Personennamens, für dessen Ansetzung jedoch kein Vorschlag unterbreitet wird, und schließt wiederum aus der vermeintlichen Namensgleichheit oder doch zumindest -ähnlichkeit ebenso auf eine Abstammung dieser beiden Männer aus ein und derselben Familie, die im mittelägyptischen Ort Achmim beheimatet war. Auch die militärischen Titel der beiden stimmen weitgehend überein. Eje wäre dann weitläufig dank der Einheirat seiner Vorfahrin Teje ins Herrscherhaus mit selbigem verbunden, was erklären würde, warum gerade er – trotz seines hohen Alters – und kein anderer, vor allem jüngerer Aspirant nach dem Tod Tut-anch-Amuns den Pharaonenthron besteigen konnte. Ejes Nachfolger Haremhab hatte zwar mit dem vorhergehenden ausgestorbenen Herrscherhaus in keiner Weise verwandtschaftlich etwas zu tun, er heiratete jedoch Mut-nedjemet, die nach Ansicht einiger Ägyptologen wiederum eine Tochter des Eje gewesen sein könnte; und da auch eine gleichnamige Schwester der Nofretete belegt ist, wäre, die Identität der beiden Mut-nedjemets vorausgesetzt, dann auch Nofretete eine Tochter Ejes gewesen. Nicht zu vergessen ist – und das war ja die Einstiegsthese in diesen chronologischen Überblick gewesen –, daß nach dieser Hypothese aufgrund des Griffknopffundes im Grab der Nefertari auch diese als Kind des Eje gilt. Nofretete, Mut-nedjemet und Nefertari wären dann Geschwister, was aus chronologischen Gründen nur schwer vorstellbar ist.

Ganz von der Hand zu weisen ist zumindest die Vermutung, Nefertari stamme aus Achmim – wo auch nachweislich die Schwiegereltern Amen-

Abb. 14 Ramses II., gefolgt von seinen Söhnen Amun-her-wenemef (oben) und Chaemwese (unten), besiegt die Nubier. Relief am Dromos des Felstempels von Beit el-Wali/Nubien.

ophis' III. und Eltern von dessen Gemahlin Teje, Juja und Tuja, und ebenso Pharao Eje beheimatet waren –, wohl nicht. Denn seit 1981 kennt man dort eine Kolossalstatue, die zwar nicht Nefertari, aber immerhin deren Tochter und spätere Gemahlin ihres Vaters Ramses' II., Merit-Amun darstellt (Abb. 13). Daß die Monumentalfigur einer Königsgemahlin gleichberechtigt neben derjenigen ihres Gatten im Tempelbereich aufgestellt war, ist nahezu einmalig, und sicher ist es kein Zufall, daß dies nicht etwa in der Hauptstadt, sondern vielmehr im «Provinzort» Achmim erfolgte.

Die ersten Jahre Nefertaris an der Seite ihres Gemahls

Da Nefertari keine selbständig regierende Herrscherin war, wie beispielsweise die Königin Hatschepsut, sondern lediglich an der Seite ihres Gatten Ramses' II. agieren und nur aus seiner Königswürde den Großteil ihrer Ämter und Funktionen ableiten konnte, ist ihre Biographie eng mit derjenigen ihres Gemahls verknüpft. Doch auch bei ihm, obwohl er dank seiner 67 Regierungsjahre unzählige Belege hinterlassen hat und zu den am besten dokumentierten Pharaonen zählt, gibt es noch genügend ungeklärte Fragen zu seiner Person und auch noch weiße Flecken in seiner Biographie. Das beginnt beim Versuch, sein absolutes Alter zu ermitteln, nachdem jetzt seine lange Regierungszeit – nach neuester Erkenntnis – von 1279–1213 v. Chr. angesetzt werden kann. Obwohl sogar die Mumie des Pharao erhalten geblieben und nach einer ausgiebigen Untersuchung auch in einer Publikation greifbar ist, gibt es seitens der Anthropologen, die den Leichnam untersucht haben, keine verläßliche Angabe über das Todesalter des Pharao, so daß sich auch nicht zurückberechnen läßt, in welchem Alter Ramses II. den Thron bestiegen hat.

Einer der frühesten Belege schafft diesbezüglich mehr Verwirrung als Klarheit: Es geht dabei um ein Relief am kleinen Felsentempel von Beit el-Wali, ehemals rund 50 km südlich von Assuan gelegen, dann jedoch im Zuge des Baues des Assuan-Staudammes geborgen und unmittelbar hinter dem neuen Standort des ebenfalls versetzten Tempels von Kalabscha bei Assuan wieder aufgebaut. Der Felstempel von Beit el-Wali gilt aus stilistischen und epigraphischen Gründen – beispielsweise aufgrund der Schreibungsvariante des Königsnamens in den Kartuschen – als erster Felstempel Ramses' II., dessen Bau der König wahrscheinlich bereits in seinem ersten Regierungsjahr hat beginnen lassen. Auf den Reliefs dieses Sakralbaues erscheinen jedoch schon die ersten vier Söhne des Herrschers, die ihm seine damaligen Hauptgemahlinnen Nefertari und Isisnofret geboren hatten, in vermeintlich wehrfähigem Alter (Abb. 14–17). Die Reliefs können nicht erst sekundär angebracht worden sein, denn deren stilistische und epigraphische Eigenheiten sind es ja im wesentlichen, auf die sich die Frühdatierung der Anlage stützt.

Vier halbwegs erwachsene Söhne bereits zu Beginn seiner Herrschaft hätten zur Konsequenz, daß Ramses II. nicht allzu jung auf den Thron gekommen sein kann und, bei einer Regierungsdauer von 67 Jahren, an die hundert Jahre alt geworden sein müßte. Davon geht aber kein Ägyptologe aus. Vielmehr weiß man, daß in Zusammenhang mit Abbildungen des Herrschers aus ideologischen Gründen stets ein Idealfall – der nur selten unserem heutigen Verständnis von historischer Wahrheit oder Wirklichkeit entspricht – dargestellt werden mußte: Nur so erklärt es sich beispielsweise, daß Tutanch-Amun auf einer kleinen Holztruhe, die sich in seinem Grab gefunden hatte, als siegreicher Feldherr gegen seine Feinde dargestellt werden konnte, obwohl er nachweislich nie einen Kriegszug durchgeführt hatte, oder daß Ramses II. in seinem 5. Regierungsjahr die Niederlage gegen die Hethiter in der Schlacht von Qadesch auf seinen Tempelreliefs als großartigen Sieg feiern lassen konnte. Und auch auf den bildlichen Schilderungen dieses Feldzuges, der sich nur unwesentlich später als der Bau des Tempels von Beit el-Wali abgespielt hat, tauchen vermeintlich erwachsene Ramses-Söhne auf. Doch hat auch diese Art der Wiedergabe wiederum ideologische Gründe: Denn die Kinder Ramses' II., wenn sie auch damals sicher noch sehr jung und kaum in bereits wehrfähigem Alter gewesen sein dürften, hatten auf den bildlichen Darstellungen der Schlachtenszenen in ihrer Eigenschaft als Prinzen die Aufgabe und Rolle inne, ihrem (selbst noch sehr jungen) Vater im Kampfgetümmel beizustehen.

Das einzige, was sich aus den Abbildungen von Beit el-Wali demnach einigermaßen verläßlich herauslesen läßt, ist die Tatsache, daß Ramses bereits zum damaligen Zeitpunkt, also kurz nach seiner Thronbesteigung, die dort namentlich genannten vier Söhne gezeugt hatte, ohne daß sich jedoch deren Alter festlegen läßt. Da auch jeweils die Mütter dieser Kinder überliefert sind, weiß man, daß Ramses bereits zu Beginn seiner Regierung, entgegen üblicher Gepflogenheit, gleichzeitig zwei Frauen, nämlich Nefertari und Isisnofret, in den Rang einer «Großen königlichen Gemahlin» erhoben hatte.

Allerdings überliefert uns Ramses II. auf der nach ihrem ursprünglichen Aufstellungsort benannten Qubban-Stele, daß er selbst bereits mit zehn Jahren von seinem Vater Sethos I. als Befehlshaber des Heeres eingesetzt worden sei, woraus hervorgeht, daß Prinzen – oder zumindest der Kronprinz – unter Umständen also schon in sehr jungen Jahren auf militärische Einsätze vorbereitet worden sind. Seiner großen Weihinschrift am Tempel von Abydos zufolge (den sein Vater Sethos I. begonnen hatte und den Ramses vollendete) sollen ihm bereits, im Rahmen der Designierung als Kronprinz, im Kindesalter «Gemahlinnen» bzw. «Frauen» *(hm.wt)* zugeführt worden sein, wobei hier aber ein ausdrück-

Abb. 15 Prinz Amun-her-wenemef auf dem Streitwagen. Detail von Abb. 14.

Abb. 16 Prinz Chaemwese auf dem Streitwagen. Detail von Abb. 14.

Abb. 17 Prinz Amun-her-wenemef bei der Vorführung von Gefangenen. Relief am Dromos des Felstempels von Beit el-Wali/Nubien.

licher Hinweis auf eine Vermählung mit einer seiner späteren «Großen königlichen Gemahlinnen» fehlt. Diese Installation eines Harims für den jugendlichen Ramses war sicher kein Akt, der von einem Tag auf den anderen mit dem Überwechseln von einer zahlenmäßig unbekannten Gruppe von Frauen vom Hofe Sethos' I. an den seines Sohnes abgeschlossen war, sondern wohl eher ein Vorgang, der sich über einen längeren Zeitraum erstreckte, im Zuge dessen man sich auch die Ernennung von zweien dieser «Gemahlinnen» – von Nefertari und Isisnofret – zu «Großen königlichen Gemahlinnen» vorstellen muß.

Doch auch diese von Ramses II. selbst überlieferten biographischen Angaben zu seiner Jugendzeit könnten wieder lediglich aus der ideologischen Notwendigkeit heraus verfaßt worden sein, zu demonstrieren, daß mit seiner frühen Designierung die für den Fortbestand der Weltordnung unentbehrliche Kontinuität des Herrschertums schon rasch gewährleistet war und nie ein Zweifel daran bestand, wer – nämlich Ramses – dies garantieren und aufrechterhalten sollte. Und so hegen einige Ägyptologen auch begründete Zweifel an dieser «offiziellen» Version der Kindheit Ramses' II. Wie soeben aufgezeigt wurde, begleiten die Prinzen, ohne Rücksicht auf ihr tatsächliches Alter, auf den Schlachtendarstellungen der Tempelwände ihren regierenden Vater im Kampfgetümmel. Doch auf der wohl bekanntesten Kriegsszene Sethos' I., seinen Vorderasien-Feldzügen auf der nördlichen Außenwand des «Großen Säulensaales» von Karnak, war ursprünglich in unmittelbarer Nähe des kämpfenden Pharaos, an dem Platz, den stets der Kronprinz einnimmt, der «Truppenkommandant und Standartenträger» Mehi abgebildet. Erst später ist diese Person getilgt und durch den jugendlichen Ramses ersetzt worden. Ein Truppenkommandant, der nicht mit dem regierenden Herrscher verwandtschaftlich verbunden war, sondern nur aufgrund seines Amtes oder seiner militärischen Fähigkeiten und seines Rückhaltes in der Armee als Nachfolger designiert wurde, war ja gerade am Übergang von der 18. zur 19. Dynastie der Regelfall gewesen: sowohl Eje wie auch Haremhab, die beiden Nachfolger Tut-anch-Amuns, waren hohe Militärs nichtköniglicher Abkunft. Bereits angesprochen wurde, daß die beiden im Machtkampf um die Nachfolge des Kindkönigs wahrscheinlich jeweils rivalisierenden Gruppen vorstanden. Dabei konnte sich zunächst die Partei des damals bereits hochbetagten Eje und erst nach dessen baldigem Tod die Gegenpartei des Haremhab durchsetzen, dann jedoch in so gefestigter Position, daß Haremhab seinen Oberkommandierenden Paramessu zum Nachfolger bestimmen konnte, der dann – hochbetagt und ohne Unterstützung seines Sohnes Sethos wohl kaum regierungsfähig – als Ramses I. den Thron bestieg.

Daß dann Sethos seinen nach kurzer Regierungszeit verstorbenen Vater auch offiziell im Amt beerbte, scheint demnach nicht automatisch bedeutet zu haben, daß jetzt wieder die traditionellen geordneten Machtverhältnisse im Sinne einer Thronfolge innerhalb der Herrscherfamilie zurückgekehrt waren, denn offensichtlich scheint eben auch Sethos I. zunächst einen fähigen Militärbefehlshaber, nämlich jenen Mehi, seinem eigenen ältesten Sohn Ramses vorgezogen zu haben. Erst ab dem 9. Regierungsjahr Sethos' I. tritt Ramses als designierter Nachfolger auf. Verständlich, daß dann Ramses nach seiner Inthronisation als zweiter Herrscher dieses Namens seine Regentschaftsberechtigung unterstrich, indem er in seinen Texten keinen Zweifel daran aufkommen ließ, daß er schon immer der legitime Thronfolger gewesen sei. Zudem entsprach die Erblichkeit der Pharaonenwürde dem traditionellen Weltbild, und Ramses II. sah in der Rückkehr zur dynastischen Erbfolgeregelung vielleicht sogar einen Akt, der die althergebrachte, durch das «Soldatenkönigtum» am Übergang von der 18. zur 19. Dynastie gestörte und unterbrochene Ordnung, die Maat, wiederherstellte.

Auf die zeitgenössischen Quellen kann also nur bedingt zurückgegriffen werden, wenn es darum geht, die Kindheit und den Regierungsbeginn Ramses' II. auszuleuchten. Seine Angabe, ihm seien bereits als Kind seine Gemahlinnen – darunter wohl auch Nefertari – zugeführt worden, ist dabei wohl noch die wahrscheinlichste Episode aus der Schilderung seiner frühen Jahre. Die Eheschließung mit ihr sowie mit der zweiten «Großen königlichen Gemahlin» Isisnofret muß auf jeden Fall so weit vor seiner Thronbesteigung, zu deren Zeitpunkt er wohl gerade rund fünfzehn Jahre alt gewesen sein dürfte, stattgefunden haben, daß zwischenzeitlich die vier in Beit el-Wali dargestellten und namentlich genannten Söhne geboren worden sein konnten. Auf diese vier Kinder, von denen der älteste, ein Sohn Nefertaris, besondere historische Probleme aufwirft, und auf die weiteren Söhne und Töchter Ramses' II. wird später noch näher eingegangen werden.

Nach der Thronbesteigung

Die Chronologie der Ereignisse zu Lebzeiten Ramses' II. ist schon mehrfach, mit unterschiedlichen Schwerpunkten, zusammengestellt worden, zuletzt in einem Überblick durch Rainer Stadelmann. Er geht vergleichsweise ausführlich auf die frühen Jahre ein und läßt die offiziellen Amtsgeschäfte des Pharao – nach dessen feierlicher Inthronisation, die traditionsgemäß in Memphis stattgefunden haben dürfte – mit der Besorgung der Bestattungsfeierlichkeiten für seinen toten Vater Sethos I. in Theben beginnen. Beigesetzt wurde letzterer im Tal der Könige, wo sein Grab eine der schönsten Anlagen darstellt. Ramses II. blieb in Theben, um am Opet-Fest teilzunehmen, und gab dabei auch den Auftrag, den von Amenophis III. begonnenen und dann in der nachfolgenden Amarnazeit vernachlässigten Luxortempel, einen der Schauplätze dieser religiösen Zeremonie, nach vorne hin um einen Hof mit Eingangspylon zu erweitern. Diese Arbeiten waren dann, gemäß der Dedikationsinschrift, bereits im 3. Regierungsjahr, als der Regent wieder in Theben weilte, bis auf den Reliefschmuck der Pylone vollendet. Zudem legte er den Grundstein für seinen Totentempel, das Ramesseum, auf der thebanischen Westseite und hat dabei wohl auch den Fortgang der Arbeiten am Totentempel seines Vaters, dem sogenannten Qurna-Tempel, kontrolliert. Auch die Vollendung des «Großen Säulensaales» im Karnaktempel wird wohl damals schon begonnen worden sein. An den Anfang der Regierung Ramses' II. fiel schließlich noch, wie im vorigen Kapitel dargelegt, die Anlage des Felstempels von Beit el-Wali. Daß der Bauherr dabei den Ort in Unternubien selbst aufgesucht hat, ist zwar nicht ausdrücklich erwähnt, aber doch – bei einem so wichtigen Projekt wie dem Bau eines neuen Hauses für die Götter – recht wahrscheinlich. Auf dem Weg dorthin und dann wieder auf dem Rückweg ist Ramses II. auch zwangsläufig am Gebel es-Silsila vorbeigekommen, wo er, ebenfalls noch in seinem ersten Regierungsjahr, einen Felsschrein zu Ehren des Nilgottes Hapi neben der bereits bestehenden Kapelle seines Vaters Sethos' I. in Auftrag gegeben hat (Abb. 76–78).

Daß Ramses II. zumindest während seines geschilderten Aufenthaltes im thebanischen Raum von Nefertari begleitet worden ist, belegt eine Darstellung in einem thebanischen Grab. Das darin abgebildete Ereignis hat sich allerdings in Abydos, nördlich von Theben, abgespielt. Wiedergegeben ist die Einsetzung des Grabherrn Neb-wenenef in das Amt des Hohenpriesters des Amun, die von Ramses II. persönlich vorgenommen wird, wobei auch Nefertari dem Festakt beiwohnt (Abb. 70).

Ob man die bildliche Anwesenheit der Nefertari im erwähnten Hapi-Schrein am Gebel es-Silsila als Indiz dafür werten kann, daß sie ihren Gemahl auch auf seiner Fahrt weiter in den Süden, eventuell bis nach Unternubien, begleitet hat, mag dahingestellt bleiben.

Die Biographie Ramses' II. selbst ist in den darauffolgenden Jahren im wesentlichen von Feldzügen, darunter die berühmte Qadesch-Schlacht im 5. Jahr, und von großartigen Tempelbauprojekten, die im großen Felstempel von Abu Simbel ihren Höhepunkt erreichen, geprägt. Über das Leben der Nefertari und auch der anderen «Großen königlichen Gemahlin» jener Zeit, Isisnofret, erfährt man praktisch nichts. Denn überliefert sind uns aus den Herrscherhäusern nur die offiziellen königlichen Monumente und Dokumente, in denen für Alltagsepisoden kein Raum war. Gerne wüßten die Ägyptologen, wie sich das tägliche Leben der Frauen am Pharaonenhof abgespielt hat, ob es Rivalitäten und Intrigen gegeben hat, ob die Gemahlinnen um das Leben des Königs gebangt haben, wenn dieser einen Feldzug leitete, oder ob die Abwesenheit des Herrschers emotionslos hingenommen wurde, und ähnliches mehr. Doch mangels Quellen würde das Weiterspinnen dieser Überlegungen rasch in reine Spekulation abgleiten und soll deswegen auch unterbleiben. Das sonst kaum belegte Nebeneinander zweier «Großer königlicher Gemahlinnen», wie es bei Nefertari und Isisnofret der Fall ist, wirft darüber hinaus noch weitere Fragen auf, zu denen die Überlieferung jedoch ebenfalls schweigt. Beide Frauen treten immer nur dann wieder ins Rampenlicht der Geschichte, wenn sie ihrem Gemahl neue Kinder geboren hatten, auf die im folgenden näher eingegangen werden soll.

Abb. 18 Prozession der Söhne Ramses' II. im Luxortempel.

Abb. 19 Fragment vom Sockel einer Kolossalstatue Ramses' II. mit Darstellung der Prinzen Meri-Amun, Seth-em-wija und Sethos (bei letzterem ist die Namensbeischrift verloren) aus Tanis im Ostdelta.

Die Kinder Nefertaris

Über die Gesamtzahl der Kinder Ramses' II., die dieser mit seinen «Großen königlichen Gemahlinnen» und seinen Nebenfrauen in die Welt gesetzt hat, sind die abenteuerlichsten Spekulationen angestellt worden. Zum Teil ist von über hundert Söhnen und mehr als sechzig Töchtern die Rede. Wie Faruk Gomaà aufgezeigt hat, beruht diese Einschätzung auf einer fehlerhaften Extrapolation einer der Kinderlisten, die sich in fast allen wichtigen Tempelbauten Ramses' II. finden, und zwar derjenigen von Wadi es-Sebua in Unternubien. Sie beinhaltet zwar die ausführlichste Aufzählung, doch nahmen die ersten Dokumentatoren des Ortes, Champollion und Lepsius, noch an, die damals nur auszugsweise freiliegende Liste im Hof des Tempels würde sich auch auf den zu ihrer Zeit noch verschütteten Wandabschnitten fortsetzen, was sich nach erfolgter Ausgrabung als Irrtum herausstellte; tatsächlich sind dort an der Nordwand dreißig Prinzen und acht Prinzessinnen, an der Südseite hingegen nur fünfundzwanzig Prinzen und neun oder mehr Prinzessinnen – zu denen noch weitere Kinder beidseitig der im Osten gelegenen Eingangswand hinzukommen – dargestellt: alles in allem aber doch eine beachtliche Zahl!

Die Abfolge der Kinder stimmt auf den Listen aller Tempelanlagen (Abu Simbel, Wadi es-Sebua, Derr, Luxor [Abb. 18], Ramesseum) weitgehend überein und gibt unbestritten in der Regel die Abfolge nach den Geburtsdaten an, und zwar sogar ohne Rücksicht darauf, ob die Dargestellten von Haupt- oder von Nebengemahlinnen stammten. Natürlich fallen die Aufzählungen – je nach Entstehungsdatum der stets um die «Neuzugänge» aktualisierten Zusammenstellungen – unterschiedlich lang aus, denn auch Kinder, die zwischenzeitlich verstorben sein müssen, werden weiterhin tradiert. Die Prinzen- und Prinzessinnenlisten dienten

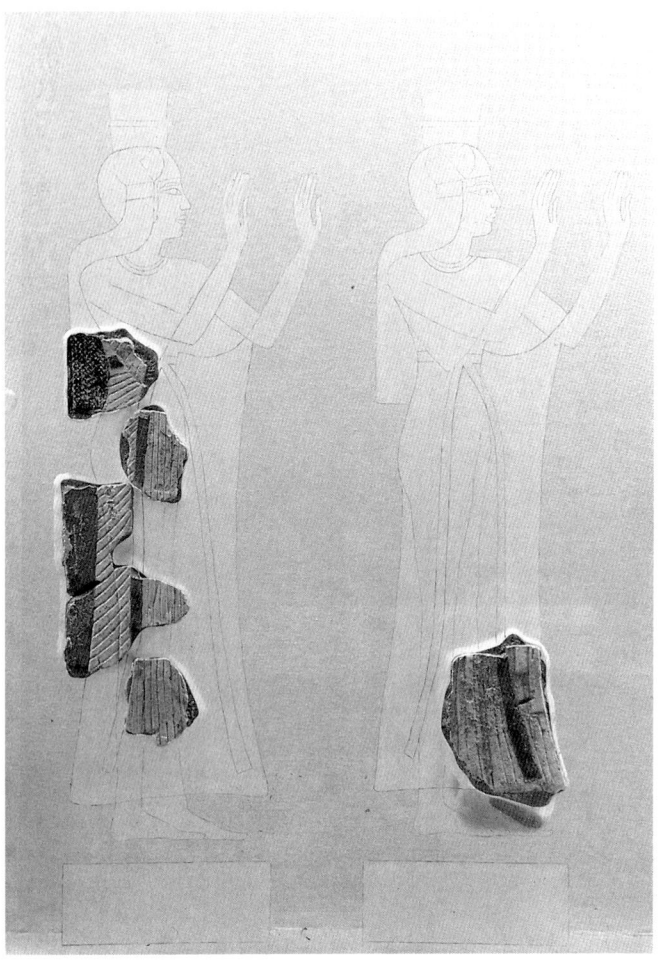

Abb. 20 Fliesenfragmente von einer Wandverkleidung mit Darstellung einer Prinzessinnenreihe. Fayence; Qantir/Ostdelta. Staatliche Sammlung Ägyptischer Kunst, München.

Abb. 21 Prozession der Töchter Ramses' II. am (heute stark zerstörten) zweiten Pylon des von Sethos I. begonnenen und von Ramses II. vollendeten Tempels von Abydos.

nämlich weniger dazu, die Zeugungsfähigkeit Ramses' II. zu demonstrieren. Vielmehr wohnten die Kinder auf allen Darstellungen Kulthandlungen bei und profitieren dabei, ob noch lebend oder nicht mehr, vom «Abglanz» der verehrten Gottheiten.

Neben diesen ausführlichen Kinderkatalogen, zu denen auch noch die beiden Aufzählungen im Haupttempel von Abydos (Abb. 21) hinzukommen (auch wenn speziell diese Listen erheblich von der übrigen Tradition abweichen und deswegen nur mit Vorbehalten herangezogen werden können), gibt es noch Exzerpte, beispielsweise Zusammenstellungen nur der ältesten Kinder. In diese Kategorie fällt beispielsweise auch das Fragment eines Sockels von einer Kolossalstatue Ramses' II. aus Tanis, auf dem sich zumindest die Namen des 7. und des 8. Sohnes, nämlich Meri-Amun *(Mrj-Jmn)* und Seth-em-wija *(Sth-m-wj3)*, und das Bild des nächsten Kindes erhalten haben (Abb. 19). Ein weiteres Bruchstück desselben Sockels bietet nochmals zwei Prinzen, deren Namen jedoch verlorengegangen sind. Wie viele der Kinder hier einstmals insgesamt zu Füßen ihres Vaters wiedergegeben waren, läßt sich leider nicht mehr ermitteln.

In der Deltaresidenz Piramesse hat es möglicherweise auch im Palastbereich bildliche Darstellungen von Mitgliedern der königlichen Familie gegeben, und zwar nicht – wie an den Tempelmauern – als Relief, sondern in Gestalt von glasierten Fliesen, die einstmals in die Wände eingelassen waren. So befinden sich beispielsweise in der Münchener Ägyptischen Sammlung entsprechende Fragmente, die sich zu mehreren offensichtlich weitgehend identischen Frauenfiguren in langen plissierten Gewändern ergänzen und zusammensetzen ließen (Abb. 20). Eine solche Reihung gleich aussehender vornehmer Damen erinnert zumindest motivisch und in einigen ikonographischen Details an die Kinderauflistungen Ramses' II. Da jedoch keine zugehörigen Beischriften aufgefunden werden konnten, bleibt es unklar, ob es sich tatsächlich um die Wiedergabe von Prinzessinnen handelte.

Der älteste Sohn

Abgesehen von den Kinderlisten sind an den Tempelwänden die Schlachtenreliefs mit den Darstellungen der an den Kämpfen beteiligten Prinzen die wichtigste Quelle für die Söhne Ramses' II., auch wenn diese dabei – schon allein aus Platzgründen – niemals in vollständiger Zahl erscheinen. Die früheste dieser Szenen, am Dromos des Felstempels von Beit el-Wali, ist bereits erwähnt worden, da sie, gleich zu Beginn der Regierung Ramses' II., dessen vier älteste Söhne zeigt, die demnach bereits vor seiner Inthronisation geboren worden sein müssen (Abb. 14). Daß diese hier bei der Fahrt auf dem Streitwagen oder anläßlich der Vorführung von Gefangenen dargestellt sind, bedeutet aber – wie oben ausgeführt – nicht, daß sie auch schon tatsächlich in wehrfähigem Alter gewesen sein müssen. Im Detail verteilt sich die Darstellung auf die beiden Felswände, die den Zugang zum Tempel säumen: auf beiden Seiten ist, in jeweils ähnlichen Szenen, der ausdrücklich als Ältester

Königssohn» bezeichnete Prinz Amun-her-wenemef *(Jmn-hr-wnm.f)* vor seinem Vater Ramses II. stehend abgebildet (Abb. 17). Auf der Nordwand folgen ihm (mindestens) zwei weitere Prinzen, bei denen sich die Namen jedoch nicht mehr ermitteln lassen. Es kann sich bei ihnen nur um die Söhne Nummer zwei und drei handeln, denn am Ende der Südwand erscheint schließlich der vierte Sohn, Chaemwese, der, ebenso wie sein ihn begleitender älterer Bruder Amun-her-wenemef, auf einem Streitwagen dargestellt ist (Abb. 15, 16). Auf die Mütter der vier Prinzen gibt es hier keinen Hinweis, aus anderen Quellen, die noch genannt werden, ist jedoch überliefert, daß Nefertari den ältesten sowie den dritten Sohn und Isisnofret den zweiten und vierten Sohn geboren hatte.

Was speziell die Darstellung in Beit el-Wali etwas problematisch macht, ist die Tatsache, daß der älteste Sohn, der als Erstgeborener (jetzt wieder) erbberechtigt und somit Kronprinz war, offensichtlich später unter abweichenden Namen auftritt. Abgesehen davon, daß man auch für Nefertari einen Namenswechsel bei ihrer Vermählung mit Ramses annimmt, sind solche Änderungen vor allem bei regierenden Königen belegt, und zwar immer dann, wenn sich die Programmatik ihrer Herrschaft entscheidend wandelte. Bei Ramses II. sind zumindest Varianten im hieroglyphischen Schriftbild seiner Namen feststellbar, die ebenfalls eine zeitliche Abfolge widerspiegeln und demnach als Datierungskriterium geeignet sind.

In Beit el-Wali erscheint, wie eben beschrieben, als ältester Sohn der Prinz Amun-her-wenemef («Amun ist zu seiner Rechten»), der danach nicht mehr belegt ist. Statt dessen nennen alle späteren Prinzenlisten in dieser Position einen Königssohn namens Amun-her-chopschef. Früher war man davon ausgegangen, daß der erstgenannte Kronprinz früh verstorben und dann der auf den nachfolgenden Kinderprozessionen wiedergegebene Amun-her-chopschef in dessen Position nachgerückt sei. Doch da in allen ausführlichen Kinderkatalogen auch die verstorbenen Söhne und Töchter weiter zwischen ihren noch lebenden Geschwistern eingereiht bleiben, ist unverständlich, warum der Kronprinz von Beit el-Wali darin eine Ausnahme bilden und später nie wieder irgendeine Erwähnung gefunden haben sollte. Es handelt sich also dabei ziemlich sicher um zwei Namensvarianten ein und desselben Königssohnes. Vielleicht sollte die neue Namensform des Thronfolgers, die übersetzt

«Amun ist mit seinem starken Arm» oder «Amun ist auf seinem Sichelschwert» bedeutet, dessen kriegerischen Aspekt besonders herausstreichen. Immerhin war auch Ramses selbst noch sehr jung, als er den Thron bestiegen hatte; seine eigene Position war möglicherweise doch nicht so unumstritten, wie er in seinen Texten glaubhaft machen wollte. Ein Name für seinen designierten Nachfolger, der diesen dem magischen Schutz des *kämpferischen* Reichsgottes Amun anempfahl, schien opportun gewesen zu sein.

Auch dieser Sachverhalt zeigt noch einmal deutlich, auf welch unsicherem Boden sich auch heute noch die Forschung bewegt, denn es ist unbestritten ein Unterschied, ob an der Spitze der Prinzenliste, die immerhin die Thronfolge bestimmte, ein Sohn zu streichen ist oder nicht. Zudem tangiert natürlich gerade diese Frage auch die Biographie der Königin Nefertari, der dann als historisch gesicherter Mutter des Erstgeborenen ein Kind mehr oder weniger zuzuweisen wäre.

Die historischen Probleme, die der älteste Sohn aufwirft, sind aber damit noch nicht abgeschlossen. Denn Jahre später, nach dem Friedensschluß mit den Hethitern, tritt in der daraufhin in regem Maße einsetzenden keilschriftlichen Korrespondenz zwischen den ehemals verfeindeten Parteien (vgl. Abb. 83) auch der Kronprinz als Briefpartner auf. Auf den Tontafeln erscheint sein Name in altbabylonisch-akkadischer Umsetzung als *Schutahapschap*, was nur dem ägyptischen Seth-her-chopschef («Seth ist mit seinem starken Arm») entsprechen kann. Nun taucht in den Prinzenlisten auf den Tempelwänden kein Sohn Ramses' II. mit diesem Namen auf, und schon gar keiner, der thronfolgeberechtigt gewesen wäre, denn Schutahapschap/Seth-her-chopschef korrespondierte ja in seiner Eigenschaft als Kronprinz mit seinem «Kollegen» am hethitischen Hof, dem späteren Tudhaliya IV., um die hethitisch-ägyptische Freundschaft auch für die nächste Herrschergeneration zu stabilisieren. Die einzig plausible Erklärung hierfür ist, daß der älteste Sohn Ramses' II. und Kind der Nefertari, Amun-her-wenemef alias Amun-her-chopschef, erneut einen programmatisch bedingten Namenswechsel erfahren hat, wobei der Name des Reichsgottes Amun durch den des Gottes Seth ersetzt worden ist. Seth ist aus der ägyptischen Mythologie hauptsächlich als «böser» Gegenspieler des Osiris bekannt, aber als Gott der Wüste und der Gebiete außerhalb des Niltals war er auch für die nichtägyp-

tischen Länder zuständig, so daß in Zusammenhang mit der Korrespondenz, die mit dem hethitischen Herrscherhaus geführt wurde, durch die Namenswahl des Kronprinzen dem «Auslandsgott» und in diesem besonderen Fall auch den hethitischen Briefpartnern besondere Reverenz erwiesen wurde. Denn deren Hauptgott setzten die Ägypter mit ihrem Gott Seth gleich, was man daran ersieht, daß die hethitische Götterliste in der hieroglyphischen Version des Friedensvertrages zwischen Ägyptern und Hethitern angeführt wird vom «Gott Seth von Hatti». Genau dieselbe Situation des wechselweisen Auftretens von Amun und Seth als Namensbestandteil liegt übrigens auch bei einem weiteren Sohn Ramses' II. (und wohl einer Nebengemahlin) vor, der auf den Prinzenlisten in Luxor und dem Ramesseum Amun-em-wija genannt wird, in Abu Simbel und Derr jedoch Seth-em-wija. Daß es sich dabei jedesmal um dasselbe Königskind handelt, ist schon dadurch gesichert, daß es auf allen genannten Listen – ohne Rücksicht auf die Namensvariante – immer in achter Position verzeichnet ist.

Die beiden nächsten Söhne

Der zweite Sohn, den man – wie seinen Vater – Ramses nannte, wurde von Isisnofret geboren, der dritte Sohn, Pa-Ra-her-wenemef («Ra ist zu seiner Rechten»), war wiederum ein Kind der Nefertari, und bei Chaemwese, dem vierten und historisch vielleicht interessantesten der Prinzen, ist dann erneut Isisnofret als Mutter bezeugt.

Vom Prinzen Pa-Ra-her-wenemef, Nefertaris zweitem Kind, ist vor wenigen Jahren das bis zu einer Höhe von 68,8 cm erhalten gebliebene Unterteil einer Standfigur aus bräunlichem Quarzit veröffentlicht worden, das sich schon seit 1948 in der Burrell Collection der Glasgow Museums and Art Galleries befindet (Abb. 22). Der Fundort des Objektes, das den Prinzen mit vorangestelltem linkem Bein, herabhängenden Armen und mit einem sorgfältig plissierten Gewand bekleidet zeigt, ist unbekannt. Nicht nur der Rückenpfeiler, sondern auch die Mittelborte des plissierten Schurzes tragen jeweils eine senkrechte Inschriftenzeile. Ein weiterer Hieroglyphentext findet sich auf der Fläche zwischen vorangestelltem linkem Bein und Rückenpfeiler, während auf der gegenüberliegenden Seite der Figur lediglich die Kartuschen Ramses' II. angebracht sind (und zwar in einer Schreibung, wie sie nur bis zu seinem

Abb. 22a,b Fragment einer Standfigur des Prinzen Pa-Ra-her-wenemef. Quarzit; erh. H. 68,8 cm. Glasgow Museums and Art Galleries.

21. Regierungsjahr üblich war), durch die der Dargestellte eindeutig als Sohn dieses Königs ausgewiesen ist. Zu den aufgelisteten Titeln gehört selbstredend die Bezeichnung als «leiblicher Königssohn», ergänzt um die ausdrückliche Feststellung «geboren von der Großen Königlichen (Gemahlin)»; er ist zudem «Befehlshaber der Truppen des Königs» *(h3t ms' n nsw)*, «Aufseher der Pferde», «Oberster der Streitwagenfahrer seiner Majestät» und «Erster der ‹Tapferen›», ein ansonsten kaum belegtes Epitheton. Man hatte versucht, in den «Tapferen» eine besondere Eliteeinheit zu sehen, welcher der Prinz vorstand, es ist aber auch gut möglich, daß es sich um einen singulären Ehrentitel handelt, mit welchem auf die besonderen Verdienste des Königssohnes während der Schlacht von Qadesch angespielt wurde, als dieser Hilfe für die bedrängten ägyptischen Truppen herbeizuholen versucht hatte. Der Prinz hatte also, nach Ausweis seiner Titel, eine militärisch orientierte Laufbahn eingeschlagen, innerhalb deren er sich jedoch ebenfalls erst bewähren mußte. Denn auf anderen Darstellungen, hauptsächlich Tempelreliefs mit Kampf- oder Tributszenen, die offensichtlich später entstanden sind als seine Statue, nimmt er noch höhere Ränge ein wie «Generalinspekteur der Armee» *(jdnw tpj n p3 ms)* oder «Oberbefehlshaber der Armee» *(jmj-r3 mš' wr)*. Auf keiner seiner insgesamt siebzehn überlieferten Darstellungen trägt er jedoch Titel, die ihn als thronfolgeberechtigt ausweisen. Dies verwundert nicht, denn nach dem Tod des ältesten Prinzen Amun- bzw. Seth-herchopschef war zunächst der älteste Sohn der Isisnofret, General Ramses, an der Reihe, der diese Position sehr lange, wohl etwa um das 30. bis zum 50. Regierungsjahr seines Vaters, innehatte. Zwischenzeitlich muß Pa-Ra-her-wenemef verstorben sein, so daß die Rolle des Kronprinzen nach dem Tod des Generals Ramses unmittelbar an den zweiten Sohn der Isisnofret und vierten Sohn Ramses' II., Chaemwese, überging, der je-

doch wohl schon rund fünf Jahre nach seiner Designation ebenfalls verstarb.

Die folgenden sechs Söhne scheinen von Nebengemahlinnen geboren worden zu sein, da bei ihnen jeglicher Hinweis auf eine «Große königliche Gemahlin» als Mutter fehlt. Dies hat aber zur Konsequenz, daß diese Prinzen bei der Thronfolge übergangen worden sind. Wenn also schließlich der dreizehnte Sohn Ramses' II., Merenptah, die Nachfolge seines Vaters angetreten hat, bedeutet dies, daß lediglich die ersten vier Prinzen – und dann auch noch Merire I., der als dritter Sohn der Nefertari ebenfalls noch thronfolgeberechtigt gewesen wäre und an elfter Stelle in den Kinderkatalogen erscheint – zuvor verstorben (oder verstoßen worden, wofür es aber keinerlei Indizien gibt) sein müssen. Merenptahs nicht thronfolgeberechtigte ältere Geschwister von Nebenfrauen könnten durchaus noch am Leben gewesen sein. Für den eben genannten Merire gibt es sogar ein Indiz für seinen möglichen Todeszeitpunkt, denn es erscheint auf den spätesten Prinzenlisten (im Luxortempel und im Ramesseum) auf Position 18 nochmals ein gleichnamiger Prinz, und die Vermutung, man habe den Namen Merire in Erinnerung an das zu jener Zeit gerade verstorbene Kind der Nefertari ein zweites Mal vergeben, entbehrt nicht einer gewissen Plausibilität.

Der jüngste Sohn

Hätte auch Merenptah seinen Vater Ramses nicht überlebt, wäre übrigens wieder ein Kind der Nefertari, deren vierter Sohn Meri-Atum – an sechzehnter Stelle in den Prinzenlisten stehend – zum Zuge gekommen, zumindest, wenn man davon ausgeht, daß die Söhne von Nefertari und Isisnofret untereinander wiederum gleichberechtigt gewesen sind. Es gibt nämlich auch Hinweise darauf, daß die Kinder der Nefertari zunächst allgemein denjenigen der Isisnofret vorgezogen worden sind und daß sich das Blatt erst mit dem Ableben der Nefertari gewendet hat. Denn beispielsweise bezeichnet sich auf einer

Abb. 23a–c Fragment einer Standfigur der Nefertari mit zweikolumniger Rückenpfeilerinschrift und Darstellung des Prinzen Meri-Atum. Kalkstein; Musées Royaux d'Art et d'Histoire, Brüssel.

Abb. 24 Stabträgerfigur, wohl mit Darstellung des Prinzen Meri-Atum als Hoherpriester von Heliopolis. Granit; erh. H. 45 cm. Ägyptisches Museum Berlin.

Abb. 25 Stabträgerfigur des Prinzen Meri-Atum als Hoherpriester von Heliopolis. Schiefer; erh. H. 35 cm. Ägyptisches Museum Berlin.

in Brüssel aufbewahrten Statue der Nefertari (Abb. 23) ihr zu ihrer Linken im Relief wiedergegebener Sohn Meri-Atum als «Vorderster (= Erster) der Königssöhne»: Er meldet also hiermit seinen Thronfolgeanspruch an – und dies, obwohl er erst nach dem später tatsächlich die Ramses-Nachfolge antretenden Merenptah geboren worden ist.

Daß er unter den eher spätgeborenen Prinzen eine exponierte Stellung einnimmt, ersieht man auch daraus, daß er in den Rang eines Hohenpriesters von Heliopolis *(m3-wr* bzw. *wr-m3.w)*, also in eines der höchsten geistlichen Ämter des Landes, erhoben worden ist. In dieser Funktion zeigen ihn zwei jeweils fragmentarische Stabträgerfiguren, die sich beide seit 1872 bzw. etwa 1910 in den Berliner Ägyptischen Sammlungen befinden. Von der einen, aus Schiefer und 35 cm hoch, ist bislang nur eine Zeichnung der Hieroglyphenaufschriften, in welchen ausdrücklich Nefertari als Mutter genannt wird, veröffentlicht worden (Abb. 25, 26). Von der anderen Statue, aus Granit, waren glücklicherweise vor dem 2. Weltkrieg Aufnahmen angefertigt worden, die den damaligen Zustand, als der Rumpf noch bis zu einer Höhe von 45 cm erhalten war, zeigen (Abb. 24). Denn heute ist davon nur noch der Kopf vorhanden. Die Zuweisung an Meri-Atum ist hier nicht ganz gesichert, aber sehr wahrscheinlich. Zumindest gehört die Skulptur aufgrund der Königstitulatur an ihr sicher in die Zeit Ramses' II.

Doch auch im Flachbild – abgesehen von seinem Auftreten in den Prinzenlisten des Luxortempels und des Ramesseums – erscheint dieser Königssohn: auf einer heute in Hildesheim befindlichen Stele fungiert er praktisch als Mittler zwischen dem Stifter des Bildwerkes Achpet (der *wab*-Priester in Heliopolis gewesen ist und Meri-Atum damit direkt unterstellt war) und seinem bereits zu Lebzeiten vergöttlichten Vater Ramses II. (Abb. 27). Der Kult des zum Gott gewordenen Herrschers wurde vor ihn darstellenden Kolossalplastiken vollzogen, wobei jede dieser monumentalen Statuen ihren eigenen programmatischen Namen besessen hat, mit welchem jeweils ein besonderer göttlicher Aspekt Ramses' II. herausgestellt werden sollte, ähnlich wie es ja auch bei den vier riesigen Sitzfiguren an der Fassade des Felstempels von Abu Simbel der Fall ist.

Joachim Willeitner

Die Frauen am Hofe Ramses' II.

In der Regel stand dem Pharao – dazu scheint ihn schon das dualistische Weltbild der Ägypter, demzufolge die Schöpfung immer paarweise aufgebaut ist, verpflichtet zu haben – immer nur eine einzige «Große königliche Gemahlin» zur Seite, und erst, wenn diese zu Lebzeiten ihres Mannes verstarb, rückte eine andere Frau in diese Position nach. Diese nach außen hin demonstrierte Monogamie hinderte den Herrscher jedoch nicht daran, auch zu anderen Mitgliedern seines Harims sexuelle Beziehungen zu unterhalten. Diese Nebenfrauen, wenn sie überhaupt einen protokollarischen Titel trugen, waren lediglich «Königsgemahlinnen», und sie rücken in der Regel nur dann aus der Anonymität, wenn sie in Harimsverschwörungen verwickelt waren, mit dem Ziel, ihren nicht thronfolgeberechtigten Sohn an die Macht zu bringen – dann existieren entsprechende Untersuchungs- und Gerichtsprotokolle –, oder wenn sie dem Thronfolger das Leben geschenkt hatten. Beispielhaft für letztgenannten Fall ist Isis, die Mutter des nachmaligen Pharaos Thutmosis' III., jenes Herrschers, der von Hatschepsut so lange vom Thron ferngehalten worden war. Charakteristischerweise sind die von Isis überlieferten Bildwerke nicht von ihrem Gemahl Thutmosis II., sondern von ihrem Sohn Thutmosis III., als posthume Darstellungen, in Auftrag gegeben worden.

Man darf sich den Harim keineswegs als einen Ort vorstellen, der nur den sexuellen Gelüsten des Regenten diente. Während die Söhne des Pharaos in der Verwaltung, dem Militär oder der Tempelhierarchie untergebracht werden konnten, fehlte Vergleichbares für die weiblichen Mitglieder des Herrscherhauses. Der Harim funktionierte also in erster Linie als Versorgungseinrichtung für die Nebengemahlinnen und Töchter des Königs sowie für dessen gesamte weibliche Anverwandte, sofern diese nicht verheiratet waren bzw. wurden und dann in den Haushalt ihres Gatten zogen und dort ihr materielles Auskommen fanden. Auch die Kinder der «Harimsdamen», egal ob Knaben oder Mädchen, blieben bis zu einem gewissen Alter bei ihren Müttern im Frauenhaus.

Zudem «verschwanden» die Töchter ausländischer Fürsten, die dem Pharao als Zeichen der Ergebenheit und Freundschaft als «Gemahlinnen» an den Hof gesandt worden waren, im Harim. Meister dieser Heiratspolitik war Amenophis III., wie die entsprechende Korrespondenz mit den ausländischen Fürsten in Keilschrift auf Tontafeln im Staatsarchiv von Amarna deutlich zeigt. Umgekehrt verweigerte der Pharao einem fremden Herrscher dessen Ersuchen nach einer ägyptischen Prinzessin für seinen Harim, wohl weil er das Los der Ausländerinnen in seinem eigenen Frauenhaus vor Augen hatte, deren Rolle eher der einer Geisel als einer Königsgemahlin entsprochen haben dürfte. Eine rühmliche Ausnahme bildete diesbezüglich nur Maat-Hor-neferu-Ra, jene von Ramses II. geehelichte Tochter des hethitischen Königs, für die der Ehevertrag ausdrücklich festhielt, daß sie in den Rang einer «Großen königlichen Gemahlin» zu erheben war.

Die Frauen, die zeitgleich mit Nefertari – also konkret: Isisnofret – oder später als sie Hauptgemahlinnen Ramses' II. waren, sollen im folgenden kurz charakterisiert werden. An den Anfang gestellt sei jedoch das Kurzporträt derjenigen

Abb. 28 Verschlußdeckel eines Eingeweidekruges (Kanope) mit Porträt der Königin Tuy, Gemahlin Sethos' I. Kalzit; H. 17,4 cm; aus dem Grab der Königin (QV 80). Luxor-Museum, Inv. J. 191.

Abb. 29 Weibliche Stabträgerfigur, Nefertari oder Tuy zeigend. Granit; H. 94 cm. Harer Family Trust Collection, San Bernardino.

Dame, die unter den weiblichen Mitgliedern des Königshofes kraft ihrer hierarchischen Stellung eine ebenfalls bedeutende Rolle spielte und vielleicht sogar eine noch einflußreichere Position innehatte als die «Großen königlichen Gemahlinnen»: die Königinmutter oder – aus Nefertaris Sicht – die Schwiegermutter.

(Mut-)Tuy – die Schwiegermutter

Was soeben für die Bildwerke der thutmosidischen Königin Isis konstatiert wurde und auch für diejenigen Darstellungen gilt, die Nefertari ohne Begleitung ihres Gatten zeigen, nämlich, daß Statuen dieser Art in der Regel erst von den Söhnen gestiftet worden sind und mithin nicht die Königsgemahlin, sondern die Königinmutter zeigen, gilt auch für Tuy (oder besser vollständig Mut-Tuy), die Gemahlin Sethos' I. und Mutter Ramses' II. Während der Regierungszeit ihres Gatten tritt sie nicht in Erscheinung und hat entsprechend auch bei öffentlichen Anlässen – ganz im Gegensatz zu Nefertari – nicht aktiv mitgewirkt, so zumindest nach Ausweis der Tempelreliefs und Statuen, wo sie an der Seite ihres Mannes fehlt. Zeit genug wäre während der knapp fünfzehnjährigen Regierungszeit Sethos' I. jedenfalls gewesen, auch Mut-Tuy angemessen bildlich zu verewigen. Dieses Manko ändert sich jedoch schlagartig mit der Thronbesteigung ihres Sohnes. Eine Kolossalstatue von ihr wird im Totentempel Ramses' II., dem Ramesseum auf der thebanischen Westseite, aufgestellt, ebenso wie sie in der neuen Deltaresidenz Piramesse erscheint. Ihre berühmteste Darstellung befindet sich heute in den Vatikanischen Museen, nämlich eine Standfigur, in welcher die Königin mit Blütenwedel und einem Kalathos als Kopfbedeckung – also in Tracht und Habitus einer «Gottesgemahlin des Amun» – wiedergegeben ist. Auf demselben Bildwerk erscheint auch an der Seite Henut-mi-Ra, was lange zu der irrtümlichen Annahme verleitet hatte, diese «Große königliche Gemahlin» sei eine Tochter der Mut-Tuy und somit eine Vollschwester Ramses' II. Mut-Tuy ist ferner unter den Bildwerken des Großen Tempels von Abu Simbel vertreten. Hinzu kommt, daß mehrere anonyme Statuen der frühen Ramessidenzeit ebenfalls versuchsweise der Königinmutter zugeschrieben werden, darunter auch die – ebenso aber für Nefertari in Anspruch genommene – Stabträgerfigur aus San Bernardino (Abb. 29).

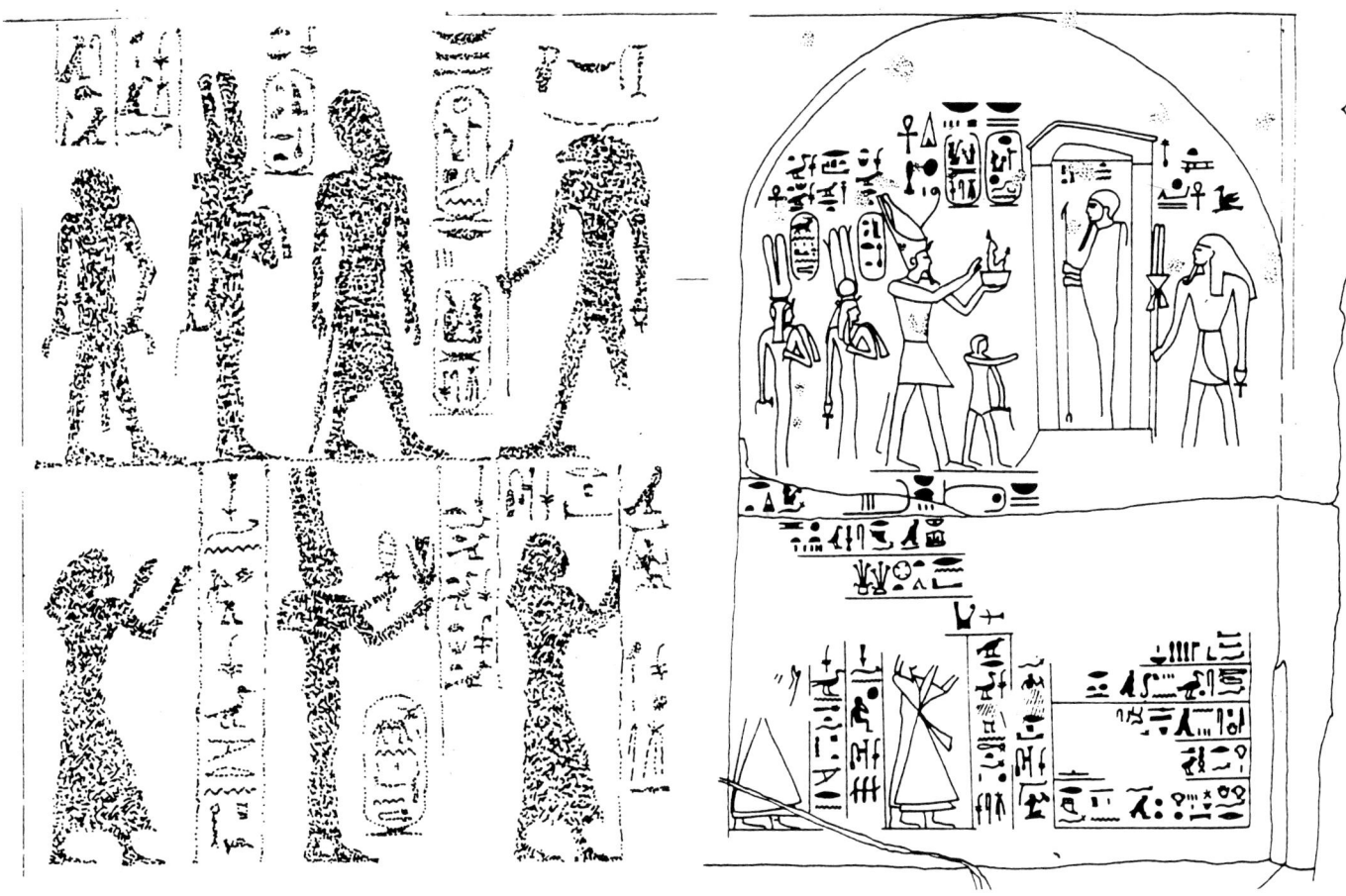

Abb. 30 Umzeichnung einer Felsstele des Prinzen Chaemwese in Assuan mit Darstellung der Isisnofret und der Bint-Anat.

Abb. 31 Umzeichnung einer Stele des Prinzen Chaemwese im Felstempel des Haremhab am Gebel es-Silsile.

Man kennt zudem Reliefblöcke mit den Darstellungen der Eltern der Mut-Tuy. Bei diesen handelte es sich um den Leutnant der Streitwagen Raia und seine Gemahlin Ruia. Diese Bauteile stammen aus einem kleinen, aus Sandstein errichteten Tempel, der sich im Ramesseum unmittelbar an die Nordwand der Hypostylhalle anschließt. Von einem «Anbau» kann man hier strenggenommen nicht sprechen, da Ramses lediglich eine frühere Anlage übernommen und wiedererrichtet hat. Diese kleine Kultstätte, deren Säulen mit Hathorkapitellen bekrönt waren, war auf jeden Fall dem Andenken der Mut-Tuy gewidmet; da es sich aber – wie der Grundriß (Abb. 109) deutlich zeigt – um ein Doppelheiligtum mit zwei parallel zueinander verlaufenden identischen Raumgruppen handelt, galt die Hälfte des Bauwerkes einer anderen Dame am Hofe Ramses' II., bei der es sich mit hoher Wahrscheinlichkeit um Nefertari gehandelt hat.

Nefertari und Mut-Tuy haben über einen sehr langen Zeitraum miteinander am Königshof agiert, auch wenn beide in räumlich voneinander getrennten eigenen Palästen mit jeweils eigener Dienerschaft gelebt und gewirkt haben. Denn Mut-Tuy war zum Zeitpunkt des ägyptisch-hethitischen Friedensschlusses im 21. Jahr ihres Sohnes und auch in der Zeit unmittelbar darauf noch am Leben, da sie mit eigener Korrespondenz auf Keilschrifttafeln im Archiv der Hethiterhauptstadt Boğazköy nachgewiesen ist. Sie wird aber im darauffolgenden Jahr (im Alter von grob geschätzt 65 Jahren) verstorben sein, denn dieses Datum weisen auch die spätesten Weinkrüge auf, die man ihr als Speisung für das Jenseits mit ins Grab gegeben hat. Diese letzte Ruhestätte, eine monumentale Anlage (Abb. 148), die sich im Tal der Königinnen (QV 80) befindet und mit ihrer Raumfolge sehr an das dortige Nefertari-Grab (Abb. 149) erinnert, ist erst in den 60er Jahren unseres Jahrhunderts durch französische Archäologen systematisch ausgegraben worden. Dabei kamen auch noch Uschebti-Figürchen sowie ein Kanopendeckel, der Verschluß eines der ursprünglich vier Gefäße für die Eingeweide der Verstorbenen, mit einem eindrucksvollen Porträt der Königinmutter zum Vorschein. Er wird heute im Luxor-Museum aufbewahrt (Abb. 28).

Außer Ramses II. ist noch ein weiteres Kind der Mut-Tuy bekannt, nämlich die Tochter Tija, die das Amt einer «Sängerin des Amun» bekleidete und wahrscheinlich älter als ihr Bruder Ramses war. Sie hatte, sicher bevor dieser die Pharaonenwürde erhielt, einen Mann geheiratet, der ebenso Tija hieß. Nach der Thronbesteigung ernannte Ramses II. seinen Schwager zum Oberaufseher des Schatzhauses und der Rinder seines Totentempels, des Ramesseums. Trotz dieses Aufgabenbereiches im thebanischen Raum ließen sich Tija und Tija gemeinsam in Saqqara südlich der Djoser-Stufenpyramide beisetzen. Ihr Grab füllt exakt das schmale Areal zwischen den Gräbern des Haremhab und des Maja, beides hohe Beamte unter Tut-anch-Amun.

Die anderen «Großen königlichen Gemahlinnen» Ramses' II.

Isisnofret

Die Königin Isisnofret («Die schöne Isis») steht, wie schon mehrfach erwähnt, als Mutter des 2. und 4. Sohnes, die zum Zeitpunkt der Thronbesteigung Ramses' II. bereits geboren gewesen sind, gleich von Anbeginn an – gemeinsam mit Nefertari – an der Seite ihres Gemahls. Auch ihre Herkunft liegt völlig im dunkeln; eine Schwester oder Halbschwester ihres Gatten, auch wenn dies gelegentlich angenommen wird, war sie wohl nicht, da sie niemals den Titel «Königstochter» trägt.

Neben den genannten Söhnen hatte sie auch noch den späteren Thronfolger Merenptah und die älteste aller Töchter, Bint-Anat, geboren. Diese Kinder erscheinen gemeinsam mit ihrer Mutter unter anderem auf zwei Felsstelen, die der 4. Sohn Chaemwese im Felstempel Haremhabs am Gebel es-Silsila (Abb. 31) und bei Assuan (Abb. 30) wahrscheinlich anläßlich der frühen Regierungsjubiläen (also nach dem 30. Regierungsjahr) seines Vaters hatte anbringen lassen. Zudem sprechen einige Indizien dafür, daß Isisnofret auch die Mutter der Prinzessin und späteren Hauptgemahlin Ramses' II., Nebet-taui (die aber auch mit ebenso schlüssigen Argumenten als Tochter der Nefertari betrachtet wird), und eventuell – aufgrund der Namensgleichheit – der Isisnofret II. war.

Die genaue Datierung der beiden genannten Felsstelen ist umstritten, vor allem derjenigen bei Assuan, bei der die Lesungen der stark zerstörten Datumsangabe von Jahr 2 bis Jahr 30 schwanken. Interessant ist, daß auf beiden Bildwerken die älteste Tochter der Isisnofret, Bint-Anat, bereits als «Große königliche Gemahlin» geführt wird. Während damit auf der Stele am Gebel es-Silsila Isisnofret und Bint-Anat auf ein und demselben Bildwerk nebeneinander als Hauptgemahlinnen ausgewiesen sind und gleichrangig (nämlich im oberen Register unmittelbar hinter dem König stehend, wobei Isisnofret jedoch durch das *anch*-Zeichen in ihrer Hand vergöttlichten Status innehat) wiedergegeben sind, erscheint auf der Assuan-Stele Isisnofret – wenn auch hier im oberen Register unmittelbar hinter dem König agierend, während die Tochter zu ihren Geschwistern Ramses und Merenptah ins untere Register «verbannt» wurde – nur mehr mit dem Titel einer «Königsgemahlin» ohne den Zusatz «groß», der sie als Hauptgemahlin ausweisen würde.

An rundplastischen Darstellungen ragen vor allem das Rumpffragment aus Quarzit (Abb. 32), auf welchem auch einer ihrer Söhne, nämlich Chaemwese, im Relief erscheint, und die Büste (Abb. 33) der Königin aus Sandstein, beide heute in Brüssel, hervor. Es gibt von ihr aber auch im Louvre eine Statuengruppe mit zweien ihrer Söhne.

Auffällig ist, daß man keine rundplastische Darstellung kennt, die Isisnofret gemeinsam mit ihrem Gatten Ramses II. zeigt. Dies kann an der Zufälligkeit der Überlieferung liegen; aber es drängt sich angesichts der – im Vergleich zu Nefertari – allgemein spärlichen Quellenlage zu dieser Königin der Verdacht auf, daß

Abb. 32a–c Fragment einer Standfigur der Königin Isisnofret mit seitlicher Darstellung des Prinzen Chaemwese. Quarzit. Musées Royaux d'Art et d'Histoire, Brüssel, Inv. E 7500.

Abb. 33a,b   Büste der Königin Isisnofret. Sandstein. Musées Royaux d'Art et d'Histoire, Brüssel, Inv. E 5924.

sie wohl wirklich nicht allzu häufig abgebildet worden sein kann. Zudem weisen nahezu alle ihre bildlichen Wiedergaben oder Erwähnungen einen Zusammenhang mit ihrem Sohn Chaemwese auf und scheinen von diesem initiiert worden zu sein. Daß Königinnen nicht zu Lebzeiten ihrer eigenen Gatten, sondern erst unter deren Söhnen, also in ihrer Rolle als Königinmutter, statuarisch dargestellt worden sind, ist ein bereits geschildertes Phänomen, das sich beispielsweise auch bei Königin Mut-Tuy, der Mutter Ramses' II., beobachten läßt. Eine Voraussetzung hierfür scheint üblicherweise gewesen zu sein, daß die Königinmutter jeweils auch während der Regentschaft ihres Sohnes noch am Leben war. Abgesehen davon, daß dies bei Isisnofret sicher nicht der Fall war, hätte man dann zumindest erwarten müssen, daß Merenptah, der dritte Sohn der Isisnofret und tatsächliche Thronfolger, solche Bildwerke seiner Mutter in Auftrag gegeben hat, und nicht Chaemwese. Denn dieser war zwar zeitweilig Kronprinz, überlebte aber seinen Vater nicht. Durch die enge Verknüpfung der Quellen zu Isisnofret mit ihrem Sohn Chaemwese, der als Hoherpriester des Ptah im memphitischen Raum agierte, häufen sich in dieser Region die Belege zu dieser Königin, während Nefertari dort fehlt. Umgekehrt findet Isisnofret im thebanischen Raum keinerlei Erwähnung. Auf diese offensichtliche enge Bindung zwischen Isisnofret und Chaemwese stützt sich die allerjüngst vorgebrachte These, die Königin sei vielleicht sogar in Saqqara, der zu Memphis zugehörigen Nekropole, beigesetzt worden, wo auch die letzte Ruhestätte des Chaemwese nachgewiesen ist. Denn es müssen nicht zwingend alle Königinnen auf der thebanischen Westseite, im Tal der Königinnen oder der Könige, bestattet worden sein – auch wenn das Ostrakon Kairo 72460 eine Beisetzung der Isisnofret im Tal der Könige nahelegt –, da beispielsweise auch Mut-Nedjemet, die Gemahlin von Pharao Haremhab, offensichtlich in demjenigen Grab liegt, das sich ihr Gatte, als er noch unter Tut-anch-Amun hoher Beamter war, in Saqqara anlegen ließ, dann aber, nach seiner eigenen Thronbesteigung, zugunsten eines standesgemäßen Grabes im Tal der Könige aufgab.

Man könnte die Rolle der Isisnofret und vor allem auch ihr Verhältnis zu Nefertari sicher besser definieren, wenn über das Todesdatum der Königin Klarheit herrschen würde. Da sich jedoch ihr Grab noch nicht ermitteln ließ, ist auch von hier keine Klärung möglich. Gegen das Argument, daß sie zum Zeitpunkt der Einweihung der beiden Tempel von Abu Simbel, dem 24. Regierungsjahr Ramses' II., schon tot gewesen sein muß, weil sie dort nicht mehr belegt ist, läßt sich einwenden, daß sie auch noch auf der nachweislich später – nämlich anläßlich eines der Regierungsjubiläen Ramses' II. (wohl 36. Jahr des Herrschers) – entstandenen Felsstele vom Gebel es-Silsila (Abb. 31) erscheint, was dann ja erst recht nicht der Fall hätte sein dürfen. Allerdings ist sie hier durch das *anch*-Zeichen in ihrer Hand als vergöttlicht ausgewiesen und war zu diesem späteren Zeitpunkt tatsächlich schon verstorben, zumal sich hier, wie oben erwähnt, ihre älteste Tochter Bint-Anat bereits als «Große königliche Gemahlin» bezeichnet und man sich Mutter und Tochter zur gleichen Zeit nur schwer in dieser Position vorstellen kann.

Da die Prinzessin Isisnofret, sechste Tochter Ramses' II. und einer unbekannten Frau, niemals den Titel einer «(Großen) königlichen Gemahlin» führt, ist bei ihrer Erwähnung eine Verwechslung mit der gleichnamigen Nefertari-«Rivalin» ausgeschlossen.

Abb. 34a,b Durch Merenptah usurpierte Standfigur mit seitlicher Reliefdarstellung seiner mutmaßlichen Schwestergemahlin Bint-Anat. Granit; H. 2,59 m. Luxortempel. Luxor-Museum, Inv. J. 131.

Bint-Anat

Wie bereits angesprochen, erhob Ramses II. auch Töchter, die er mit seinen Hauptfrauen gezeugt hatte, in den Stand einer «Großen königlichen Gemahlin». Dazu gehört Bint-Anat, die älteste Tochter der Isisnofret. Sie trägt keinen ägyptischen, sondern einen kanaanäischen Namen, der «Tochter der (Fruchtbarkeitsgöttin) Anat» bedeutet. Während man sich bei den anderen Töchtern noch fragen kann, ob die Ehen tatsächlich vollzogen wurden oder nur formeller Natur waren, scheint dies im Fall der Bint-Anat nachweisbar zu sein, denn in ihrem Grab im Tal der Königinnen (QV 71) wird sie von ihrer Tochter begleitet (Abb. 43), deren Name jedoch nicht überliefert ist. Da sie ihren Gemahl Ramses überlebte und auch dessen Nachfolger Merenptah und somit ihren eigenen Bruder ehelichte – wie sich einer heute vor dem Luxormuseum stehenden Statue des Letztgenannten entnehmen läßt (Abb. 34) –, könnte die Tochter auf dem Grabrelief eventuell auch aus dieser zweiten Verbindung stammen, wobei dann Bint-Anat aber bereits in fortgeschrittenem Alter gewesen wäre. Wann zuvor die Eheschließung mit ihrem Vater stattgefunden hatte, ist unbekannt und hängt auch davon ab, wann man den Tod ihrer Mutter, deren Nachfolge sie offensichtlich antrat, ansetzt. Im allgemeinen vermutet man, wie bereits erwähnt, daß Isisnofret zum Zeitpunkt der Einweihung der beiden Tempel von Abu Simbel, die man um das 24. Regierungsjahr annimmt, nicht mehr am Leben war, da sie selbst dort überhaupt nicht (mehr) in Erscheinung tritt. Hingegen ist ihre Tochter Bint-Anat auf einem der Pfeiler im großen Tempel von Abu Simbel beim Opfer vor der Göttin Anukis dargestellt (Abb. 64).

Abgesehen von den beiden bereits in Zusammenhang mit Isisnofret behandelten Felsstelen in Assuan und am Gebel es-Silsila (Abb. 30, 31) sowie diversen Tempelreliefs, die die Königstochter an der Spitze der Prinzessinnen-Prozessionen zeigen, gibt es auch noch Darstellungen, bei welchen sie in Rund- oder Flachbild neben ihrem Gemahl wiedergegeben ist. Davon ist wohl die Kolossalstatue Ramses' II. aus Memphis, die heute den Bahnhofsplatz von Kairo ziert, die bekannteste. Sie ist aber auch in auffällig breiter geographischer Streuung in ganz Ägypten, ja sogar auf dem Sinai belegt. Im memphitischen Grab des Haremhab kamen bei den jüngsten Ausgrabungen auch zwei Uschebtis aus grüner Fayence mit Namen und Titulatur der Bint-Anat ans Tageslicht (Abb. 35).

Merit-Amun

Merit-Amun, «die von Amun Geliebte», wurde als älteste Tochter der Nefertari wohl nach deren Tod, d. h. nicht vor dem 25. Regierungsjahr, von ihrem Vater Ramses II. in den Rang einer «Großen königlichen Gemahlin» erhoben, nachdem sie ihre Mutter bereits bei den Einweihungsriten der Tempel von Abu Simbel vertreten hatte (vgl. Abb. 63, 65, 66). Was den sie erwähnenden Denkmälerbestand betrifft, so tritt sie uns, ähnlich wie ihre ältere Halbschwester Bint-Anat, auf den zahlreichen Prinzessinnenlisten der Tempelwände, diesmal in der Regel an vierter Stelle, entgegen. Wenn sie innerhalb der Tochtergemahlinnen auch eine offensichtlich hervorgehobene Rolle spielte, scheint sie jedoch rein quantitativ nicht so häufig auf den Kolossalplastiken ihres Vaters und Gatten aufzutreten wie Bint-Anat, aber dies kann die Zufälligkeit der Überlieferung widerspiegeln. Denn es kam beispielsweise erst 1970 bei Aushubarbeiten im mittelägyptischen Ort Achmim eine in

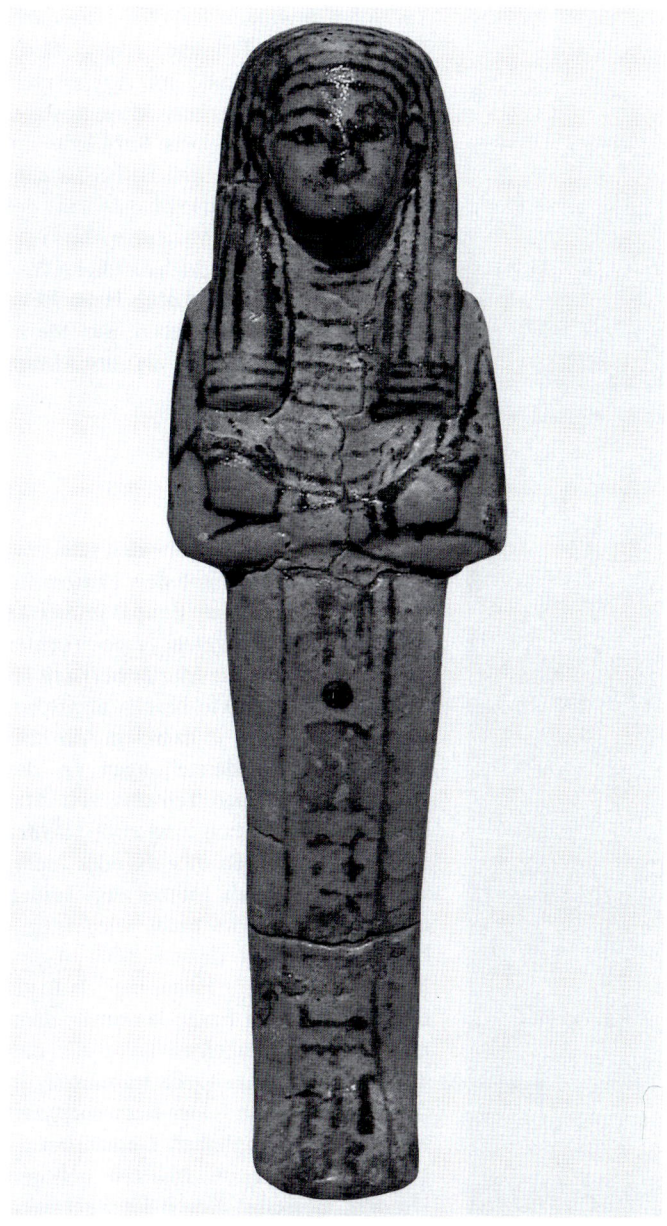

Abb. 35 Uschebti der Bint-Anat, gefunden im Grab des Haremhab in Saqqara. Grabungsmagazin Saqqara. – Abb. 36 Sogenannte «White Queen», eventuell Nefertari oder Merit-Amun darstellend. Kalkstein mit Bemalung; H. 75 cm; Ramesseum. Ägyptisches Museum Kairo, Inv. JE 31413 bzw. CG 600.

ihrer Qualität unübertroffene Kolossalstatue der Merit-Amun zum Vorschein (Abb. 13), wenige Meter davon entfernt wurde ein in drei Teile zerbrochenes, ebenso monumentales Bildwerk von Ramses II. selbst entdeckt. König und Königin säumten also dereinst gleich groß und somit gleichberechtigt den Zugang zu einem Tempel, dessen Grundriß zwischenzeitlich ebenso aufgedeckt werden konnte. Die Ehre, auf einer der beiden Monumentalplastiken wiedergegeben zu sein, welche einen Tempeleingang flankierten, war nicht einmal Nefertari widerfahren (denn ihre aus dem Fels gemeißelten Abbilder am kleinen Tempel von Abu Simbel lassen sich nur bedingt damit vergleichen). Am ehesten läßt sich als Parallelfall vielleicht noch die kolossale Doppelsitzgruppe von Amenophis III. und seiner Gemahlin Teje zitieren, die in Medinet Habu aufgestellt war und jetzt an der Rückfront der zentralen Halle des Museums von Kairo beide Ausstellungsetagen überragt. Hier sind allerdings der Pharao und seine Gemahlin nebeneinander sitzend auf einem Bildwerk vereint.

Daß die Kolossalstatue der Nefertari-Tochter Merit-Amun, in welcher sich die Hochschätzung dieser Königsgemahlin in unerreichter Weise manifestiert, ausgerechnet in der «Provinzstadt» Achmim ihre Aufstellung erfahren hat, kann die These stützen, daß die mütterlichen Vorfahren der Merit-Amun – und damit auch der Nefertari – eben aus diesem mittelägyptischen Kultort des Fruchtbarkeitsgottes Min stammten, wo ja beispielsweise auch Pharao Eje ursprünglich beheimatet war. Nachdem man dort erst 1991 erneut auf eine Kolossalstatue Ramses' II. gestoßen ist, birgt dieses Areal sicher noch weitere Überraschungen und gibt vielleicht auch eines Tages noch eine Kolossalstatue von Nefertari selbst frei.

Aufgrund von Übereinstimmungen in der Titulatur der Monumentalplastik aus Achmim mit der im Museum von Kairo aufbewahrten sogenannten «White Queen» (Abb. 36) wurde kürzlich versucht, letztgenanntes Bildwerk ebenfalls der Merit-Amun zuzuschreiben. Die nur noch in ihrem oberen Teil erhalten gebliebene Figur war 1896 durch Flinders Petrie in einer separaten, aus Lehmziegeln errich-

Abb. 37 Unterteil einer Kolossalstatue Ramses' II. mit seitlicher Darstellung der Hethiterprinzessin Maat-Hor-neferu-Ra. Tanis.

Tal der Königinnen (QV 68); die darin aufgefundenen Trümmer ihres Sargdeckels werden heute im Ägyptischen Museum auf der Berliner Museumsinsel aufbewahrt. Im direkten Vergleich mit dem ikonographisch und stilistisch sehr eng verwandten Sarkophagdeckel der Nefertari im Turiner Museum (Abb. 132, 134) zeigen sich aber doch deutliche Weiterentwicklungen, die Labib Habachi zu der Annahme geführt haben, daß Merit-Amun wesentlich später als ihre Mutter verstorben sein muß.

Nebet-taui

Nebet-taui («Herrin der beiden Länder») ist zweifelsfrei, da auf den Prinzessinnenlisten der diversen Tempel immer an fünfter Stelle vertreten, eine Tochter Ramses' II. Über die Mutter herrscht jedoch Unklarheit, wie bereits angesprochen wurde: denn je nachdem, ob man in den Mädchendarstellungen an der Fassade des kleinen Tempels von Abu Simbel ausschließlich (und alle) Töchter der Nefertari sehen möchte oder nicht, würde Nefertari als Mutter ausscheiden (da Nebet-taui dort nicht wiedergegeben ist und statt dessen ihre jüngere Halb[?]-Schwester Henut-taui auftritt) oder weiterhin in Frage kommen; denn man geht im allgemeinen davon aus, daß all die Prinzessinnen, die Ramses II. in der zweiten Hälfte seiner Regierungszeit zu «Großen königlichen Gemahlinnen» gemacht hatte, von Müttern geboren wurden, die selbst diesen Titel getragen haben. Lehnt man Nefertari als Mutter ab, bleibt dafür nur noch Isisnofret übrig. Henut-mi-Ra, die man früher ebenfalls als Mutter in Erwägung gezogen hatte, scheidet aus, seit man weiß, daß sie ihrerseits selbst diesen Tochtergemahlinnen zuzurechnen ist. Der Tatsache, daß man über Nebet-taui kaum Nachrichten hat und es von ihr so gut wie keine rundplastischen bildlichen Darstellungen gibt – lediglich am Großen Tempel von Abu Simbel findet sie sich zu Füßen des südlichsten Kolosses ihres Vaters neben der Isisnofret-Tochter Bint-Anat und einer anonymen Prinzessin –, steht kontrastierend gegenüber, daß sie über ein mit sieben Räumen recht großzügig angelegtes Grab im Tal der Königinnen (QV 60) verfügt, das aber offensichtlich, was seinen Bildschmuck angeht, nicht fertiggestellt worden ist. Was sich heute noch, trotz späterer Zerstörungen der Wandreliefs durch die Kopten, erhalten hat, sind fragmentarische Abschnitte des Totenbuches.

teten Kapelle nordwestlich des Ramesseums, des Totentempels Ramses' II., aufgefunden worden. Auf dem Rückenpfeiler ist entsprechend nur noch die Titulatur (darunter «Große des *hnr*-Harims des Amun-Re, Sistrum-Spielerin der Mut, Sängerin des Horus»), jedoch nicht mehr der Name der Dargestellten überliefert.

Beachtung verdient auch Merit-Amuns rundplastische Wiedergabe zwischen den Beinen einer ursprünglich in Piramesse aufgestellten und dann nach Tanis verschleppten und heute dort nur noch in ihrem Unterteil vorhandenen monumentalen Standfigur Ramses' II. (Abb. 38, 39). Denn in der dortigen Beischrift über ihrem Abbild wird sie außer als «Königstochter» lediglich als «königliche Gemahlin» bezeichnet. Den Titel «Große königliche Gemahlin» trägt auf diesem Bildwerk die ebenfalls als kleinerformatige Figur, jedoch links außen neben ihrem Gemahl stehend wiedergegebene Maat-Hor-neferu-Re, die dabei auch noch ausdrücklich als Tochter des Hethiterkönigs ausgewiesen ist (Abb. 37).

Merit-Amuns Grab befindet sich im

Maat-Hor-neferu-Ra

Maat-Hor-neferu-Ra – wohl am ehesten mit «Horus (– Pharao) sieht die Schönheit des Ra» zu übersetzen – ist der Name, den die älteste Tochter des Hethiterkönigs Hattuschili III. annimmt, nachdem sie in der Folge des hethitisch-ägyptischen Friedensvertrages (21. Jahr Ramses' II.) und der schon mehrfach erwähnten regen diplomatischen Korrespondenz auf Keilschrifttafeln im 34. Regierungsjahr Ramses' II. mit diesem vermählt worden ist. Ihr ursprünglicher Name, den sie in Kleinasien am hethitischen Hof getragen hat, ist nicht überliefert. Diese Hochzeit des Jahres 1245 v. Chr. und ihre Vorbereitungen werden auf den sogenannten «Heiratsstelen», die Ramses II. an zahlreichen seiner Tempel hat anbringen lassen, in blumigen Worten geschildert. Die besterhaltene und bekannteste Version findet sich links von der Fassade des großen Tempels von Abu Simbel (Abb. 40, 41). Hier wird der Eindruck erweckt, Hattuschili III. hätte seine Tochter persönlich nach Ägypten begleitet, um sie Ramses II., der sich auf dem Bildfeld der Inschriftenstele unter einem Baldachin zwischen die Götter eingereiht hat, zuzuführen, doch belehrt uns die ägyptisch-hethitische Keilschriftkorrespondenz, daß der Hethiterkönig wegen «brennender Füße» seinen Besuch abgesagt hatte.

Darstellungen von ihr, außer auf der «Heiratsstele», sind kaum bekannt. Zu den wenigen Belegen zählt die bereits erwähnte Statue zu Füßen ihres erheblich größer wiedergegebenen Gemahls, die sich noch heute in Tanis befindet (Abb. 37), wohin sie während der Dritten Zwischenzeit aus der Ramses-Stadt verschleppt worden ist. Auf der anderen Seite dieser Kolossalplastik, von der nur noch das Unterteil erhalten geblieben ist (Abb. 38), steht, ebenfalls als kleinerformatige Figur, die Prinzessin Merit-Amun (Abb. 39).

Überliefert sind ansonsten nur noch einige kleinformatige Objekte wie Skarabäen oder Amulettanhänger (Abb. 42) mit uneinheitlicher Namensschreibung.

Dieser Mangel an Belegen befremdet, denn nach Ausweis eines Papyrusfragmentes aus Gurob am Fayum-Rand war die Hethiterprinzessin noch im 61. Regierungsjahr ihres Gatten am Leben; sie kann ihn also gut auch überlebt haben und hätte dann unter dessen Nachfolger Merenptah im Harim bei Gurob ihren Lebensabend verbracht. Wo sie beigesetzt worden ist, ist unbekannt. Kinder von ihr sind ebenfalls nicht überliefert.

Abb. 38 Das Statuenunterteil von Abb. 37 inmitten des Ruinengeländes von Tanis.

Abb. 39 Die rechte Seite des Statuenunterteils von Abb. 37 mit seitlicher Wiedergabe der Prinzessin Merit-Amun. Tanis.

Abb. 40 Die «Heiratsstele» am großen Tempel von Abu Simbel, die von der Vermählung Ramses' II. mit der Hethiterprinzessin kündet.

ral!]» nennt), kann man schließen, daß diese erneute Vermählung, wenn sie überhaupt stattgefunden hat, wohl erst um das 40. Regierungsjahr oder später erfolgte.

Henut-mi-Ra

Bis vor wenigen Jahren war man noch davon ausgegangen, daß die «Große königliche Gemahlin» Henut-mi-Ra («Die Gebieterin ist wie Ra») eine Tochter Sethos' I. und der Mut-Tuy und somit eine Vollschwester Ramses' II. gewesen sei. Diese Annahme stützte sich auf die Standfigur der Mut-Tuy aus schwarzem Granit, die gemäß den Aufschriften von ihrem Sohn Ramses II. gestiftet worden ist und heute in den Vatikanischen Museen aufbewahrt wird. An deren Seite ist im Relief Henut-mi-Ra dargestellt, die in der Beischrift als «Königstochter» und «Königsgemahlin» bezeichnet ist. In diesem bildlichen Kontext lag es verständlicherweise nahe, in der Hauptfigur die Mutter und im seitlichen Relief deren Tochter zu sehen: die Benennung als «Königstochter» ließ sich auf die Vaterschaft Sethos' I. beziehen, diejenige als «Königsgemahlin» auf ihre Ehe mit Ramses II., auch wenn dies nicht expressis verbis in der Beischrift ausgesagt ist. Man vermißt dabei lediglich den wichtigen Titel «Schwester des Königs» (nämlich Ramses' II.), wie ihn beispielsweise Prinzessin Bint-Anat mit ihren ähnlich gelagerten genealogischen Verhältnissen trägt. Denn diese hatte, wie erwähnt, nach dem Tod ihres Vaters und Gatten Ramses' II. dessen Sohn und Nachfolger Merenptah, also ihren eigenen Vollbruder, geehelicht und trägt deswegen auch diesen Titel als Beischrift zu ihrer Reliefdarstellung auf dessen Standfigur im Luxormuseum (Abb. 34).

Henut-mi-Ra erscheint jedoch auch im Relief auf einer Standfigur Ramses' II. aus Rosengranit, die in Abukir an der Mittelmeerküste des Nildeltas gefunden wurde, dorthin sicher aus der Ramses-Stadt verschleppt worden ist und heute im Museum von Alexandria steht. Dort wird die Prinzessin nun eindeutig als «seine (!) leibliche Königstochter, geliebt von ihm (!), Große königliche Gemahlin» bezeichnet, was sich in diesem bildlichen Kontext nur auf Ramses II. beziehen kann. Henut-mi-Ra war demnach keine Vollschwester, sondern eine Tochter von ihm.

Für die Standfigur der Mut-Tuy aus dem Vatikan bedeutet dies, daß hier Großmutter und Enkelin auf einem Bild-

Eine weitere hethitische Gemahlin?

Wahrscheinlich ehelichte Ramses II. auch noch eine weitere Tochter Hattuschilis III. und somit Schwester der Maat-Hor-neferu-Ra, die aber nicht in den Rang einer «Großen königlichen Gemahlin» erhoben worden ist, sondern – wie es auch bei diplomatisch motivierten Heiraten mit Töchtern der Herrscher von Babylon und Zulapi der Fall gewesen ist – als «normale» Königsgemahlin im Harem verschwunden sein dürfte. Hauptindiz für diese zweite Hethiterheirat ist eine von W. M. F. Petrie 1896 in Koptos aufgefundene Stele, zu der 1904 noch ein ergänzendes Fragment hinzukam, die von der Entsendung eines hethitischen Boten nach Ägypten berichtet. In diesem Kontext ist von «seiner (nämlich des hethitischen Königs) anderen Tochter» *(t3j kj.tj šrj.t.f)* die Rede. Aus der hier verwendeten ausführlichen Version seines Horusnamens «Herr der Sed-Feste wie sein Vater Ptah-Tatenen», «*Neb Hebu-sed mi itef Ptah-Tatenen*» *(nb ḥbw-sd mj jt.f Ptḥ T3ṯnn)*, auf der Stele, die erst nach der Feier seines dritten Regierungsjubiläums entstanden sein kann (da er sich darin «Herr der Sed-Feste [Plu-

werk vereinigt sind, wobei bei dieser ungewöhnlichen und sonst nicht belegten Konstellation die Vermutung naheliegt, daß als verwandschaftlich bindendes Glied zwischen den beiden Frauen nicht nur Ramses II. selbst, sondern vielleicht auch diejenige – leider bislang anonym bleibende – seiner (Haupt?-)Gemahlinnen fungierte, die Henut-mi-Ra geboren hatte.

Allerdings bereitet es Probleme, diese Prinzessin auf den reichlich überlieferten Kinderlisten ihres Vaters aufzufinden: unter den ersten neun in Abu Simbel und Derr aufgeführten Töchtern ist sie ebensowenig vorhanden wie auf der mit siebzehn Mädchen ausführlicheren Liste an der westlichen Innenwand des Hofes Ramses' II. im Luxortempel. Lediglich in den beiden Prinzessinnenprozessionen des 1. und 2. Hofes des Haupttempels von Abydos, wo 24 bzw. 29 Töchter in Erscheinung treten, gibt es jeweils im hinteren Drittel eine Namensbeischrift, die mit «Henut» beginnt und sich zum Namen der gesuchten Prinzessin, aber ebenso auch zu jedem anderen mit diesem Bestandteil beginnenden Namen ergänzen läßt. Man denke nur daran, daß die siebte Tochter Henut-taui heißt, und auch eine jüngere Schwester von ihr namens Henut-sechemu ist überliefert. Henut-mi-Ra kann also nur eine sehr spät (zumindest erst nach der 17. Prinzessin) geborene Tochter Ramses' II. sein, die dann auch erst gegen Ende seiner Regierung von ihm in den Rang einer «Großen königlichen Gemahlin» erhoben worden sein kann. Auf dem Rückenpfeiler jener Statue aus Abukir mit der Darstellung der Henut-mi-Ra nennt sich Ramses «Herr der Regierungsjubiläen wie sein Vater Ptah-Tatenen», ein Titel, den er erst nach der Feier seines dritten Regierungsjubiläums, also erst gegen sein 40. Regierungsjahr hin, angenommen haben kann, so daß also auch von daher die späte Erwählung der Königstochter zur Hauptgemahlin bestätigt wird.

Noch eine weitere monumentale Kalksteinskulptur Ramses' II., eine Sitzfigur aus dem mittelägyptischen Ort Hermopolis, zeigt aller Wahrscheinlichkeit nach diese Prinzessin: die – allerdings beschädigte – Namensbeischrift auf einer Seite des Thrones läßt sich am ehesten zu Henut-mi-Ra ergänzen. Auf der gegenüberliegenden Thronseite dieses Bildwerkes erscheint Merit-Amun.

Unklar ist der Zeitpunkt des Todes der Henut-mi-Ra und ob sie, was recht wahrscheinlich ist, ihren Vater und Gemahl Ramses überlebt hat. Vor wenigen Jahren konnte ihr ein bereits von Champollion und Rosellini registriertes, aber erst jetzt von französischen Archäologen komplett freigelegtes Grab im Tal der Königinnen (QV 75) zugewiesen werden. Auch die dabei an den Wänden des Felsgrabes erhalten gebliebenen spärlichen Relief- und Inschriftenreste nennen die darin Beigesetzte fast ausschließlich «Königstochter» und unterstützen somit aufs neue die Annahme der Vaterschaft Ramses' II. Die anthropomorphe Sarkophagwanne aus dem Grab, 2,46 m lang, 0,85 m breit, 0,69 m hoch und aus Rosengranit gefertigt, war schon zuvor aufgefunden worden; denn der Hohepriester des Amun

Abb. 41 Detail vom Bildfeld der «Heiratsstele» von Abb. 40: Der Hethiterkönig führt seine Tochter dem (links davon befindlichen, hier nicht wiedergegebenen) Ramses zu.

Harsiese, ein Zeitgenosse Osorkons II. (929–914), hatte sie für seine Bestattung innerhalb des Bezirkes des Totentempels Ramses' III. in Medinet Habu usurpiert. Schon vor der Wiederauffindung und Identifikation des Grabes der Henut-mi-Ra war klar, daß man es im Tal der Königinnen zu suchen hatte. Denn der Papyrus Salt 124 aus der ausgehenden 19. Dynastie erwähnt die Beschuldigungen gegen den Vorarbeiter Paneb, aus dieser Anlage im Tal der Königinnen «eine Gans» (wohl ein magisches Figürchen in der Gestalt dieses Tieres) gestohlen zu haben.

Abb. 42 Amulettplakette mit Nennung der Hethiterprinzessin Maat-Hor-neferu-Ra (oben). British Museum, London.

Abb. 43 Die von einer (anonymen) Tochter begleitete Prinzessin Bint-Anat. Umzeichnung eines Reliefs in der Sargkammer ihres Grabes (QV 71).

Ta-nedjemet

Der Vollständigkeit halber sei hier nur kurz angesprochen, daß auch die durch ihr Grab im Tal der Königinnen (QV 33) bekannte Prinzessin Ta-nedjemet als Gemahlin Ramses' II. betrachtet worden ist, obwohl sie in keiner der Prinzessinnenlisten auftaucht und selbst ihre Datierung in die 19. Dynastie strittig ist. Einziger Hinweis auf ihre Titel und Funktionen sind die Inschriften in besagtem, durch einen Brand schwer in Mitleidenschaft gezogenem Grab, denen zufolge sie «Königstochter» und «Königsgemahlin» gewesen ist (nicht aber «Große königliche Gemahlin»). Allerdings läßt sich zeigen, daß diese Prinzessin in ein Grab verbracht worden ist, das möglicherweise gar nicht ursprünglich für sie konzipiert war, denn es wies, wie die aktuellen Untersuchungen durch französische Archäologen bestätigt haben, in seinen Titulatur- und Namensinschriften leere Kartuschen auf, die dann nachträglich mit dem Namen dieser Königin ausgefüllt worden sind.

Abb. 44 Umgestürzte Kolossalstatue Ramses' II. mit seitlicher Reliefdarstellung einer Gemahlin mit hoher Doppelfederkrone.

Joachim Willeitner

Wie sah Nefertari aus?
Die Königin in rundplastischen Darstellungen

Für die ägyptische Kunst im allgemeinen gilt, daß die Menschenbilder, seien sie als Relief oder rundplastisch ausgeführt, keine echten Porträts in unserem Sinne wiedergeben. Wenn die Ägyptologen heute aber dennoch ein Bildwerk einer bestimmten Periode oder sogar einer bestimmten Persönlichkeit zuordnen können, so liegt dies in erster Linie darin begründet, daß die Bildhauer ihrem Zeitstil – wer immer ihn geprägt haben mag – unterworfen waren, wobei sich in gut dokumentierten Einzelfällen darüber hinaus sogar einzelne lokale Werkstattstile für Skulpturen ein und desselben Königs ermitteln lassen; hinzu kommt, daß sich die Privatleute stilistisch und, soweit erlaubt, ikonographisch am Herrscherbild orientierten. Auch scheint die Funktion der Statue – je nachdem, ob als Grab- oder Tempelplastik vorgesehen – deren Aussehen, ob eher naturalistisch oder eher stilisiert gestaltet, stärker beeinflußt zu haben, als man bislang annahm. Bei Pharaonen und hohen Beamten mit längerer Wirkenszeit lassen sich offensichtlich Jugend- und Altersbildnisse (wobei sich auch darin wieder eine ideologische Aussage verbirgt, da beide Alterstypen auch paarweise in offensichtlich zeitgleich entstandenen Skulpturen auftreten) unterscheiden. Dies schließt nun aber nicht aus, daß nicht auch charakteristische äußerliche, individuelle Merkmale der darzustellenden Persönlichkeiten in die rundplastische Wiedergabe eingeflossen sind, wie eventuell ein besonders breites oder schmales Gesicht, eine typische Nasenform oder eine auffällige Lippenbildung. Statuen der Nefertari – wobei hinzukommt, daß sich auf deren Skulpturen das Gesicht ohnehin oftmals nicht erhalten hat – lassen also nur bedingt auf das wirkliche Aussehen der Königin schließen.

Fernerhin ist zu berücksichtigen, daß rundplastische Werke der Pharaonenzeit eher statischen, statuarischen Charakter haben und nur in seltensten Fällen so gedeutet werden können, daß mit ihnen ein bestimmtes Stadium einer Handlung ausgedrückt ist. Im «spannendsten» Augenblick eingefangene Aktionen, wie sie für die Klassische Antike beispielsweise in

Abb. 45a,b Rundplastische Darstellung der Nefertari an einer Standfigur Ramses' II. im ersten Hof des Luxortempels.

Abb. 46 Rundplastische Darstellung der Nefertari an einer Standfigur Ramses' II. im ersten Hof des Luxortempels.

Nefertari auf Statuen Ramses' II.

Die häufigste Fundgattung, auf der Nefertari als Skulptur vertreten ist, stellen die in großer Anzahl überlieferten Kolossalstatuen Ramses' II. dar, die den Herrscher in der traditionellen «Schrittstellung» mit vorangestelltem linken Bein zeigen und die fast ausschließlich in oder vor Kultstätten ihre Aufstellung gefunden haben. Die Königin ist dort zwar stehend neben ihrem Gemahl abgebildet, in der Regel auf dessen linker Körperseite, jedoch in erheblich kleinerem Format, so daß sie mit ihrer gesamten Körpergröße gerade etwa die Höhe seines Knies erreicht und mit ihrer vorgestreckten rechten Hand die Kniekehle des nach vorne ausschreitenden linken Beines ihres Gatten berührt. Der Steg, der den Raum zwischen Rückenpfeiler und vorgestelltem Bein ausfüllt, trägt dabei Namen und Titel der Königin. Es gibt aber auch Kolossalstatuen Ramses' II., auf denen die Königin nicht rundplastisch, sondern auf besagtem Zwischensteg lediglich im Relief abgebildet ist. Ihre Körperhaltung mit der vorgestreckten rechten Hand entspricht dabei jedoch der ihrer Statuen.

Das größte Ensemble solcher Figuren findet sich heute im 1. Hof des Luxortempels zwischen den Säulen der Doppelkolonnade, die den Hof säumt (Abb. 48). Hier hat Ramses II. zu etwa der Hälfte des Bestandes Statuen des ersten Bauherrn des Tempels, Amenophis' III., durch Anbringen seiner eigenen Namensinschriften usurpiert; die übrigen Plastiken sind jedoch zu seiner Zeit angefertigt worden. Auf fünf dieser Bildwerke, die allesamt aus Granit gefertigt sind, ist Nefertari wiedergegeben, und zwar dreimal als Statue (Abb. 7, 45, 46) und zweimal als Relief (Abb. 47, Umschlagrückseite). Sie erscheint kleinerformatig an der Seite ihres Gemahls auch an den beiden thronenden Kolossen Ramses' II., die den Durchgang von diesem Hof in die rückwärtig gelegenen Tempelpartien säumen, und ebenso an der östlichen, also linken, der beiden monumentalen Sitzfiguren des Pharaos, die vor dem 1. Pylon den Hauptzugang flankieren (Abb. 67).

Mit den letztgenannten Statuen vor der Fassade des Luxortempels korrespondieren die Bildwerke vor dem 10. Pylon des Karnaktempels. Es hat sich zwar herausgestellt, daß die Sphingenallee, die Ramses II. über die rund drei Kilometer lange Distanz zwischen Luxor- und Karnaktempel hat anlegen lassen, die beiden Kultstätten nicht ganz geradlinig, sondern über einen kleinen Knotenpunkt

der Laokoon-Gruppe beim Kampf des Laokoon und seiner Söhne mit der Schlange oder beim «Diskuswerfer», der in tordierter Körperhaltung im Augenblick höchster körperlicher Anspannung wiedergegeben ist, vorliegen, sind in der Kunst der Pharaonenzeit undenkbar und lagen auch nicht in der Intention der damaligen Bildhauer.

Im Gegensatz zur Rundplastik sind die altägyptischen Reliefs narrativ und zeigen, auch wenn – vor allem im kultischen Bereich – die Motive oft schablonenhaft schematisiert und kanonisiert erscheinen, dennoch stets augenfällige Handlungsabläufe und Aktionen der auf ihnen dargestellten Personen, ja sogar konkrete historische Ereignisse, wenn auch zumeist ideologisch «geschönt», wie unter Ramses II. beispielhaft die Szenen der Qadesch-Schlacht demonstrieren. Deswegen sollen im folgenden zunächst die rundplastischen Darstellungen Nefertaris, einschließlich derjenigen, die man ihr mit mehr oder minder großer Wahrscheinlichkeit zuweist, behandelt werden; die sie zeigenden «narrativen» Reliefs – damit entfallen für diese Kategorie diejenigen «statischen» Wiedergaben der Königin, die sich an Statuen ihres Gatten befinden – sollen später, und zwar im Zusammenhang mit der Wirkungsgeschichte der Königin, berücksichtigt werden.

verbunden hat; aber dennoch erreichte man, wenn man von Luxor aus die Allee beschritt, den Karnaktempel nicht an seiner Hauptachse mit den Pylonen 1 bis 6, sondern an seiner im rechten Winkel dazu stehenden Seitenachse mit den verbleibenden vier Tortürmen 7 bis 10, wobei der 10. Pylon, der (ebenso wie der 9. Torturm) auf Pharao Haremhab zurückgeht, die Front markierte. Die beiden davor aufgestellten Kolossalstatuen des Bauherrn aus Kalkstein sind von Ramses, wohl in Zusammenhang mit der Anlage der Sphingenallee, usurpiert worden, und auch die Gemahlin Haremhabs, Königin Mut-nedjemet, die dort als kleinerformatige Rundplastik neben den Füßen ihres Gemahls wiedergegeben war, wurde beidemal durch Abänderung der Beischriften in Nefertari umgewandelt (Abb. 50). Bei der Freilegung dieses äußersten Pylons der Nebenachse kamen übrigens auch die berühmten Hockfiguren des Baumeisters von Amenophis III., Amenophis-Sohn-des-Hapu, und des Wesirs und nachmaligen Pharaos Paramessu/Ramses I. ans Tageslicht.

Über den kurz erwähnten Knotenpunkt der Sphingenalleen, die die einzelnen Tempel im thebanischen Raum miteinander verbanden, erreichte man auch die dem Karnaktempel unmittelbar benachbarte Kultstätte der Mut, Gemahlin des Reichsgottes Amun. Selbst hier, genauer gesagt an der äußeren Westwand des Muttempels in unmittelbarer Nähe des dortigen Heiligen Sees, taucht Nefertari auf, wenn auch nicht bildlich, sondern nur in einer Weihinschrift ihres Gemahls. Dabei wird sie ausdrücklich als Mutter des Meri-Atum, des 16. Prinzen und ihres wahrscheinlich letzten Kindes, bezeichnet («Meri-Atum, geboren von der großen königlichen Gemahlin ....»).

Daß die Königin auch am bekanntesten Bauwerk Ramses' II., nämlich dem großen Tempel von Abu Simbel mit seinen vier aus dem nubischen Sandsteinfelsen geschlagenen monumentalen Frontfiguren des Königs, in rundplastischer Ausführung vertreten ist, erscheint schon fast als selbstverständlich. Um so mehr verwundert es, daß auf den Kolossalstatuen der Ramses-Stadt Piramesse, zumindest auf denen, die später nach Tanis verschleppt worden sind und sich noch heute dort befinden (Abb. 44), nur andere Hauptgemahlinnen Ramses' II. vertreten sind und Nefertari fehlt. Da auch Isisnofret in Tanis nicht belegt ist, liegt der Schluß nahe, daß die Ausstattung der neuen Deltaresidenz mit königlicher Kolossalplastik in größerem Umfang erst zu einem Zeitpunkt erfolgte, als die beiden

Abb. 47 Reliefdarstellung der Nefertari an einer Standfigur Ramses' II. im ersten Hof des Luxortempels. Von der Titulatur unter ihrem Ellenbogen ist der Anfang zu erkennen, wo sie als «Große königliche Gemahlin» ausgewiesen ist.

anfänglichen «Großen königlichen Gemahlinnen» nicht mehr am Leben waren, auch wenn die Hauptstadt bereits viel früher in Funktion war.

Es gibt, außer den geschilderten monumentalen Versionen, auch noch mindestens zwei kleinerformatige, knapp unterlebensgroße Bildwerke Ramses' II., auf denen sich Nefertari befindet. Das eine wird heute im Museum von Turin aufbewahrt und noch ausführlicher behandelt, da es vermeintlich Auskunft über das weitere Schicksal und Ende der Königin zu geben scheint (Abb. 60, 61). Das andere, heute zu den Beständen des Museums in Kairo zählend, ist zusammen mit einer Unzahl von weiteren Figuren im Jahr 1904 in mehrere Teile zerbrochen in der sogenannten Cachette von Karnak gefunden worden. Bei diesem «Versteck» handelt es sich um eine Depotgrube in einem der Tempelhöfe, in welcher ursprünglich im Heiligtum selbst aufgestellte Bildwerke, wohl aus Platz-

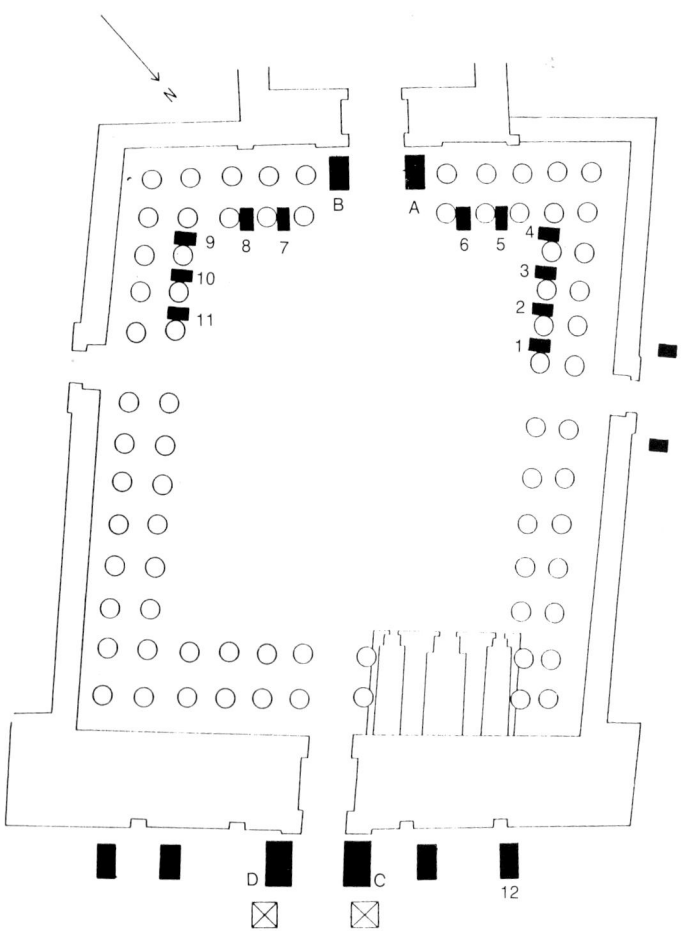

Abb. 48 Plan des ersten Hofs des Luxortempels mit Standortangabe der Standfiguren Ramses' II.

Abb. 49 Acephale Sitzfigur Ramses' II. mit seitlicher Reliefdarstellung der Nefertari. Granit; H. 67 cm; aus der «Cachette» von Karnak. Ägyptisches Museum Kairo, Inv. CG 42140.

gründen, sorgfältig vergraben worden sind. Während die Turiner Sitzfigur eine rundplastische Darstellung der Nefertari zur Linken ihres Gatten aufweist, ist die Königin auf dem Bildwerk in Kairo nur im Relief auf der rechten Seitenfläche des Thrones ihres Gemahls wiedergegeben (Abb. 49). Bei diesem Bildwerk aus Schist ist der Kopf des Königs verlorengegangen, die erhaltene Höhe beträgt deshalb nur noch 67 cm. Zwar ist die Namenskartusche der rechts eingravierten Frauengestalt so stark zerstört, daß der Name darin nicht mehr zu lesen ist, doch sprechen die Titel und auch die Ikonographie der Königin für eine Zuweisung an Nefertari. Auf der anderen Seite erscheint ein ominöser Prinz Usermaat-Re, der auf keiner der Kinderlisten an den Tempelwänden erwähnt wird; allerdings unterscheidet sich die letzte Zeile, die diesen Namen nennt, durch die schlechte Qualität ihrer Hieroglyphen vom übrigen Text. Der Bearbeiter des Bildwerkes, G. Legrain, vermutet deswegen, hier habe – analog zu der Statue aus Turin – ursprünglich der Name des Amun-her-chopschef gestanden, der dann getilgt und durch den des User-maat-Ra ersetzt worden sei.

Doppelstatuen

Es ist auffällig und bedauerlich, daß sich keine «echte» Figurengruppe, also eine Doppelstatue, die das Königspaar Ramses/Nefertari gemeinsam in annähernd gleicher Größe zeigt, erhalten hat. Ein 7,5 cm hohes und 19,5 cm breites Skulpturenfragment aus dunklem Granit, das zu Beginn unseres Jahrhunderts von Edouard Naville im Schutt des Mentuhotep-Tempels von Deir el-Bahari gefunden worden ist und Oberkörper und Halsansatz zweier dicht nebeneinanderstehender, fast ineinander übergehender Figuren zeigt, trägt zwar eingeschnittene Hieroglyphen, die unter anderem auch Ramses II. und Nefertari (diese in einer merkwürdigen Schreibung in einem Rechteck statt in einer ovalen Namenskartusche) nennen, doch gibt diese vermeintliche Doppelgruppe nicht das Königspaar selbst wieder. Vielmehr handelt es sich um die Darstellung von Privatleuten, wobei in den Inschriften der Skulptur, was nicht untypisch ist, auch die Herrschernamen erscheinen. Bei seiner Erstveröffentlichung war das Bruchstück unzureichend, nur in einem kleines Foto und in einer unvollständigen Umzeichnung seiner (ursprünglich mit gelber Farbe zusätzlich hervorgehobenen) Hieroglyphen, nicht einmal mit Maßangaben, vorgestellt worden (Abb. 51). Es gelangte bereits 1904 in den Besitz des British Museum (Inv. 40966) und wurde dort vor wenigen Jahren erneut, diesmal allen Ansprüchen genügend, publiziert. Hinzu kommt, daß im Zuge der aktuellen polnischen Ausgrabungs- und Restaurierungsarbeiten in Deir el-Bahari, und zwar im Schutt der Säulenhalle des dortigen Totentempels von Thutmosis III., weitere von dieser Statuengruppe stammende Trümmer entdeckt worden sind, die nunmehr sicher beweisen, daß die beiden Figuren des Bildwerkes keinesfalls das Königspaar zeigen. Man fand nämlich nicht nur die beiden unmittelbar auf dieses Fragment passenden Köpfe, sondern auch Hinweise darauf, daß die Figurengruppe ursprünglich aus noch weiteren – insgesamt damit wohl fünf – nebeneinander stehenden Personen bestand. Wahrscheinlich gehört die Rundplastik, wofür die ineinander übergehenden Oberkörper der Dargestellten und die armlose Rumpfform des von Naville gefundenen Fragmentes sprechen, zum Typ der sogenannten

Abb. 50a,b Eine durch Ramses II. usurpierte Standfigur Merenptahs mit seitlicher Königinnenstatue vor dem 10. Pylon des Karnak-Tempels. Grabungsfoto, das die zu Füßen der Figur wiederaufgefundenen Schreiberstatuen von Amenophis-sa-Hapu und Paramessu zeigt.

Ahnenbüsten. Allerdings zeigen diese in der Regel immer nur eine Person, Doppelbüsten sind schon sehr außergewöhnlich, und eine Fünfergruppe, wie sie jetzt wohl vorliegt, ist bislang ansonsten noch nicht belegt. Einer der dabei Abgebildeten war möglicherweise der Erbauer des Ramesseums, Amenemone (*Jmn-m-Jnt*). Zumindest der Namensanfang «Amenem...» hat sich in der Inschrift auf der Rückseite des Bruchstückes mit den beiden Köpfen erhalten.

In derselben Publikation des British Museum, in welcher das angesprochene Büstenfragment veröffentlicht ist, wird ein unterlebensgroßer Torso einer Frauenfigur, bestehend aus dem Kopf (bei welchem nur die obere Partie der Krone abgebrochen ist) und dem daran anschließenden Teil des Oberkörpers, aus dunklem Granit (Abb. 52, 53), der bislang in der Fachliteratur als (posthume) Darstellung der Königin Ahmes-Nefertari aus der frühen 18. Dynastie verzeichnet war, aufgrund seiner Rückenpfeilerinschrift zweifelsfrei der Ramses-Gemahlin zugewiesen. Die Bruchstellen an dem Objekt lassen wiederum darauf schließen, daß sich seitlich davon eine weitere, ehemals etwa gleich große Figur angeschlossen hat, bei der es sich wohl am ehesten um Ramses II. gehandelt haben dürfte. Dies wäre dann der einzig bekannte Überrest einer echten Doppelgruppe dieses Herrscherpaares.

Nefertari auf eigenständigen Bildwerken

Es gibt eine Reihe von Statuen und Statuetten, die jeweils eine ramessidische Königin ohne Begleitung ihres Gatten zeigen und die aufgrund stilistischer und ikonographischer Merkmale und/oder der Erwähnung des Königsnamens oder von mehr oder minder charakteristischen Abschnitten der Titulatur Nefertaris versuchsweise ihr zugeschrieben werden. Wir kennen aber bislang – abgesehen von einer lediglich als Skizze mit ihren Inschriften veröffentlichten (Abb. 59) Statuenbasis aus rotem Quarzit, die sich Ende des letzten Jahrhunderts noch im Hof eines Hauses im Dorf Bahtim bei Heliopolis befunden hat und deren heutiger Verbleib unklar ist – nur ein einziges rundplastisches Werk, das zweifelsfrei als Darstellung von ihr ohne Begleitung ihres königlichen Gatten angesprochen werden kann; und auch dieses ist stark fragmentarisch und überliefert vor allem leider kein Porträt der Königin: es ist das Rumpffragment aus Kalzit, das bereits in Zusammenhang mit ihrem jüngsten Sohn Meri-Atum, der darauf seitlich im Relief wiedergegeben ist, Erwähnung fand. Nefertari trägt hier das übliche reich plissierte Frauengewand und ist mit weit vorangestelltem linken Bein, wie es sonst eher für Männerfiguren typisch ist, wiedergegeben. Das 1905 in Luxor erworbene Objekt gelangte schließlich als Ge-

Abb. 51 Bruchstück einer Figurengruppe mit Namensnennung von Ramses II. und Nefertari. Deir el-Bahari. British Museum, London, Inv. 40966.

Abb. 52 Rückseite eines Büstenfragments der Nefertari. Granit; erh. H. 27 cm. British Museum, London, Inv. 1133.

schenk von Louis de Buggenoms in das Museum von Brüssel (Abb. 23).

Ein weiterer, allerdings umstrittener Beleg soll nicht unerwähnt bleiben: Anfang unseres Jahrhunderts hatten Einheimische, die die eingestürzten antiken Lehmziegelreste im Umfeld des Hathortempels von Dendera abgruben, um das ungebrannte Erdreich als Kompostersatz (*sebbach*) auf ihre Felder zu verteilen, dabei an der Südost Ecke der Tempel front das 2,30 m hohe Rumpffragment einer monumentalen Frauenfigur aus weißem kristallinen Kalkstein gefunden (Abb. 54). Das Bildwerk, bei welchem der Kopf und die Unterschenkelpartie verlorengegangen sind, fristet seit seiner Wiederentdeckung ein zumeist unbeachtetes Dasein in einer Ecke des Tempelhofes. Daß hier eine Königin dargestellt ist, ergibt sich unzweifelhaft aus den Titeln und Epitheta (darunter zweimal «die große königliche Gemahlin») der Inschrift, die in zwei Spalten den Rückenpfeiler bedeckt. Diese beiden Kolumnen schließen jeweils mit der Namenskartusche ab, die jedoch so unglücklich abgebrochen ist, daß nur noch die oberste, erste Hieroglyphe darin erhalten geblieben ist. Sie zeigt den Geier, die Hieroglyphe für den Göttinnennamen «Mut». Bei der Erstveröffentlichung im Jahre 1907 wurde die Statue noch «ohne große Wahrscheinlichkeit eines Irrtums» («without much probability of error») der Königin Mut-em-wia, Mutter von Amenophis III., zugewiesen, doch sind daran zwischenzeitlich erhebliche Zweifel angemeldet worden. Denn beispielsweise trägt die Gemahlin Sethos' I. und Mutter Ramses' II., Mut-Tuy, einen Namen, der ebenso mit «Mut» beginnt, und auch in vielen Namensschreibungen Nefertaris, die gleichfalls den Beinamen «geliebt von der Mut» trägt, findet sich die Geierhieroglyphe – aus Respekt vor der Göttin Mut – den übrigen Schriftzeichen vorangestellt ganz oben in der Kartusche (siehe Titelseite). Hier könnte also ebenfalls Nefertari dargestellt gewesen sein. Allerdings trägt sie manche der Titel und Epitheta, die sich in der Rückenpfeilerinschrift finden, auf ihren übrigen Monumenten nur sehr selten – wie zum Beispiel den einer «Gottesgemahlin» – oder auch gar nicht. Eine mögliche Zuweisung der Dendera-Statue an Nefertari bleibt also unsicher.

Daß es kaum Skulpturen gibt, die nur Nefertari zeigen, hat seinen Grund vielleicht in dem bereits geschilderten Phänomen, daß Figuren von Königinnen ohne Begleitung ihres Gatten zumeist nicht vom regierenden Gemahl, sondern posthum von den Söhnen der Dargestellten, nach deren Thronbesteigung, gestiftet worden sind, so daß diese Bildwerke genaugenommen nicht die Königin, sondern die Königsmutter meinen. Beispiele hierfür sind z. B. die beiden von Thutmosis III. gestifteten Statuen der Königin Isis oder diejenige von Thutmosis IV., die ihn zusammen mit seiner Mutter Tia'a *(Tj-ˤ3)* zeigt. Da aber bekanntlich keiner der Söhne Nefertaris in der Nachfolge Ramses' II. den Thron bestieg, sondern Merenptah, ein Sohn ihrer mutmaßlich schärfsten Rivalin am Königshof, Isisnofret, ist im Falle Nefertaris logischerweise nicht mit solchen Stiftungen zu rechnen. Gerade deswegen ist das eben erwähnte Brüsseler Rumpffragment von besonderem Interesse, zeigt es doch die Königin als Standfigur mit vorangestelltem linken Bein; und an dem Platz zwischen Bein und Rückenpfeiler, dort, wo bei den Statuen ihres Gatten sie selbst wiedergegeben ist, erscheint hier statt dessen im Relief ihr jüngster Sohn Meri-Atum (Abb. 23c). Und als ob es der Legitimation bedürfe, daß Nefertari allein als Statue wiedergegeben ist, wird ihr Sohn in erwähnter Reliefdarstellung «erster *(tpj* – vorderster) Sohn des Königs» genannt, ein Titel, der bei ihm als Nr. 16 der Prinzenliste und Nr. 7 der thronfolgeberechtigten (also von Hauptgemahlinnen abstammenden) Söhne zumindest befremdlich wirkt.

Erinnert sei dabei auch nochmals an die formal sehr ähnliche Statue der Königin Isisnofret (Abb. 32) in demselben Museum, auf welcher dann natürlich seitlich einer ihrer Söhne, der vierte und zeitweilige Kronprinz Chaemwese, im Relief wiedergegeben ist (Abb. 32b).

Hauptsächlich aufgrund der Titel, auch wenn der Name der Dargestellten selbst sich auf der abgebrochenen und verlorengegangenen Partie der Figurengruppe befunden hat, wird im allgemeinen ein in der Cachette von Karnak zutage getretenes Bildwerk, das eine anonyme ramessidische Königin mit einem Prinzen zeigt, der Nefertari zugewiesen (Abb. 57). Leider hat sich auch bei dieser heute im Museum Kairo verwahrten Skulptur das Gesicht der Regentin nicht erhalten: ist es doch gerade das in der Statueninschrift auf der Rückenplatte (Abb. 56) erscheinende, sonst selten belegte Epitheton «die Schöngesichtige, schön in ihrer Doppelfederkrone», das am meisten für eine Zuweisung des Bildwerkes an Nefertari spricht. Welcher ihrer Söhne dann, fast liebevoll, seine rechte Hand an ihre Hüfte legt, bleibt ebenso unbekannt. Erhalten hat sich von ihm nur der Titel «der Graf und Fürst, der Größte der Großen ... im Palast wegen der Größe seiner Vorzüglichkeit ... der Wedelträger zur Rechten des Königs, der leibliche Königssohn ...», jedoch nicht der Name. Den Wedel als Rangabzeichen – man vergleiche den entsprechenden Titel der Inschrift – hat er an die linke Schulter gelehnt. Als «Wedelträger zur Rechten des Königs» bezeichnet sich auch einleitend der auf der Statue aus Brüssel seitlich im Relief wiedergegebene Prinz Meri-Atum (Abb. 23c).

Auch eine Standfigur aus Granit, die heute in der Harer Family Trust Collection in San Bernardino im amerikanischen Bundesstaat Kalifornien aufbewahrt wird und bei der es sich um einen der ganz seltenen Fälle handelt, in welchen eine Frau in der Rolle eines «Stabträgers» wiedergegeben ist, weist zwar – den von einem Kopf der Göttin Mut bekrönten Stab hinablaufend – eine lange Aufzählung von Titeln auf, doch beziehen sich diese ausschließlich auf Ramses II., so daß zumindest die zeitliche Einordnung der Figur unumstößlich ist. Der Sockel jedoch, wo der Name der Königin zu erwarten wäre, ist leider wiederum abgebrochen (Abb. 29). Mit dem Argument, daß auf der Stabinschrift Ramses als Sohn des Amun und geboren von Mut bezeichnet wird und hierbei die göttlichen «Eltern» des Königs herausgestellt würden, hat man dieses Bildwerk auch der leiblichen Mutter des Königs, Mut-Tuy, zugewiesen. Auch die Ansicht, hier sei seine spätere «Große königliche Gemahlin» Merit-Amun wiedergegeben, ist geäußert worden. Da das Motiv des Stabträgers impliziert, daß die dargestellte

Abb. 53 Vorderseite des Büstenfragments von Abb. 52 mit dem Porträt der Nefertari.

Person an den entsprechenden kultischen Riten teilnimmt, und von den Hauptgemahlinnen Ramses' II. bislang nur Nefertari als aktiv am kultischen Geschehen Beteiligte nachgewiesen ist, ist – zumindest unter den Frauen Ramses' II. – die Zuweisung der großformatigen Skulptur an sie wahrscheinlich.

Ein Oberkörperfragment aus dem Museum Kairo, die sogenannte «White Queen» (Abb. 36), die bislang ebenso für Nefertari in Anspruch genommen worden ist, soll nach neuester Erkenntnis nun eher deren Tochter Merit-Amun darstellen – und zwar aufgrund von Analogien in den Titeln und Attributen (beispielsweise die vollständig von Uräusschlangen umgebene Kronenkalotte) zur 1981 im mittelägyptischen Ort Achmim aufgefundenen Kolossalstatue dieser Königin (Abb. 13). Besonders bemerkenswert ist,

daß sich auf dem Kalkstein der «Weißen Königin» noch deutliche Reste der ursprünglichen Bemalung erhalten haben. In der vor die Brust gelegten linken Hand hält die Königin nicht, wie man es von Nefertari gewohnt ist, ein Sistrum, sondern ein *menat*, den rituellen Halskragen, der mit dem Kult der Göttin Hathor fest verbunden ist. Entsprechend lautet einer ihrer Titel (neben der Bezeichnung «Sistrum-Spielerin der Mut») auch «*menat* der Hathor».

Ebenso wie das *menat* in der Hand der «White Queen» ihre priesterliche Funktion im Hathorkult charakterisiert, könnte auch eine – allerdings völlig inschriftenlose – Standfigur einer Königin im Berliner Bode-Museum (Abb. 58) durch das ihr beigegebene Blütenszepter und ihre hohe Doppelfederkrone mit Kuhgehörn und Sonnenscheibe als Trägerin eines

Abb. 54 Rumpffragment einer anonymen Königin (die Zuweisung an Nefertari ist eher fraglich). Kalzit; erh. H. 2,30 m. Dendera.

diesmal sehr hohen theologischen Amtes ausgewiesen werden, und zwar als «Gottesgemahlin des Amun». Erste Trägerin dieses Titels war gleich zu Anbeginn des Neuen Reiches die später gemeinsam mit ihrem Sohn Amenophis I. vergöttlichte Ahmes-Nefertari. Auch ihre Namensvetterin aus der Zeit Ramses' II. trägt gelegentlich diesen Titel, allerdings so selten, daß sie bei der Zusammenstellung aller «Gottesgemahlinnen» im entsprechenden ägyptologischen Standardwerk unberücksichtigt geblieben ist. Denn wenn sich Nefertari mit dieser Funktion brüstet, dann vielleicht mehr in Anlehnung an die Titulatur ihrer genannten Namensvetterin und weniger, weil sie dieses ja auch mit Repräsentations- und Kultverpflichtungen verbundene Amt tatsächlich ausgeübt hat. Es gibt aber auch triftige Argumente für die Annahme, daß die Königin zumindest in der kurzen Zeitspanne zwischen dem Tod ihrer Schwiegermutter Mut-Tuy und ihrem eigenen Ableben wirklich als «Gottesgemahlin» fungierte. Der bei der Berliner Statue von einem Diadem gehaltene

Abb. 55 Torso einer ramessidischen Königin, Nefertari zugewiesen. Kalkstein; erh. H. 12 cm. Ehem. Sammlung Stafford, New York.

Abb. 56 Rückseite einer fragmentarischen Figurengruppe mit Darstellung einer ramessidischen Königin mit Prinzen. Schist; erh. H. 27 cm; aus der «Cachette» von Karnak. Ägyptisches Museum Kairo, Inv. CG 42154.

Abb. 57 Vorderseite der fragmentarischen Figurengruppe von Abb. 56.

Doppel-Uräus an der Stirn der Königin würde wiederum eher für als gegen eine Zuweisung des Bildwerkes an Nefertari sprechen. Allerdings ist zugegebenermaßen sogar die stilistische Zuweisung der Figur in die Zeit Ramses' II. – die man aber dennoch mit guten Gründen vertreten kann – oder überhaupt in die Ramessidenzeit strittig, denn manche Details haben ihre Parallele eher in der auf das Neue Reich folgenden Dritten Zwischenzeit, als das Amt der «Gottesgemahlin» auch auf politischer Ebene an Bedeutung gewann. Denn im zu jener Zeit in zwei Hälften zerfallenen Ägypten residierten die «Pharaonen» in Tanis im östlichen Nildelta und kontrollierten von dort aus den Norden des Landes, während im

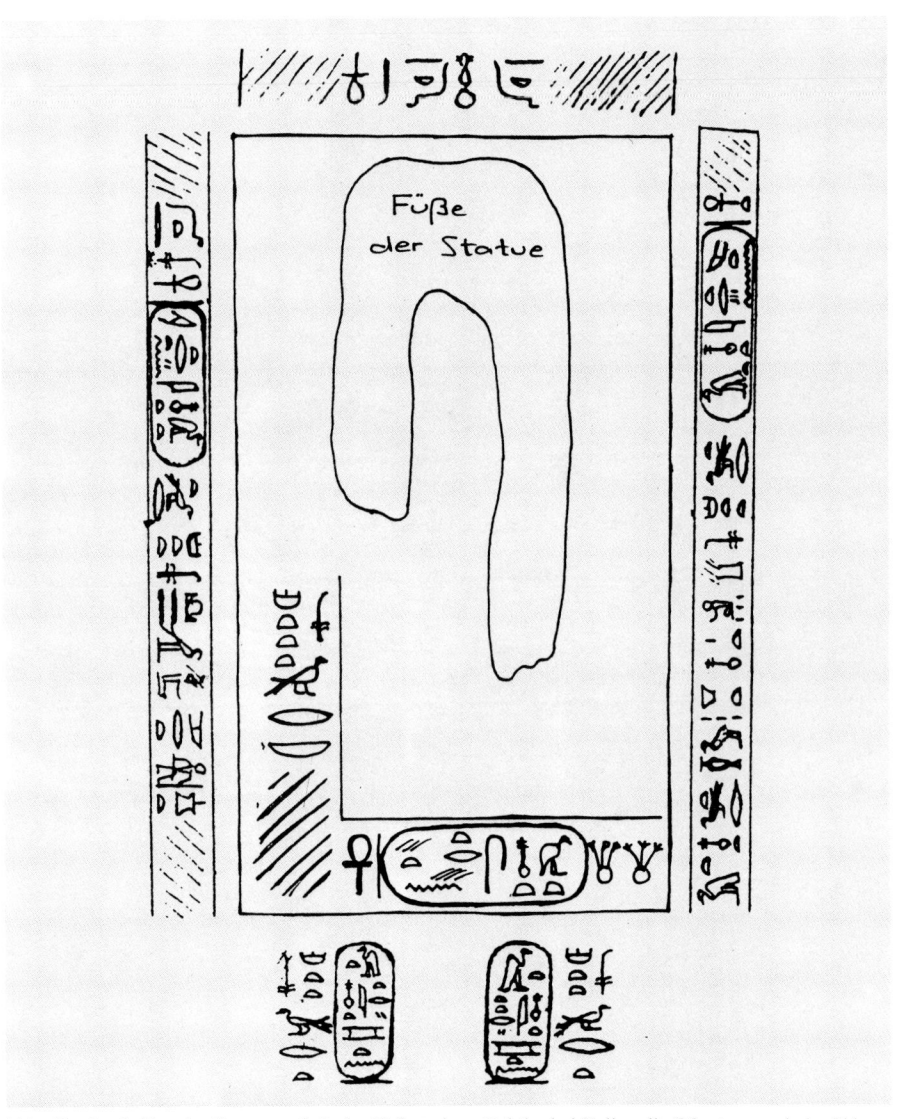

Abb. 59 Inschriften des Statuensockels der Nefertari aus Bahtim bei Heliopolis (Montage nach der Skizze bei Griffith, EEF 7, pl. XXI [13]).

Abb. 58 Standfigur einer anonymen Königin mit Doppelfederkrone und Blütenwedel. Grauwacke; H. 55 cm. Ägyptisches Museum Berlin (Museumsinsel), Inv. 10114.

Süden von der «Hauptstadt» Theben aus de facto die Amuns-Priester die Macht ausübten, nach außen hin aber in ihrem «Gottesstaat» die «Gottesgemahlinnen» als Stellvertreter des Reichsgottes Amun auf Erden als Repräsentanten vorschoben. Das Bildwerk aus dem Bode-Museum ist also nur mit Vorbehalt einer der Gemahlinnen Ramses' II. zuzuweisen, obwohl dann wiederum am ehesten Nefertari in Frage käme.

Auch ein ehemals in der Sammlung Stanford befindliches und zuletzt im New Yorker Kunsthandel angebotenes Oberkörperfragment aus Kalkstein (Abb. 55) ist, da unbeschriftet, aus stilistischen Gründen für Nefertari in Anspruch genommen worden. Die Bruchstelle an der Perücke, die in langen Strähnen hinter den Ohren mit ihren durchbohrten Läppchen herabfällt, belegt, daß sich hier dereinst eine Uräusschlange (oder ein Doppel-Uräus?) befunden hat und die Dargestellte demnach zumindest tatsächlich eine Königin gewesen ist. Sie dürfte wohl auch noch einen runden Kalathos – eventuell von einem Uräenband gesäumt, wie bei der «White Queen» (Abb. 36) der Fall – als Krone getragen haben.

Eine rundplastische Figur – genauer eine Kultstatue – der Nefertari ist zumindest inschriftlich nachgewiesen, denn noch während der Regierung Ramses' VI. (1142–1135 v. Chr.) ist deren rituelle Versorgung belegt. Während man sich die Kultbilder der Götter in den Tempeln zwar aus wertvollem Material, jedoch relativ kleinformatig vorstellen muß (denn sonst hätten sie von den Priestern während der Barkenprozessionen nicht in den Schreinen der Götterbarken transportiert werden können), handelte es sich bei der Kultstatue der Nefertari vermutlich um eine größer dimensionierte Skulptur, vergleichbar den monumentalen Plastiken ihres Gemahls, von denen jede ebenso ihren eigenen Namen und Kult besessen hat. Auch Nefertaris Epitheton «mit Sitz im Karnaktempel» spielt wohl auf eine dort von ihr aufgestellte Kultstatue an.

Joachim Willeitner

Die letzten Jahre und Nefertaris mutmaßliches Ende

Opfer einer Verfemung?

Eine heute in Turin aufbewahrte Sitzfigur Ramses' II. aus schwarzem Granit (Abb. 60, 61) wird immer wieder als Beleg dafür herangezogen, daß Nefertari ein gewaltsames Ende gefunden habe, verstoßen und ihr Andenken getilgt worden sei. Denn bei der weiblichen Gestalt, die in kleinerem Format an der linken Seite des thronenden Ramses steht, scheinen der vorgestreckte rechte Arm, mit welchem sie den Unterschenkel ihres Gatten berührte, sowie Passagen der Titulatur und der Kartusche gezielt ab- bzw. ausgemeißelt worden zu sein. Allerdings wäre diese Tilgung und Verfemung nicht sehr konsequent durchgeführt worden, denn auf allen ihren übrigen Darstellungen, sei es an den Tempelwänden oder sei es bei Statuen an der Seite ihres Gemahls, ist uns Nefertaris Darstellung zumeist unzerstört überliefert (nur an der Sitzfigur Ramses' II. in Kairo, die der Turiner Statue sehr ähnelt, ist die Namenskartusche der seitlich im Relief wiedergegebenen Königin wiederum beschädigt). Zudem hat sie eine reguläre Bestattung im Tal der Königinnen erfahren. Selbst wenn dort in ihrem Grab im Jahr 1904 durch Schiaparelli der Sarkophag in Trümmer zerschlagen aufgefunden wurde (Abb. 134), so ist dies mit größter Wahrscheinlichkeit auf Plünderer, die nach Schätzen suchten, zurückzuführen und nicht darauf, daß nach ihrer Beisetzung die Verfemung eingesetzt hätte. Daß es sich bei der Statuette auf der Turiner Ramses-Statue, trotz der teils zerstörten Namenskartusche, die die Dargestellte strenggenommen in der Anonymität beläßt, nur um Nefertari handeln kann, ist dadurch gesichert, daß sich auf der anderen Seite, also zur Rechten des Königs, der Prinz Amun-her-chopschef, ältester Sohn und Kind dieser Königin, befindet, und zwar ohne Zerstörungen seines Abbildes (Abb. 61b). Diese wohl wirklich bewußt herbeigeführte Verstümmelung der Frauengestalt (wobei der Zeitpunkt dieser Aktion ja auch nicht klar ist und sie auch erst weit nach Ramses II. stattgefunden haben kann) stellt also ein auf schwachen Füßen

Abb. 60a Sitzfigur Ramses' II. Granit; H. 1,94 m. Museo Egizio, Turin, Inv. 1380.

Abb. 60b Standfigur der Nefertari an der Sitzfigur von Abb. 60a.

stehendes Indiz für eine Verfemung der Nefertari dar.

Auf jeden Fall war Nefertari noch am Leben und wirkte aktiv am politischen Geschehen mit, als im 21. Regierungsjahr Ramses' II. der Friedensvertrag mit den Hethitern geschlossen wurde, in dessen Folge dreizehn Jahre später bekanntlich auch eine Hethiterprinzessin als weitere «Große königliche Gemahlin» an den Hof kommen sollte; denn im Anschluß an dieses Abkommen entwickelte sich zwischen dem hethitischen und dem ägyptischen Herrscherhaus ein reger Briefwechsel mittels in Keilschrift beschrifteter Tontafeln, an welchem auch die Königin (Abb. 83) und ihr ältester Sohn aktiv teilnahmen.

Der letzte große Auftritt

Etwa im 24. Regierungsjahr Ramses' II. trat dann nochmals ein bedeutendes Ereignis ein, in welchem Nefertari im Mittelpunkt stand, nämlich die Einweihung der beiden weitgehend fertiggestellten Tempelanlagen von Abu Simbel in Nubien, von welchen der kleinere gleichermaßen der Göttin Hathor und der Königin Nefertari selbst gewidmet war. Wahrscheinlich hatte man sich für die Feiern der Inbetriebnahme der Kultstätten einen Termin herausgesucht, an welchem auch das berühmte «Sonnenwunder» stattfand, d. h. einen der beiden Tage im Jahr, an welchem die aufgehende Sonne bei ihrem Weg über das Firmament so den Eingang des Großen Tempels passiert, daß sie dabei bis in dessen hintersten Raum, bis ins Allerheiligste, schien und nacheinander die dort aus dem Fels gemeißelten Kultbilder der Götter Amun, Ra-Harachte und des vergöttlichten Ramses selbst anstrahlte und für wenige Minuten aus dem ewigen Dunkel tauchen ließ.

Der Ablauf dieser Festlichkeiten läßt sich in wichtigen Passagen rekonstruieren, und zwar dank einer Felsstele, die einer der am Geschehen in führender Position Beteiligten unweit links der Tempelfassade des Großen Tempels von Abu Simbel hat anbringen lassen. Da für dieses Monument (Abb. 63) eine auffällig tiefe Nische (Abb. 62) in den Tempelberg geschlagen worden ist, Bilder und Texte deswegen stets im Schatten liegen und nur schwer zu erkennen sind, weichen auch (vor allem bei den Inschriften) die Dokumentationen, welche frühe Forschungsreisende davon angefertigt haben (Abb. 65, 66), teils deutlich voneinander ab. Stifter der Felsstele war der «Vizekönig von Nubien» Hekanacht. Das Amt, das er bekleidete und dessen Titel wörtlich übersetzt «Königssohn von Kusch» lautete, war von den Pharaonen des Neuen Reiches eingeführt worden, um die ägyptischen Außenbesitzungen südlich des Ersten Nilkataraktes durch einen direkt dem König unterstellten Beamten noch effektiver verwalten und ausbeuten zu können: denn diese Region, aus der man auch Sklaven rekrutierte, war vor allem wegen ihrer Rohstoffe und natürlichen Ressourcen wie Gold, Halbedelsteine, Edelhölzer, Elfenbein, Straußeneier oder exotische Tiere für die Pharaonen von existentieller Bedeutung. Anders, als es der Bestandteil «Königssohn» im Amtstitel vermuten läßt, waren die Vizekönige in der Regel nicht oder nur entfernt mit dem Herrscherhaus verwandt

Abb. 61a Sitzfigur Ramses' II. in Frontalansicht (vgl. Abb. 60a,b).

Abb. 61b Die Standfigur des Prinzen Amun-her-chopschef an der Sitzfigur Ramses' II.

Abb. 62 Der Berg mit den Felsstelen, die seitlich der beiden Tempel von Abu Simbel in das Gestein geschlagen worden sind. Die Stele des Hekanacht befindet sich in der tiefen Nische etwa in der Bildmitte.

und schon gar keine leiblichen Söhne der jeweils regierenden Pharaonen. Hekanacht begleitete nun als höchster Staatsbeamter Nubiens das Herrscherpaar, als dieses sich aufmachte, um mehrere hundert Kilometer südlich des pharaonischen Kernreiches die beiden Tempel von Abu Simbel einzuweihen. Natürlich fand die Anreise auf dem Nil per Schiff statt, und die Herrscherbarke war von einer Flotte mit Würdenträgern und Bediensteten eskortiert.

Da sich der vorläufige Abschluß der Bauarbeiten in Abu Simbel (an der Reliefdekoration wurden später noch einmal einschneidende Änderungen vorgenommen) in etwa auf das 24. Regierungsjahr Ramses' II. festlegen läßt, fand die eben geschilderte Nilfahrt zur Einweihung der beiden Kultstätten demnach im Jahr 1255 v. Chr. statt, und zwar wahrscheinlich im Frühjahr. Nach Ausweis der Stele des Hekanacht wurde das Herrscherpaar dabei auch von der ältesten gemeinsamen Tochter und viertältesten aller Prinzessinnen, Merit-Amun, begleitet. Und völlig überraschend findet sich auf dem oberen Bildfeld der Felsstele nicht etwa Nefertari an der Seite ihres Gatten beim Opfer vor den Gottheiten, denen der große Tempel geweiht war – nämlich Amun, Ra-Harachte und dem vergöttlichten Ramses selbst –, sondern es ist die eben genannte Tochter Merit-Amun. Nefertari erscheint dann erst im unteren Register, wo der Vizekönig der thronenden Königin huldigt.

Aus diesen beiden Szenen läßt sich möglicherweise das Lebensende der Nefertari rekonstruieren. Die ihren Gatten begleitende Königin erkrankte wahrscheinlich während der strapaziösen Anreise und war bei der Ankunft so geschwächt, daß sie die Einweihungsriten nicht mehr selbst vollziehen konnte, sondern dies stellvertretend für sie durch ihre älteste Tochter absolviert wurde. Die Tatsache, daß Merit-Amun zu der Einweihung mitreiste und dann als Ersatz für ihre Mutter zur Verfügung stand, könnte bedeuten, daß sich der schlechte Gesundheitszustand der Königin schon vor Fahrtantritt offenbart hatte. Vielleicht hatten seinerzeit aber auch alle Kinder Nefertaris, sofern sie nicht schon verstorben waren oder – was vor allem bei den im Militär tätigen Söhnen der Fall gewesen sein könnte – anderweitig gebunden waren, an den Feierlichkeiten teilgenommen, so daß die älteste Tochter für die erkrankte Mutter problemlos auch kurzfristig einspringen konnte. Heka-

nacht hätte dann – schon allein aus Platzgründen – auf seiner Felsstele nur die wenigen unmittelbar an den Einweihungsriten selbst beteiligten Akteure dargestellt.

Tod im fernen Nubien?

In welchem gesundheitlichen Zustand die Königin in ihren heimatlichen Palast zurückkehrte oder ob sie gar, wie gelegentlich gemutmaßt wird, die Rückreise nicht mehr überlebte, bleibt unklar. Fest steht jedenfalls, daß von diesen Ereignissen an Nefertari nicht mehr in Erscheinung tritt. Sie begegnet uns danach nur noch in ihrem berühmten Grab im Tal der Königinnen. Verständlich wird damit auch, daß sie anläßlich des ersten Sed-Festes Ramses' II. – jener Jubiläumsfeierlichkeiten, die jeder Herrscher erstmalig nach 30 Regierungsjahren beging – keine Erwähnung mehr findet, da sie zu diesem Zeitpunkt bereits mehr als fünf Jahre tot gewesen ist. In welchem Alter sie verstarb, läßt sich nur grob schätzen. Zum Zeitpunkt der Thronbesteigung ihres Gatten hatte sie ihm bekanntlich schon zwei Söhne geboren, sie kann damals also kein Kind mehr ge-

Abb. 63 Die Nische mit der Felsstele des Hekanacht an der Rückwand. – Abb. 64 Prinzessin Bint-Anat in ihrer Eigenschaft als Königsgemahlin vor der Göttin Satis. Relief an einem Pfeiler im großen Tempel von Abu Simbel.

Abb. 65 Die Beischrift zur Szene mit Hekanacht vor Nefertari nach François Champollion, Monuments.

Abb. 66 Umzeichnung der Stele des Hekanacht nach Richard Lepsius, Denkmäler.

wesen sein. Eventuell war sie ein paar Jahre älter als ihr Mann, dessen Thronbesteigungsalter zumeist mit etwa 14 bis 16 Jahren angenommen wird. Da sie im 24. Regierungsjahr Ramses' II. oder kurz darauf verstorben ist, wird sie wohl die Vierzig gerade überschritten gehabt haben.

Es gibt keine Anzeichen dafür, daß nach Nefertaris Ableben zwischen den Frauen am Königshof Rivalitäten um ihre Nachfolge ausgebrochen sind. Nefertaris Tochter Merit-Amun wird wohl nicht allzu lange nach dem Tod ihrer Mutter (vorher kann man sich dies nur schwerlich vorstellen) in den Rang einer «Großen königlichen Gemahlin» erhoben worden sein; im großen Tempel von Abu Simbel zumindest erscheint sie noch nicht als Königsgemahlin, im Gegensatz zur ältesten Tochter der Isisnofret, Bint-Anat, die in einem Relief an der Rückseite eines der Pfeiler bereits als Königin dargestellt ist (Abb. 64). Da auch in diesem Fall die «Vermählung» mit Ramses erst nach dem Tod ihrer Mutter anzunehmen ist, spricht dies dafür, daß Isisnofret zum Zeitpunkt der Fertigstellung von Abu Simbel, mithin also vor Nefertari, bereits verstorben war.

Wenn dies hingegen nicht der Fall gewesen ist, wird selbstredend nach Nefertaris Ableben zunächst Isisnofret als «dienstältere» Hauptgemahlin einen gewissen Primat innegehabt haben.

Heike C. Schmidt

«Die Schönste von ihnen»
Nefertari im Spiegel ihrer Titulatur

Die Kindheit der Königin sowie die familiären Beziehungen außerhalb der durch Ramses II. mit ihr gegründeten Familie liegen, wie bereits ausgeführt, im dunkeln.

Auch den Namen Nefertari dürfte sie erst bei der Verehelichung mit Ramses II. erhalten haben, da dieser eine bewußte Anknüpfung an die erste königliche Trägerin dieses Namens im Neuen Reich, die Stammutter der 18. Dynastie, Ahmes-Nefertari darstellt. Während bei jener das Segment «Nefertari» lediglich ein Epitheton ihres eigentlichen Namens «Ahmose» bildet, stellt er für die Gemahlin Ramses' II. den Eigennamen dar, der durch den Zusatz «Merit-en-Mut» *(mrj.t.n.Mw.t)*, «die, die Mut auserwählt hat», Erweiterung fand. Durch solche Namenserweiterungen, die sich bei zahlreichen königlichen Eigennamen finden, wurde eine besondere Beziehung zwischen dem Namensträger und der jeweiligen Gottheit definiert. Dem Eigennamen Ramses' II. war das im Neuen Reich häufig verwendete Attribut «Merien-Amun» *(mrj[.n.]Jmn)*, «der, den Amun auserwählt (hat)», beigefügt. Durch diese Verbindung Ramses' II. mit dem Reichsgott Amun und der Protektion von dessen Gemahlin Mut über Königin Nefertari wurde die eheliche Verbindung des Königspaares in die höchste göttliche Sphäre erhoben, da durch die «Elektion» und die damit verbundene Legitimation sicher auch eine Identifikation des göttlichen mit dem menschlichen Paar assoziiert werden sollte. Gleichsam in Analogiezwang zu den durch ihre Attribute ausgedrückten Verquickungen mit diesen Göttern konnte Ramses II. denn auch als «das große Sonnenlicht für Ägypten» *(p3 Šw ˁ3 n Km.t)* angesprochen werden, und Nefertari in ihrem Tempel in Abu Simbel mit der Gemahlin des Sonnengottes (in seiner Erscheinungsform als Ra), Hathor, gleichgesetzt werden. Ein Teil ihrer Titel und Epitheta nimmt denn auch Bezug auf diese Rolle, indem sie die Königin – analog zu ihrem Vorbild Ahmes-Nefertari und damit jeder dieser folgenden Königin – »in ihrem persönlichen Charme im Bilde der Göttin Hathor« beschreiben.

Abb. 67a, b Nefertari an einer der kolossalen Sitzfiguen Ramses' II. im ersten Hof des Luxortempels.

Abb. 68a Nefertari beim Kultvollzug. Westwand des ersten Hofes im Luxortempel.

Abb. 68b Titel und Epitheta der Nefertari. Anschlußszene an Abb. 68a.

Die übrigen Titel lassen sich unter den Stichwörtern «Partizipation am Königtum» sowie «Kultvollzug» einordnen. Im Tempel von Luxor beschreibt eine der Inschriften zu einer Darstellung der Nefertari geradezu in einem hymnischen Stil diverse Titel und Beiworte (Abb. 68). Diese Inschrift inspirierte Gertrud Thausing zur folgenden lyrisch anmutenden Übersetzung:

»*Die Fürstin, reich an Lob,*
Der der Liebreiz eigen;
Man preist sie höchst darob.
Zu ihr sich darum neigen
Des Landes beide Teile;
Gott Amon dient's zum Heile,
Wenn sie das Sistrum schwingt,
Mit schöner Stimme singt. –
Ihr Wort schafft gute Werke,
Ihr Wunsch ist uns Gebot;
Sie gibt uns Glück und Stärke,
Vertreibend Leid und Not.
Wem jemals ward gegeben,
Der Stimme hellen Ton
Zu hör'n, der konnte leben
Und atmen nur davon – –.«

Im folgenden sollen nun kurz einige Titel und Epitheta näher betrachtet werden, die Nefertari in dieser Inschrift sowie auf anderen ihrer Denkmäler für sich in Anspruch nimmt.

Auf die äußere Erscheinung der Königin spielen Epitheta wie «die schön mit der hohen Federkrone ist» (ʿn.t-m-šw.tj), «die hoch an der Federkrone ist» (q3j.t-šw.tj) oder «die Schöngesichtige» (nfr.t-ḥr) an. Diese Aussagen dienten jedoch nicht nur der bloßen Umschreibung reiner Äußerlichkeiten, sondern beinhalten zudem eine göttliche Konnotation, da dieselben Epitheta unter anderem auch den Göttern Amun und Ptah beigegeben wurden und Nefertari damit als weibliches, irdisches Äquivalent der Reichs- (und Schöpfer-)Götter verstanden werden kann.

Der auf allen archäologischen Denkmälern am häufigsten belegte Titel Nefertaris ist der einer «Großen königlichen Gemahlin» (ḥm.t-nj.sw.t-wr.t), der sie als Hauptgemahlin Ramses' II. ausweist. Als Sexualpartnerin des Königs führt sie das verheißungsvolle Beiwort «die an Liebe Süße» (bnr.t-mr.wt). Ihre Rolle innerhalb des Palastes wird noch durch die Aufgabe als «die Große der Musikerinnen des Horus, Herrn des Palastes (gemeint ist Ramses II.)» (wr.t-ḫnr nj-Ḥr.w nb-ʿḥ) erweitert.

Mit den Titeln «Herrin der beiden Länder» (nb.t-t3.wj) und «Gebieterin von Ober- und Unterägypten» (ḥnw.t-sm.ʿw-mḥw) beansprucht sie eine theoretische Mitherrschaft im ägyptischen Kernland. Ihre Würde als «Gebieterin aller Länder» (ḥnw.t-t3.w-nb.w) erweitert diesen Machtanspruch auch auf außerägyptische Territorien. Eine faktische Herrschaftsausübung, wie sie der Titel «Herrscherin» (ḥq3.t) impliziert, dürfte kaum stattgefunden haben.

Nur wenige Belege titulieren die Königin als «Gottesgemahlin» (ḥm.t-nṯr), so daß sie nicht in die Liste dieser Titelträgerinnen aufgenommen wurde. Die vereinzelten Belege führt man darauf zurück, daß die Titulatur der Nefertari analog zu der von Königin Ahmose-Nefertari konzipiert war und somit keine reale Amtsinhaberschaft dokumentieren muß. Zieht man jedoch in Betracht, daß alle datierbaren Inschriften, die die Königin als «Gottesgemahlin» betiteln, wohl in deren letzten Lebensjahren ausgeführt wurden und daß Tuy, die Mutter Ramses' II., dieses Amt bis in das 22. Regierungsjahr ihres Sohnes innehatte, so erscheint eine faktische Amtsausübung seitens Nefertaris nach dem Tode ihrer Schwiegermutter – für die kurze Zeit bis zu ihrem eigenen Tod – durchaus denkbar. Bereits zu Beginn der Herrschaft Ramses' II., lange vor dieser hypothetischen Amtsinhaberschaft als «Gottesgemahlin» am Ende ihrer Lebenszeit, finden sich Darstellungen, die Nefertari mit dem Kult des Gottes Amun verknüpfen. Im Luxortempel ist die Königin im Kultvollzug vor verschiedenen Erscheinungsformen «ihres Vaters» Amun dargestellt (Abb. 1, 69). In diesem Zusammenhang könnte auch ihr Titel als «Gemahlin des ‹starken Stieres›» (ḥm.t-k3-nḫt) von Interesse sein, den sie in einer der oben angeführten Szenen sowie auf ihrer Statue trägt, die in den Musées Royaux d'Art et d'Histoire in Brüssel aufbewahrt wird (Abb. 23). Obwohl der «starke Stier» sicher als Ramses II. identifiziert werden kann, könnte zumindest assoziativ der Gedanke an die (ithyphallische) Erscheinungsform des Gottes Amun als Kamutef («Stier seiner Mutter») mitschwingen. Diese signifikante Ambivalenz der Titel – und damit auch der Stellung der Titelträger – findet in Nefertaris Epitheton «die sich mit dem Fürsten (d. h. Ramses II.) vereinigt» (ḫnm.t-jtj) ein weiteres Pendant, denn in der Königsideologie wird diese Art Beiwort zumeist zur Beschreibung der «Vereinigung» des Königs mit einem Gott verwendet.

Eine der Hauptbetätigungen der Königin innerhalb des Kultvollzuges stellt das Spielen des Sistrums (Abb. 1, 69) sowie die hymnische Anbetung eines Gottes dar. Diese Aufgaben werden durch die Beiworte «die schön an Händen mit den Sistren ist» (ʿn.t-ḏr.tj ḫr-zšš.tj [vgl. Abb. 1]) oder «die rein an Armen mit den Sistren ist» (wʿb.tʿ.wj ḫr-zšš.tj) paraphrasiert. Das Spiel des Sistrums diente unter anderem dazu, die Götter zu befrieden, so daß die Königin auch zu Recht als «diejenige, die die Götter befriedet» (sḥtp.t-nṯr.w) bezeichnet wird (Abb. 68). Ebenfalls im Zusammenhang mit dem Kultvollzug sind die Aussagen «die Große an Lob» (wr.t-ḥz.wt) und «Herrin des Imat (?)» (nb.t-jm3.t) zu sehen, die wiederum auf die Rolle der Königin als Sängerin und Musikantin anspielen dürften. Die in der hymnischen Anbetung der Königin geäußerten Worte werden sogleich ausgeführt, wie dies das Beiwort «alle ausgesprochenen Dinge werden für sie getan» (ḏd.t-ḫ.t-nb.t jrj.tw n.s) nahelegt. Die Reaktion der Götter auf die Invokation durch die Königin läßt sich in den Aussagen «man ist zufrieden mit dem, was aus ihrem Mund hervorgeht» (hrj.tw ḥr pr.t r3.s) und «alle vollkommenen ‹Angelegenheiten› ihres Herzens und alle ihre Aussagen, man ist zufrieden mit ihnen» (bw-nb-nfr nj jb.s md.t.s nb.t hrj.tw ḥr.s) fassen. Für die Untertanen ist sie von vitalem Interesse, denn «man lebt durch das Hören ihrer Stimme» (ʿnḫ.tw n sḏm ḫrw.s) und «sie veranlaßt die Herzen, in Freude zu sein» (dj.s jb.w ḥr ršw.t) (Abb. 54). So dürfte auch die Aussage «die Erinnerung an sie ist gut» ([nfr] sḫ3.w.s), die ebenfalls auf der in Abb. 54 gezeigten Statue getroffen wird, durchaus ihre Berechtigung haben.

Abb. 69 Ramses II., gefolgt von Nefertari, beim Kultvollzug anläßlich des Minfestes. Luxor, östliche Rückwand des Pylons (vgl. Abb. 1).

Einer der bedeutendsten Titel einer ägyptischen Königin blieb Nefertari jedoch versagt. Auf keinem ihrer Denkmäler konnte sie sich als «Mutter des Königs» (mw.t-nj.sw.t) bezeichnen, da keiner ihrer Söhne – obgleich sie die Mutter des erstgeborenen Prinzen war – der Nachfolger ihres Gemahles wurde. Sie alle starben, wie ihre Mutter, vor Ramses II. Das Königsamt übernahm später Merenptah, ein Sohn ihrer «Rivalin», der «Großen königlichen Gemahlin» Isisnofret, die – geht man davon aus, daß sie damals noch am Leben war – für mehr als zwanzig Jahre im Schatten der «Großen königlichen Gemahlin Nefertari Merit-en-Mut» gestanden hatte.

Joachim Willeitner

Nefertaris Wirken am Hofe Ramses' II.
Politische und kultische Funktionen der Königin

Es reizt ungemein, trotz der unzureichenden Quellenlage dahingehend Überlegungen anzustellen, welche der insgesamt sieben unter Ramses II. belegten «Großen königlichen Gemahlinnen» wohl die wichtigste und bedeutendste gewesen ist. Natürlich muß dabei wieder berücksichtigt werden, daß während der langen Regierungszeit des Herrschers niemals alle der genannten Frauen gleichzeitig diesen Titel führten, denn gerade bei den Königinnen Merit-Amun und Bint-Anat, die ja nun ihrerseits nachgewiesen Töchter anderer «Großer königlicher Gemahlinnen» Ramses' II., nämlich von Nefertari bzw. Isisnofret waren, darf man wohl davon ausgehen, daß sie erst nach dem Ableben ihrer Mütter zu Hauptgemahlinnen ihres Vaters erhoben worden sind, auch wenn es, wie bereits dargelegt wurde, Denkmäler gibt, auf denen Mutter und Tochter jeweils gemeinsam erscheinen. Das heißt, daß sich die Hauptgemahlinnen gut zwei getrennten Herrschaftsphasen Ramses' II. zuordnen lassen: die bereits bei seinem Regierungsantritt belegten Königinnen Nefertari und Isisnofret, und die «zweite Generation», vertreten durch die Töchter Bint-Anat, Merit-Amun, Nebet-taui und – wohl zuletzt – Henut-mi-Ra, wobei zeitlich annähernd zwischen diese beiden Gruppen die Eheschließung mit der Tochter des Hethiterkönigs Hattuschili III. fällt, welche nach ihrer Heirat den ägyptischen Namen Maat-Hor-neferu-Ra annimmt.

Nefertari versus Isisnofret?

An dieser Stelle sei nur die «Frühphase» näher untersucht, für die sich die Frage, welche der «Großen königlichen Gemahlinnen» die bedeutendere Rolle gespielt hat, auf die beiden Gestalten Nefertari und Isisnofret konzentriert. Da, wie schon mehrfach ausgeführt, die Herkunft dieser beiden Königinnen unbekannt ist, läßt sich auch nicht mehr erschließen, welche Gründe der «Staatsraison» letztlich zur Eheschließung Ramses' II. mit diesen Damen und zu deren jeweiliger Erhebung in den Rang einer «Großen königlichen Gemahlin» geführt haben. Daß dabei persönliche Zuneigung zwischen den Eheleuten oder gar «Liebe» ausschlaggebend gewesen sein könnte, ist wohl zu «modern» gedacht; Legitimation und Sicherung der Hausmacht, also ganz nüchterne und pragmatische Überlegungen, standen hier sicher viel eher im Vordergrund.

Der Bestattungsplatz, den Ramses für seine Gemahlinnen gewählt hat, vermag zur Entscheidungsfindung, welche der beiden Frauen die wichtigere gewesen sei, nicht beizutragen: Nefertari besitzt ein prunkvoll ausgemaltes Grab im Tal der Königinnen, wo auch fast alle übrigen «Großen königlichen Gemahlinnen» Ramses' II. – allerdings in durchwegs kleineren Felsgräbern – bestattet sind. Doch bedeutet dieser Ort – wenn für seine Dekoration auch die besten Künstler und Handwerker des Reiches bemüht worden sind – für die toten Königinnen eine Lage abseits vom Grab ihres Gatten, der im Tal der Könige beigesetzt ist. Dort scheint hingegen als einzige Isisnofret ihre letzte Ruhestätte gefunden zu haben – zumindest nach Ausweis des Ostrakons Kairo JE 72460, das im Tal der Könige gefunden wurde und Arbeiten am Grab dieser Königin erwähnt. Doch ist dieser Bestattungsplatz, ebenso wie alle anderen nicht-königlichen Beisetzungen im Tal der Könige, ohne jegliche Innenausschmückung geblieben und kann deswegen nicht mehr unter den dortigen zahlreichen kahlen Felsgräbern identifiziert werden. Letztlich ist es Ermessenssache, ob ein mehrkammeriges Prunkgrab abseits des königlichen Gemahls oder ein schlichter Felsschacht in seiner Nähe als «höherwertig» einzustufen ist, wobei die Qualität und Quantität der Grabbeigaben in beiden Fällen wohl annähernd gleichwertig ausgefallen sein dürften.

Es läßt sich natürlich der Einwand erheben, daß die im Tal der Könige erfolgte Auffindung des Ostrakons mit der Erwähnung der Arbeiten am Grab der Isisnofret nicht zwingend bedeutet, daß sich dort auch der Bestattungsplatz befunden haben muß. Umgekehrt sind auch Bildhauer- und Zeichnerstudien auf Kalksteinscherben im Tal der Königinnen geborgen worden, welche Motive zeigen, die völlig untypisch sind für das Dekorationsprogramm derjenigen Felsgräber, in denen die Angehörigen des Herrscherhauses ihre letzte Ruhe gefunden haben. Sollte demnach, wie manche Ägyptologen meinen, auch Isisnofret im Tal der Königinnen beigesetzt worden sein, dann hätte sie dort offensichtlich als nahezu einzige «Große königliche Gemahlin» ein undekoriertes Grab erhalten haben müssen, da ihr keine der bislang bekannten ausgeschmückten Anlagen zugewiesen werden konnte. Hingegen sind die übrigen Hauptfrauen Ramses' II. nahezu vollständig mit größtenteils auch dekorierten Bestattungsplätzen im Tal der Königinnen nachweisbar: Nebet-taui (Grab QV [für «Queens' Valley»] 60), Nefertari (QV 66), Merit-Amun (QV 68), Bint-Anat (QV 71) und Henut-mi-Ra (QV 75). Es fehlt hier nur noch die Hethiterprinzessin Maat-Hor-neferu-Ra.

Es gibt jedoch auch zahlreiche andere Quellen, die auf einen Primat der Nefertari zumindest in den frühen Regierungsjahren Ramses' II. hindeuten, vielleicht aufgrund der einfachen Tatsache, daß Nefertari dem ältesten Sohn und damit Kronprinzen und designierten Nachfolger seines Vaters das Leben geschenkt hatte. Daß Ramses schließlich so lange regieren würde, daß er die drei ersten Söhne der Nefertari (also den ersten, dritten und elften Sohn der «Prinzenliste») ebenso wie die ersten beiden Kinder der Isisnofret (also den zweiten und vierten Sohn der «Prinzenliste») überlebte, so daß schließlich der dritte Sohn der Isisnofret und Nummer dreizehn auf der Prinzenliste, Merenptah, zum Zuge kam, war damals noch nicht abzusehen.

Eine Amtseinsetzung

Bereits das früheste Monument mit der Darstellung der Nefertari unterstreicht deren besondere Position an der Seite ihres Gemahls. Es handelt sich um ein Relief aus dem Grab des Neb-wenenef (Grab TT [für «Theban Tomb»] 157) in Dra Abu'l Naga auf der thebanischen Westseite (Abb. 70). Dargestellt ist dort an der Ostwand der Querhalle, nördlich der Eingangstüre, die Ernennung des Grabherrn, der unter anderem die Position des «Ersten Propheten», also Hohenpriesters, der Gottheiten Onuris und Hathor bekleidete, zum Ersten Propheten des Reichsgottes Amun von Karnak, also in das höchste zu vergebende religiöse Amt. Die feierliche Zeremonie wurde von Ramses II. persönlich in Abydos, der ursprünglichen Wirkungsstätte des Nebwenenef, vollzogen, und so zeigt das Grabrelief den in ein reich plissiertes Gewand gehüllten Würdenträger, der vor den König tritt, welcher von einer erhöhten Balustrade, wohl einem Palastfenster, aus die Berufung vornimmt. Hinter dem König steht, durch Namensbeischriften eindeutig bestimmt, seine Gemahlin Nefertari, die ihren Gemahl mit ihrer Rechten zärtlich umfaßt. Als Kopfschmuck trägt die Königin zwar die von einem Uräenfries umrundete Kalottenkrone, jedoch ohne die später für sie so charakteristisch werdende Doppelfederbekrönung, mit welcher sie sich deutlich an die Ikonographie ihrer Namensvetterin Ahmes-Nefertari anlehnt.

Dieses zweifellos wichtigste Ereignis im Leben des Neb-wenenef fand gleich im ersten Regierungsjahr Ramses' II. statt, genauer gesagt im 3. Monat nach seiner Thronbesteigung, als der König auf dem Rückweg vom Amunsfest in Luxor an seinen Regierungssitz auch in Abydos haltmachte. Natürlich ist diese Szene erst Jahre nach der Ernennung auf der Grabwand in Theben-West verewigt worden, doch kann kein Zweifel daran bestehen, daß die wiedergegebenen Akteure auch tatsächlich an der Zeremonie teilgenommen hatten. Das bedeutet in der Konsequenz aber, daß Nefertari, und nicht etwa Isisnofret, ihren Gemahl während der gesamten Fahrt – die zudem besonders wichtig war, da sich hier Ramses erstmalig als neuer Regent in kultischer Funktion während des Amunsfestes in Luxor zeigte – begleitet hatte. Hierin liegt vielleicht der Schlüssel zum Verständnis der Bevorzugung der Nefertari: denn wenn die gelegentlich geäußerte Hypothese stimmt, daß einer der Hauptbeweggründe für die Ehelichung der Nefertari deren Abkunft aus einer vornehmen thebanischen Familie gewesen sei, mit welcher Ramses als Abkömmling aus dem Delta seine Position und seinen Rückhalt im Hauptkultort des Reichsgottes Amun festigen wollte, dann mußte er konsequenterweise bei seinem ersten dortigen offiziellen Auftreten natürlich diese Frau als «Große königliche Gemahlin» an seiner Seite präsentieren. Dieser Hypothese widerspricht auch nicht, daß Nefertaris Familie ihrerseits aus Achmim in Mittelägypten stammen könnte; denn

Abb. 70 Nefertari neben Ramses II. bei der Einsetzung des Priesters Neb-wenenef. Umzeichnung einer Szene aus dem Grab des Neb-wenenef in Theben-West.

für Ramses war relevant, daß sie in Theben einen Machtfaktor darstellte, was wohl seinerzeit der Fall war.

Nefertaris Mitwirken im Kult

Die Szenen des Luxortempels

In seinem dritten Regierungsjahr läßt sich Ramses II. erneut gemeinsam mit seiner Gemahlin Nefertari im thebanischen Raum darstellen, und zwar diesmal in kultischer Funktion: gemeint ist das Dekorationsprogramm am vorderen Pylon des Luxortempels, und zwar an dessen östlicher Innenseite. Wenn man sich heute nach Durchschreiten des Durchganges nach links in die schmale Passage wendet, die im ersten Hof zwischen der später in den Tempel hineingebauten Abu'l Haggag-Moschee und der Rückseite des östlichen Pylonturmes verblieben ist, dann zeigen sich dem Betrachter an dieser Pylonwand Kulthandlungen und Opferszenen, die von Ramses II. wiederum in Begleitung der Nefertari vollzogen werden: wiedergegeben ist das Min-Fest, in dessen Verlauf auch das «Klettern für Min» vollzogen wird. Vor den Ausführenden dieser Kulthandlung steht nun der König, versehen mit der hohen oberägyptischen weißen Krone und Herrschaftsinsignien in den vorgestreckten Händen, gefolgt von der nur unwesentlich kleinerformatig wiedergegebenen Nefertari, die in der rechten, ausgestreckten Hand ein Bügel-Sistrum, ein kultisches Rasselinstrument, hält und in der gesenkten linken Hand ein Menat, einen speziellen Halskragen mit ebenfalls kultischer Funktion (Abb. 69).

In einer weiteren, unmittelbar daran anschließenden Szene auf demselben Pylonflügel erscheint das Herrscherpaar wiederum hintereinander stehend und in fast gleicher Körpergröße, nur trägt der König diesmal die unterägyptische rote Krone, und die Königin hält in ihren vorgestreckten Händen beide Sistrumstypen, nämlich das Bügelsistrum *(zšš.t)* in der rechten und das Naossistrum *(sḫm.t)* in der linken Hand. Das Menat ist locker über den angewinkelten linken Ellenbogen gelegt (Abb. 1).

Das Rasseln mit dem Sistrum – wobei ein Geräusch erzeugt wurde, das an das Rascheln von Papyrusstengeln im Papyrussumpf, dem mythologischen Ort der Schöpfung, erinnerte – ist wichtiger Bestandteil des Kultablaufes. Auf diese Tätigkeit spielt auch ihr Epitheton «rein an Händen mit den beiden Sistren beim Zufriedenstellen ihres Vaters Amun»

Abb. 71 Ramses II. und Nefertari beim Kultvollzug im Rahmen des Min-Festes. Szene am 2. Pylon des Ramesseums, Theben-West.

(w'b[.t] '.wj ḥr zšš.tj ḥr sḥtp jtj.s Jmn) an. Diese Formulierung findet sich innerhalb eines längeren Hieroglyphentextes, der auf der Westwand des ersten Hofes des Luxortempels, unmittelbar neben dem dortigen Durchgang, der Königin beigegeben ist. Hier ist Nefertari sogar ohne Begleitung ihres Gemahls, an der Spitze einer Prozession der Kinder Ramses' II., dargestellt (Abb. 68). Sie hält wieder – gleichsam als Illustration ihres erwähnten Epithetons – in jeder Hand ein Sistrum. Sie trägt Sandalen, ein langes, luftiges Gewand, unter dem sich die Körperkonturen deutlich abzeichnen, und offensichtlich über ihrem natürlichen Haar, das in langen Strähnen die Schultern herabhängt, noch eine kugelige Haube oder Perücke, welche zudem ihre großen scheibenförmigen Ohrringe zur Hälfte überdeckt. Bekrönt ist sie mit der hohen Doppelfederkrone, Kuhgehörn und Sonnenscheibe.

Die Szenen des Ramesseums

Auch auf der thebanischen Westseite, am Ramesseum, dem Totentempel Ramses' II., ist Nefertari an der Innenseite (Westseite) des Zweiten Pylons im Rahmen einer Kulthandlung als Relieffigur vertreten (Abb. 71). Über Szenen der Qadesch-Schlacht ist wiederum ein Min-Fest dargestellt. Die gesamte Registerhöhe wird vom Bild des Königs eingenommen, der gerade eine Getreideähre mit einer Sichel abschneidet, um sie anschließend zu opfern. Vor Ramses steht der heilige weiße Stier, zu dem sich ein Kultbediensteter mit der Getreidegarbe hinwendet. Über dieser Szene und im Format deutlich kleiner als der König steht Nefertari, in der Begleitinschrift bezeichnet als «Große königliche Gemahlin». Nicht nur in puncto Körpergröße, auch in ihrem Habitus tritt Nefertari hier in den Hintergrund, denn sie scheint der Szene nahezu passiv und nur als Betrachter beizuwohnen und ist auch nicht, wie man vielleicht erwarten würde, beim Sistrumschwingen wiedergegeben. Der Vollständigkeit halber sei noch auf die Reihe von Statuen früherer Herrscher hingewiesen, die sich unterhalb des Stieres befindet.

Möglicherweise ist es kein Zufall, daß Nefertari sowohl hier im Ramesseum wie auch am Pylon des Luxortempels ihrem Gemahl ausgerechnet bei Festen zu Ehren des Fruchtbarkeitsgottes Min assistiert. Denn Hauptkultort dieser Gottheit war der mittelägyptische Ort Achmim unmittelbar östlich der heutigen Provinzhauptstadt Sohag, mit welchem Nefertari besonders verbunden gewesen zu sein scheint. Dafür sprechen nicht nur der im Grab der Königin gefundene Möbelknauf (Abb. 12) mit der Namenskartusche des Eje, der aus Achmim stammte, sondern auch die dort 1981 zutage getretene monumentale Standfigur der Nefertari-Tochter Merit-Amun (Abb. 13) und überhaupt die Zuwendung, die Ramses II. gerade diesem Ort in Gestalt reger Bautätigkeit angedeihen ließ. Vielleicht hat dort Nefertari wirklich ursprünglich ihre Familie besessen und stand mit Eje – obgleich sie aus chronologischen Gründen sicher nicht seine Tochter gewesen ist – in irgendeiner anderen verwandtschaftlichen Beziehung.

Im Ramesseum erscheint Nefertari noch ein zweites Mal als Relieffigur, wobei sie diesmal in beiden Händen je ein Sistrum schwingend und in Begleitung ihrer Schwiegermutter Mut-Tuy dargestellt ist. Diese Szene befindet sich im Südosten der hypostylen Säulenhalle, und zwar, wenn man diese durch das mittlere Portal nach vorne, also zum Porticus hin, verläßt, an dem kleinen Mauervorsprung, der die Passage rechter Hand flankiert (Abb. 72).

Schon jetzt sei kurz vorweggenommen, daß der nur noch in seinen Fundamenten erhalten gebliebene kleine Doppeltempel, der sich unmittelbar nördlich an die Hypostylhalle des Ramesseums anschließt, im allgemeinen als gemeinsamer Totentempel von Mut-Tuy und Nefertari interpretiert wird (Abb. 109–112).

Die Königin im Tempelhof von Akscha: Nefertari?

Auf heutigem sudanesischem Staatsgebiet, nahe der ägyptischen Grenze, erstreckt sich nördlich von Wadi Halfa und des Zweiten Kataraktes auf dem Westufer des Nils das Ruinengelände von Akscha, einem wohl von Sethos I., dem Vater Ramses' II., begründeten nubischen Außenposten. Der erstmals in der Neuzeit von Johann Ludwig Burckhardt 1813 – also im selben Jahr, in welchem er auch Abu Simbel wiederentdeckte – aufgesuchte Ort, dem in der Folge 1827 auch Hay sowie 1843 Richard Lepsius und 1895 Sayce Besuche abstatteten, wurde schließlich 1906 durch Breasted photographisch dokumentiert. Dabei galt das Hauptaugenmerk dem bereits damals stark zerstörten Tempel Ramses' II., der sich inmitten der Ruinen erhob (Abb. 73). Da auch dieser Platz zu den Orten gehörte, die durch die Errichtung des großen Assuan-Staudammes überflutet wurden, widmete sich zwischen 1961 und 1963 eine französisch-argentinische Mission der Erforschung von Akscha und übernahm auch 1963 die Bergung von Teilen des Tempels, die im Nationalmuseum von Khartum eine neue Aufstellung fanden.

In dieser Kultstätte sind zwar Amun und Ra-Harachte als Hauptgottheiten ausgewiesen, doch diente sie in erster Linie der Verehrung des vergöttlichten Ramses selbst, und dies offensichtlich gleich von Anbegin an und nicht erst, wie beispielsweise in Abu Simbel, ab einem späteren Zeitpunkt, wofür dort sogar die Reliefs entsprechend abgeändert worden sind. Der Tempel von Akscha gehört – nach Ausweis der Schreibvariante, in welcher die Namen des Königs in den Kartuschen ausgeführt sind – offensichtlich zu den frühesten

Anlagen des Herrschers: der Baubeginn muß kurz nach dem von Beit el-Wali, dem ersten Speos Ramses' II. in Nubien, jedoch noch vor dem Einsetzen der Arbeiten in Abu Simbel, erfolgt sein. Dies bedeutet aber, daß Ramses II. seine Vergöttlichung schon sehr früh «inszeniert» hat; man fragt sich in diesem Zusammenhang nur, warum dies im später entstandenen Tempel von Abu Simbel nicht auch gleich von Anfang an praktiziert worden ist, sondern erst Jahrzehnte später und mit erheblichem Aufwand durch die dazu erforderliche Umgestaltung des Dekorationsprogrammes.

Der Reliefschmuck im Hypostyl des Tempels von Akscha weist religiöse Szenen mit Darstellungen des vergöttlichten Ramses auf. Die Beischriften zeigen dieselbe Schreibvariante des Königsnamens, wie sie sich auch in Beit el-Wali findet. Da auf den Reliefs im Vorhof der Anlage die Wiedergabe des Königsnamens einer etwas späteren Version entspricht, läßt sich die Abfolge bei der Dekoration der Wände – die wohl auch der Reihenfolge ihrer Errichtung entspricht – ermitteln: zuerst das eigentliche Tempelgebäude, dann dessen Einfassungsmauer (Temenos). Die Reliefierungsarbeiten waren offensichtlich im 4. Regierungsjahr abgeschlossen; denn nur so läßt sich erklären, daß bei den militärischen Szenen, die die Wände des Vorhofes dominieren, die berühmte und in zahlreichen anderen Ramses-Tempeln wiedergegebene Qadesch-Schlacht des 5. Jahres keine Erwähnung fand. Statt dessen wird an der Nordwand der Asienfeldzug gegen Dapur dargestellt, in dessen Verlauf Ramses II. auch die Mündung des Nahr el-Kelb («Hundsfluß») im heutigen Libanon erreichte, wo er seine berühmte Felsstele anbringen ließ. Thema der gegenüberliegenden, heute stark zerstörten, aber seinerzeit glücklicherweise von Hay und danach Lepsius noch in besserem Zustand angetroffenen und dokumentierten Südwand scheint der Kriegszug gegen Tunip gewesen zu sein, der im 5. Jahr Sethos' I. stattgefunden hat und an welchem Ramses demnach nur als Kronprinz teilgenommen haben kann.

Im Zusammenhang mit Nefertari sind die beiden noch verbleibenden, jeweils von einem Durchgang unterbrochenen Vorhofwände von besonderem Interesse. Bedauerlicherweise sind hier fast überall nur noch die untersten Steinlagen erhalten, doch lassen sich – dank zahlreicher vollständig überlieferter Analogien und der Tatsache, daß das Themenrepertoire der Tempelwände, vor allem bei Kultszenen, recht beschränkt ist – die ursprünglichen Wandreliefs mit Sicherheit rekonstruieren: so trägt der Nordflügel der Westwand den Bilderzyklus der Krönung des Herrschers durch die Götter. Auf der Südhälfte (Abb. 74a) befindet (oder besser befand, da jeweils nur die Füße der Akteure überkommen sind) sich unmittelbar neben dem Durchgang eine Opferszene, die den Herrscher vor einem Altar und einem Podest (auf welchem ein Gott thronte) stehend zeigte. Hinter den Füßen des Königs hat sich ein weiteres Fußpaar in Sandalen erhalten, das zu einer Frauengestalt gehört haben muß, denn es läßt sich noch über den Knöcheln der charakteristische Saum des langen plissierten Gewandes erkennen. Hier kann es sich, angesichts der Tatsache, daß diese Reliefs in den ersten Regierungsjahren

Abb. 72 Nefertari und ihre Schwiegermutter (Mut-)Tuy mit hoher Doppelfederkrone und Sistren. Relief aus dem Ramesseum, Theben-West.

Ramses' II. entstanden sind, wohl nur um Nefertari gehandelt haben, denn nur sie wohnt solchen kultischen Handlungen bei, auch wenn diese von ihrem königlichen Gemahl vollzogen werden. Deutlichste Parallele hierzu ist die bereits erwähnte Szene an der Innenseite des Pylons des Luxortempels (Abb. 1, 69).

Auch an der Ostwand des Vorhofes (Abb. 74b) lassen sich die Motive beidseitig des Durchganges nur anhand der untersten Steinlagen mit den Füßen der Akteure rekonstruieren, was aber auch hier wieder unproblematisch möglich ist. Die auf der nördlichen Mauerpartie überlieferten Füße des Königs, von denen die Sohle des vorangestellten linken vollständig auf der Standlinie aufliegt, während – in großem Abstand davon – der rechte

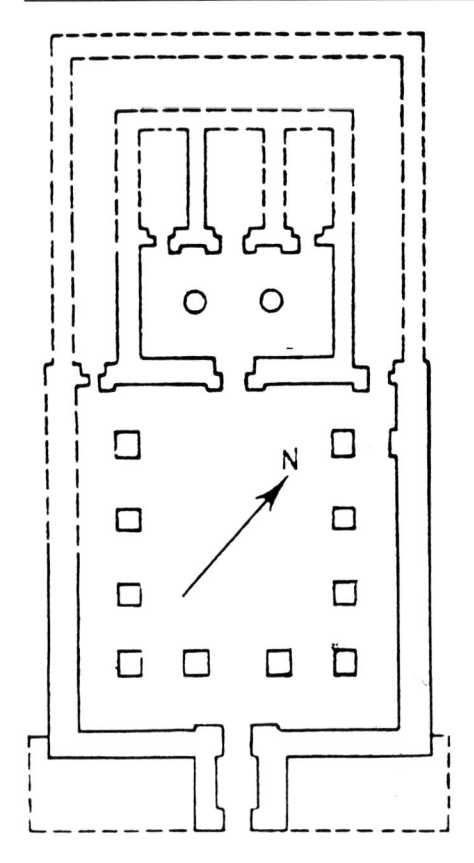

Abb. 73 (links) Grundriß des Tempels von Akscha. – Abb. 74a (oben) Umzeichnung der Fußreste vom Nordteil der Ostwand des Vorhofs und darüber zum Vergleich die vollständige Parallelszene aus Abu Simbel.

nur mit den Zehenspitzen den Boden berührt, können im Zusammenhang mit dem übrigen Kontext nur zu einer Szene gehört haben, die das «Erschlagen der Feinde» im Angesicht eines Gottes zum Thema hatte. Auch hier stand hinter dem König wieder eine Frau – analog zur vorigen Situation zweifelsfrei ergänzbar anhand der Füße in Sandalen und des typischen Gewandsaumes darüber. Auch dies kann aus den genannten Gründen nur Nefertari gewesen sein, und selbst für dieses sehr seltene Motiv, daß eine Königin dem (symbolischen) Akt des «Niederschlagens der Feinde» beiwohnen darf, gibt es eine komplett erhaltene Parallele mit ihr als Begleiterin ihres Mannes, nämlich eine Szene im großen Tempel in Abu Simbel, auf die später noch näher eingegangen werden soll (Abb. 100). Die südliche Hälfte der Ostwand in Akscha ist heute völlig verschwunden; nach den Aufzeichnungen von Richard Lepsius aus dem Jahr 1843 war aber auch hier – wie eigentlich nicht anders zu erwarten, da dieses Motiv beidseitig von Zugängen immer symmetrisch angebracht ist (vgl. die entsprechende Wand in Abu Simbel in Abb. 99 und 100) – das «Niederschlagen der Feinde», diesmal vor Amun, und wiederum in Begleitung der Königin, dargestellt.

Im Schutt des Tempels ist übrigens auch ein kleines Fragment der Hochzeitsstele, deren besterhaltene Version sich in Abu Simbel (Abb. 40, 41) befindet und die von der Vermählung Ramses' II. mit einer hethitischen Prinzessin in seinem 34. Regierungsjahr kündet, aufgefunden worden. Zudem befindet sich am Pylon des Tempels auch eine Abschrift der bereits angesprochenen Qubban-Stele Ramses' II.

Eine verlorengegangene Kultszene auf Elephantine

Bis zu seiner Zerstörung im Jahr 1822 befand sich auf der Insel Elephantine unweit des Westufers ein Peripteraltempel Thutmosis' III., der bereits von der napoleonischen Ägyptenexpedition des Jahres 1798 in der «Description de l'Egypte» als «Temple du Nord» (zur Unterscheidung vom ebenfalls 1822 eingerissenen «Temple du Sud» Amenophis' III.) abgebildet und beschrieben wurde. Vom Reliefschmuck dieser Kultstätte sind leider nur wenige Szenen als Abzeichnung überliefert, darunter auch eine Darstellung, die rechts eine sistrumschwingende Königin zeigt, die sich einer vom König angeführten Barkenprozession zuzuwenden scheint (Abb. 75). Bei der Dame handelt es sich, trotz der nur unvollständig erhaltenen Namenskartusche, zweifelsfrei um Nefertari, denn ein anderer Königinnenname kann hier nicht ergänzt werden; und zudem ist die Szene durch die Namenskartusche Ramses' II. in einer der beiden Hieroglyphenkolumnen, die sich zwischen den Hauptakteuren befinden, eindeutig datiert. Doch ist dem Kopisten beim Abzeichnen der beiden Namenskartuschen des Königs oberhalb der erwähnten Textkolumnen, zwischen den schützenden Flügeln der beiden Geiergottheiten, offensichtlich ein Fehler unterlaufen, denn es steht im rechten Oval des Faksimiles *Neb-maat-Ra*, der Thronname Amenophis' III. Am wahrscheinlichsten stand hier im Original *Men-maat-Ra*, der Thronname von Ramses' Vater Sethos I., das heißt, es wurde als

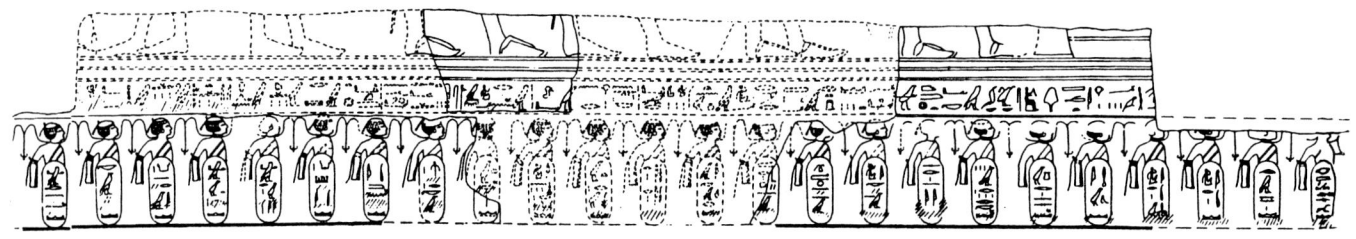

Abb. 74b Umzeichnung der erhaltenen Partie von der Südhälfte der Westwand in Akscha.

unterstes Zeichen der Kartusche statt des Spielbrettes ▭ *(mn)* irrtümlich die Korbhieroglyphe ⌒ *(nb)* übertragen. Allerdings ergibt die benachbarte Namenskartusche weder im Zusammenhang mit Amenophis III. noch mit Sethos I. einen Sinn. Hinter dem Herrscher tragen kahlköpfige Priester eine Götterbarke, bei der der Widderkopf als Bugzier gerade noch erhalten geblieben ist; unmittelbar dahinter bricht die Szene ab. Nach Ausweis dieser Tierprotome und des fragmentarischen Hieroglyphentextes war die Götterbarke dem widdergestaltigen Chnum geweiht, was auf Elephantine, dem Hauptkultort dieses Gottes, nicht verwundert.

Abb. 75 Heute verschollener Reliefblock aus Elephantine mit einer Szene, die Nefertari und den König vor der Chnum-Barke zeigt.

Die Schreine des Gebel es-Silsila

Ebenso wie die bereits beschriebene Szene im Grab des Neb-wenenef entstammt noch eine weitere Darstellung der Nefertari bereits dem ersten Regierungsjahr Ramses' II. Sie findet sich in einem der zahlreichen Felsschreine des Gebel es-Silsila. Dieser Ort, dessen Name wörtlich übersetzt «Berg der Kette» bedeutet – angeblich in Erinnerung daran, daß hier im Mittelalter tatsächlich eine gewaltige Eisenkette die Nilpassage versperrt haben soll –, liegt rund 70 km nördlich von Assuan, etwa auf halber Strecke zwischen Edfu und Kom Ombo. Hier tritt das Gebirge aus Nubischem Sandstein von beiden Seiten so nahe an das Ufer, daß sich abschnittsweise regelrechte Schluchten ergeben, durch die sich der Nil hindurchzwängt.

Diesen, wegen seiner leichten Bearbeitbarkeit, für offizielle Bauten beliebten Nubischen Sandstein, der hier über sein nördlichstes Vorkommen verfügt (nur wenig nördlich davon bestehen die Gebirge aus Kalkstein), gewann man über weite Phasen der pharaonischen Zeit in heute noch sichtbaren und mittlerweile wieder in Betrieb genommenen gewaltigen Steinbrüchen, die sich vor allem auf dem Ostufer finden. Das Westufer hingegen weist eine Vielzahl von Kapellen, Schreinen und Felsstelen auf, die über eine Länge von mehr als einem Kilometer unmittelbar am Nilufer in den Felsen eingemeißelt worden sind. Den nördlichen Abschluß dieser Monumentreihe bildet eine größere Felskapelle des Pharao Haremhab. Am südlichen Ende findet sich nahe einem auffälligen, pilzförmig aussehenden Felsen eine Gruppe von annähernd gleich großen (Höhe jeweils ca. 2,50 m) Felsstelen, die

Abb. 76 Die dem Nilgott Hapi geweihten Felsschreine am Gebel es-Silsile vom Nil aus gesehen.

Abb. 77 Die Hapi-Schreine vom Gebel es-Silsile in einer historischen Ansicht.

Abb. 78 Nefertari beim Kultvollzug vor den Göttern Thoeris, Thot und Nut. Relief im Hapi-Schrein Ramses' II. am Gebel es-Silsile.

sich von den übrigen Monumenten außer ihrer Größe dadurch abheben, daß sie recht tief in den Berg eingeschnitten sind und daß ihre mit Hohlkehle und Uräenfries bekrönten Fassaden von aus dem Felsen herausgemeißelten Halbsäulen flankiert werden. Hier haben in chronologischer Abfolge von Süd nach Nord Sethos I., Ramses II., Merenptah und zuletzt noch Ramses III. ihre Inschriften und Reliefs anbringen lassen (Abb. 76, 77), denen man entnehmen kann, daß alle diese Schreine zu Ehren des Nilgottes Hapi errichtet worden sind. Entsprechend listen die Texte in weitgehend ähnlichem oder gar identischem Wortlaut auch jeweils ausführlich die Opfergaben und Stiftungen auf, die jeder König zu Ehren des Flußgottes zur Verfügung gestellt hatte. An der linken Innenwand der Kapelle Ramses' II. ist nun auch Nefertari beim Opfer vor den Gottheiten Thoeris (mit Nilpferdleib und bekrönt mit Kuhgehörn und Sonnenscheibe), Thot (mit Ibiskopf sowie Mondsichel und Vollmondscheibe auf dem Kopf) und der Himmelsgöttin Nut wiedergegeben (Abb. 78). Die Königin schwingt wiederum zwei schlanke, an Blumengebinde erinnernde Bügelsistren – ein Eindruck, der dadurch verstärkt wird, daß die Sistrumsgriffe als Lotosblüten ausgebildet sind (man vergleiche die Blüten auf den beiden Opferständern, die zwischen Nefertari und der Götterreihe aufgestellt sind). Neben ihren üblichen Titeln und Epitheta wie «(Große) königliche Gemahlin» und «Herrin der beiden Länder (nämlich Ober- und Unterägyptens)» wird sie hier dann auch als «sehetepet netjeru» *(sḥtp.t nṯr.w)*, «die die Götter zufriedenstellt», bezeichnet, ein Beiname, der in der Regel nur dem König selbst, in seiner Eigenschaft als oberster Priester des Landes, vorbehalten ist.

Allerdings muß man in diesem Zusammenhang darauf verweisen, daß am Gebel es-Silsila auch Königin Isisnofret in einer nahezu identischen Szene – und ebenfalls mit den Titeln «Große königliche Gemahlin», «Herrin der beiden Länder» und «Die die Götter zufriedenstellt» versehen – im benachbarten Schrein ihres Sohnes und Schwiegersohnes Merenptah, ebenfalls an der Südwand, vertreten ist (Abb. 79).

Zwischen Menschen und Göttern – Nefertari als Mittlerin

Von Nefertaris prominenter Namensvetterin und Vorgängerin aus der beginnenden 18. Dynastie, Ahmes-Nefertari, gibt es – über die gesamte Dauer des Neuen Reiches verteilt – zahlreiche Darstellungen, die sie in ihrer Eigenschaft als vergöttlichte Regentin, stets in Begleitung ihres ebenfalls in den Rang einer Schutzgottheit erhobenen Sohnes Amenophis' I., zeigen. Die Belege, zumeist Votiv- oder Grabstelen, entstammen nahezu ausnahmslos der Handwerkersiedlung von Deir el-Medine auf der thebanischen Westseite bzw. der umgebenden Nekropole mit den Felsgräbern dieser Arbeiter, wo Ahmes-Nefertari und ihr Sohn besondere Verehrung erfahren haben. Auch die geglätteten und ausgekleideten Wände im Inneren dieser Grabanlagen tragen oftmals aufgemalte Darstellungen des vergöttlichten Paares. Charakterisiert ist die Königin dabei in der Regel vor allem durch ihre schwarze Hautfarbe (als Symbol der Fruchtbarkeit), daneben aber auch durch die hohe Doppelfederkrone und den Blütenwedel, den sie in der einen Hand hält. Einige Elemente aus der Ikonographie – und auch aus der Titulatur – der Ahmes-Nefertari, allen voran die hohe Doppelfederkrone, finden sich auch bei der Ramses-Gemahlin, wohl in bewußter Anlehnung an die ältere Namensvetterin.

Die Stelen aus Deir el-Medine weisen einen gerundeten oberen Abschluß auf

Abb. 79 Die analoge Szene zu Abb. 78 mit Königin Isisnofret im Hapi-Schrein ihres Sohnes Merenptah am Gebel es-Silsile.

und können entweder nur über ein einzelnes Bildfeld verfügen oder in zwei übereinanderliegende Register aufgeteilt sein. Bei den einteiligen Darstellungen tritt der Stifter des Bildwerkes oder – vor allem bei Grabstelen – derjenige, dem seine Angehörigen dieses Monument gewidmet haben, unmittelbar vor die vergöttlichte Ahmes-Nefertari. Fast immer sind dabei die Königin (und ihr Sohn) links und der Adorant rechts wiedergegeben. In gleicher Weise steht im Normalfall der Stelen-«Inhaber» auch bei den zweireihigen Beispielen im oberen Bildfeld dem vergöttlichten Herrscherpaar gegenüber, und das untere Register zeigt Familienangehörige des Adoranten, die oftmals die eigentlichen Stelenstifter sind. Es gibt aber auch Beispiele, bei denen im oberen Teil der Stele nur Ahmes-Nefertari und Amenophis I. erscheinen und der oder die Stifter die Zone darunter einnehmen (Abb. 81).

Zu bestimmten Zeiten, wozu auch die Periode Ramses' II. zählte, wollten oder durften Privatleute auf solchen Bildwerken nicht selbst vor das Angesicht der Gottheiten treten. Statt dessen schalteten sie den König als Mittler ein: dieser nahm dann den Platz rechts im oberen Stelenhalbrund ein, während sich der eigentliche Adorant, nicht selten in Begleitung von Familienangehörigen, mit einer Wiedergabe im Bildstreifen darunter begnügte. Die hierbei zum Ausdruck kommende Ideologie – die am stärksten sicher unter Amenophis IV./Echnaton und Nofretete ausgeprägt gewesen war, als ausschließlich das Herrscherpaar bei Anbetung oder Opferungen vor dem Sonnengott Aton abgebildet werden durfte – ist offensichtlich: der Adorant sieht sich (oder wird entsprechend gesehen) als zu schwach oder zu unwürdig, sein Anliegen direkt «persönlich» den angerufenen Göttern – im vorliegenden Fall Ahmes-Nefertari und Amenophis I. – vorzutragen. Gerade bei Ramses II., der – wie beispielsweise seine nubischen Felstempel oder die sogenannten Horbeit-Stelen (Abb. 27) zeigen – bereits zu Lebzeiten für sich selbst göttliche Verehrung in Anspruch nahm, nimmt es nicht wunder, daß der Herrscher, der als einziger «Gott» physisch auf Erden präsent und somit für die Ägypter im allgemeinen und für die Handwerker von Deir el-Medine im speziellen manifest war, die Mittlerrolle zwischen ihnen und seinen unsichtbaren Götterkollegen zugewiesen bekam.

Nun gibt es unter Ramses II. auch Fälle, in welchen nicht der König selbst, sondern eine seiner Frauen fürbittend vor

Abb. 80 Unvollendet gebliebene Stele mit Darstellung einer ramessidischen Prinzessin, wohl Merit-Amun, vor dem vergöttlichten Herrscherpaar Ahmes-Nefertari und Amenophis I. Kalkstein; Deir el-Medine. Louvre, Paris.

das vergöttlichte Paar Ahmes-Nefertari/Amenophis I. tritt, wobei die adorierende Königin auf der rechten Stelenhälfte mit hoher Doppelfederkrone und langem plissiertem Gewand wiederum ikonographisch ihrer vergöttlichten Kollegin links davon angenähert ist. Auf die besondere Affinität der Ramses-Gemahlin Nefertari zu ihrer älteren Namensvetterin wurde bereits mehrfach verwiesen; es hätte sich also nahezu zwangsläufig angeboten, vor allem sie mit dieser Mittlerfunktion zu betrauen. Dennoch kennt man bislang keine komplett erhalten gebliebene Stele, auf welcher gesichert Nefertari im Angesicht des vergöttlichten Herrscherpaares oder zumindest nur ihrer älteren Namensvetterin wiedergegeben ist. Lediglich ein bereits kurz erwähntes Fragment aus Sandstein, 45 cm hoch, 25 cm breit und 7 cm dick, das bislang nur in einer Beschreibung, jedoch ohne Abbildung veröffentlicht ist, stammt mit hoher Wahrscheinlichkeit von einer solchen Stele. Dafür sprechen vor allem der Fundort Deir el-Medine, wo es bei den Grabungen Bernard Bruyères zwischen 1935 und 1940 zutage trat, sowie die gerundete Form des auf dem Bruchstück erhalten gebliebenen oberen Stelenrandes und die Tatsache, daß das Fragment den rechten oberen Abschluß des Monumentes wiedergibt, auf welchem die mit Doppelfederkrone und sistrumschwingend wiedergegebene Königin nach links gewendet dargestellt ist; die in der Beischrift als «die große königliche Gemahlin, die Herrin der beiden Länder, (Nefer)tari, geliebt von Mut» eindeutig ausgewiesene Königin

Abb. 81 Stele von Amun-em-ipet (Amenemope) und Amun-nacht im Anbetungsgestus vor Ahmes-Nefertari und Amenophis I. Kalkstein; H. 30 cm; Deir el-Medine. Museo Egizio, Turin, Inv. CGT 50034. – Abb. 82 Amulett der Iniuhai mit Nennung der Nefertari. Lapislazuli. British Museum, London.

hat sich also einer oder mehreren links von ihr befindlichen Gottheit(en) zugewandt, wofür in Deir el-Medine eigentlich nur Ahmes-Nefertari und Amenophis I. in Frage kommen. Leider müssen bei dieser hypothetischen Stelenrekonstruktion die Personen im unteren Bildfeld, für welche Nefertari fürbittend interveniert, anonym bleiben.

Wie man sich eine solche Stele komplett vorzustellen hat, zeigt ein unvollendet gebliebenes, nur in Vorzeichnung ausgeführtes, jedoch nahezu vollständig überkommenes Exemplar von 72,5 cm Höhe und 49,5 cm Breite aus Kalkstein, das ebenfalls aus den Grabungen Bruyères stammt und sich seit dem Jahr 1930 im Louvre befindet (Abb. 80). Auch hier steht im oberen Bildfeld rechts eine sistrumschwingende und mit hoher Doppelfederkrone versehene Königin vor dem sitzenden vergöttlichten Paar Ahmes-Nefertari und Amenophis I. Die Namenskartusche der adorierenden Königin ist unleserlich, doch kann es sich bei ihr schwerlich um Nefertari gehandelt haben: über der gewohnten Titulatur «Große königliche Gemahlin, Herrin der beiden Länder» ist nämlich noch freier Raum, und von der üblichen Rangfolge der Titel her kann vor *hemet nisut weret (hm.t njsw.t wr.t)*, «Große königliche Gemahlin», nur *Sat nisut (s3.t njsw.t)*, «Königstochter» gestanden haben. Damit jedoch scheidet Nefertari, die nie diese Bezeichnung aufweist, als Anwärterin aus. Doch gehört die Stele ziemlich sicher in die Regierungszeit Ramses' II. Dafür sprechen unter anderem formale, ikonographische und stilistische Details der Figuren, sofern man angesichts der Tatsache, daß es sich nur um Vorzeichnungen (die allerdings, wie die doppelte Linienführung in Schwarz und Rot zeigt, bereits nachkorrigiert sind) handelt, überhaupt von Stil sprechen kann. Mit allergrößter Wahrscheinlichkeit ist deswegen in der rechts oben stehenden Königin Nefertaris älteste Tochter Merit-Amun zu sehen, die sowohl «Königstochter» als auch «Große königliche Gemahlin» gewesen ist. Die Stele würde damit automatisch in die zweite Regierungshälfte Ramses' II. zu datieren sein. Denn in so bedeutender Funktion, daß sie sogar als Mittler zwischen Stelenstifter und vergöttlichtem Herrscherpaar eingesetzt wurde, kann man sich für die ersten Jahre Ramses' II. nur Nefertari vorstellen, und nach heutigem Kenntnisstand war es unter den Tochtergemahlinnen seiner zweiten Regierungsperiode vor allem Merit-Amun, die nach dem Ableben ihrer Mutter deren Ämter und Funktionen wahrnahm und auch eine ähnlich bedeutsame Position bekleidete (die sich beispielsweise darin ausdrückte, daß sie in Achmim in einer Kolossalstatue gleich groß wie ihr Vatergemahl in Erscheinung treten durfte [Abb. 13).

Der Vollständigkeit halber sei noch erwähnt, daß es sich bei den Stelenstiftern im unteren Register des Bildwerkes um Nachtuef, dessen Sohn Pasched, Meri-Sachmet, Mut-nofret und Iuwen-Amun handelt. Aufgestellt war das Monument in der sogenannten Kapelle 1190 von Deir el-Medine.

In den Komplex der Belege, die Nefertaris Rolle als Mittlerin beleuchten, gehören aber nicht nur großformatige Stelen, sondern auch sehr kleine Objekte, die möglicherweise Votiv-, wahrscheinlicher jedoch apotropäischen, übelabwehrenden Charakter besessen haben. So trägt eine heute im British Museum in London befindliche flache und annähernd rechteckige Perle aus Lapislazuli, die oben und unten je eine kleine Durchbohrung aufweist, auf der Vorderseite eine Doppelkartusche mit doppelter Federbekrönung, wobei in das linke Oval die Abbildung einer stehenden Göttin, wohl der Sachmet, eingeschnitten ist und in das rechte die Namenshieroglyphen der «Nefertari-merit-(en)-Mut» (Abb. 82). Die Orientierung der Schriftzeichen verläuft dabei so, daß die Einzelhieroglyphen (trotz ihrer überwiegend senkrechten Anordnung) rechtsläufig angeordnet und somit der benachbarten bildlichen Darstellung der Göttin «zugewandt» sind. Auf der Rückseite der Perle nennen zwei kurze senkrechte Inschriftenkolumnen Namen und Titel der «Inhaberin» dieses Amulettes: es ist die «Hausfrau» *(nebet per)* Iniuhai *(Jnjwh3j)*. Wenn sie dieses kleine Objekt – bei einem unbekannten Anlaß – nicht sogar vom Hofe erhalten hat, so hat sie zumindest, nach Ausweis der Dekoration und Beschriftung, Nefertari als eine wirksame Fürbitterin vor der Göttin Sachmet erachtet. Denn daß es sich hierbei um kein standardisiertes Massenprodukt handelt, sondern um ein gezielt in Auftrag gegebenes Stück, das nach den speziellen Wünschen der Auftraggeberin gefertigt worden ist, dafür spricht, abgesehen von der individuellen Beschriftung, allein schon das Material Lapislazuli.

Auch die zahlreichen Skarabäen mit dem Namen der Königin – wobei viele lediglich mit «Nefertari» beschriftete Stücke sicher eher die vergöttlichte Ahmes-Nefertari meinen – waren nicht individueller Besitz oder gar das Siegel der Königin, sondern wurden von «einfachen» Ägyptern am wahrscheinlichsten als eine Art Amulett getragen oder verwahrt, wobei man sich von der Königin wiederum Schutz oder Fürsprache erhoffte. Nur waren diese kleinen Käferfigürchen Massenproduktion, die zumeist aus leicht zu bearbeitendem glasiertem Steatit gefertigt wurden und deswegen – abgesehen von Platzgründen, da auf der geglätteten Unterseite nur eine beschränkte Fläche zur Verfügung stand – auch über den Königinnennamen hinaus keine Besitzer- oder Trägernamen aufweisen. Die Skarabäen werden noch im folgenden eine ausführlichere Würdigung erfahren.

Nefertaris Wirken in der Außenpolitik

Ihre anscheinend deutlichste Bestätigung findet die Annahme, daß es Nefertari war, die auch nach außen hin die Hauptrolle unter den «Großen königlichen Gemahlinnen» spielte, in der Tatsache, daß sie als einzige der Ramses-Frauen parallel zur Auslandskorrespondenz ihres Gatten, die dieser mit dem hethitischen Herrscherhaus pflegte, einen eigenen Briefwechsel mit Puduchepa, der Gemahlin des Hethiterkönigs Hattuschili III., unterhielt. Daß auch die Königinnen untereinander Schreiben austauschten, war hethitische Gepflogenheit, der sich die Ägypter anpaßten, denn allgemein spielten am hethitischen Königshof die Königsgemahlin und vor allem auch die Königin-Mutter eine erheblich wichtigere Rolle, als sie von den Pharaonen ihren Frauen, auch wenn sie «Große königliche Gemahlin» waren, zugestanden wurde. Daß nun Nefertari mit der Erfüllung dieser diplomatischen Verpflichtungen betraut wurde, scheint besonders für ihre Sonderstellung zu sprechen. Allerdings relativiert sich diese Feststellung, wenn man sich der Argumentation anschließt, wonach das Fehlen von Darstellungen der Isisnofret am großen Tempel von Abu Simbel dafür spricht, daß diese Königin damals bereits nicht mehr am Leben war. Denn die Einweihungsfeierlichkeiten in Abu Simbel werden im 24. Regierungsjahr angesetzt, also nur drei Jahre nach der überlieferten Keilschriftkorrespondenz Nefertaris. Wenn Isisnofret bereits vor dem 21. Jahr Ramses' II. verstorben und auch deren älteste Tochter – und älteste Prinzessin überhaupt – Bint-Anat nicht bereits zu dieser Zeit in den Rang einer «Großen königlichen Gemahlin» erhoben worden war, dann wäre Nefertari seinerzeit einzige Hauptgemahlin und somit zwangsläufig Briefpartnerin der hethitischen Königin gewesen.

Bekanntermaßen war das Verhältnis zwischen Ägypten und dem im heutigen Kleinasien beheimateten Hethiterreich anfänglich noch sehr feindselig und sogar von militärischen Auseinandersetzungen geprägt gewesen, die bereits im 5. Regierungsjahr Ramses' II. im Kampf um die Grenzstadt Qadesch am Orontes in der libanesischen Beka'a-Ebene kulminierten. Die Schlacht endete – entgegen der auf den Tempelreliefs des Nillandes wiedergegebenen Version eines Erfolges für die Ägypter – mit einem Sieg der Hethiter unter König Muwatalli, nachdem dieser den Pharao und seine ersten beiden

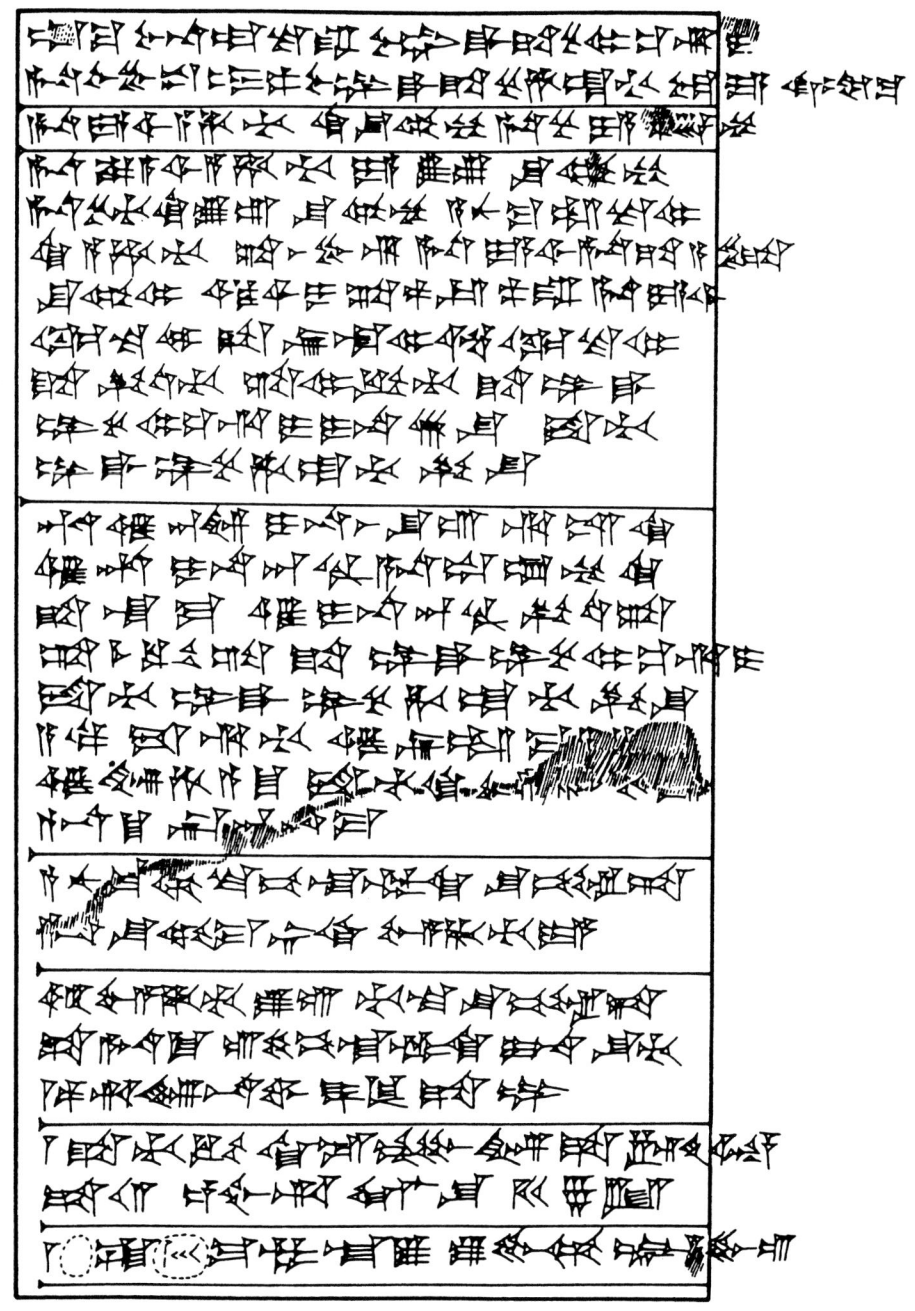

Abb. 83 Umzeichnung des in der Hethiterhauptstadt Boğazköy aufgefundenen Keilschriftbriefes der Nefertari an die hethitische Königin Puduchepa.

Heereseinheiten in einen Hinterhalt gelockt hatte und es Ramses nur aufgrund seiner persönlichen Tapferkeit – so heißt es zumindest – gelungen war, dem Gemetzel zu entkommen. Daß es dann nach Jahrzehnten eines angespannten Verhältnisses schließlich doch zu einer Verständigung zwischen den beiden Großreichen kam, die im 21. Regierungsjahr Ramses' II. (1258 v. Chr.) im Abschluß eines formellen Friedensvertrages und dreizehn Jahre später, im 34. Regierungsjahr Ramses' II. (1245 v. Chr.), sogar in der Verheiratung zunächst der ältesten Tochter des Hethiterkönigs und wahrscheinlich später noch einer weiteren Hethiterprinzessin mit Ramses II. ihren Ausdruck fand, liegt wohl auch darin begründet, daß mit den zunehmend wiedererstarkenden Assyrern in Nordmesopotamien ein weiterer Machtfaktor heranzuwachsen begann. Dies lag nun im Interesse von keinem der beiden Kontrahenten und führte dann auch zum gegenseitigen Einlenken.

Die rege Korrespondenz, die nach der Versöhnung einsetzte, ist uns aus den Staats- und Tempelarchiven der Hethiterhauptstadt Hattuscha, dem heutigen Boğazköy, bekannt, welche bei den Ausgrabungen 1906 und in den darauffolgenden Jahren aufgedeckt werden konnten. Da in den Archiven nicht nur die aus Ägypten und dem übrigen Ausland eingegangenen Briefe, sondern auch Duplikate der von hethitischer Seite aus

Abb. 84 Siegelplombe von Hattuschili III. und seiner Gemahlin Puduchepa. Neufund aus Boğazköy.

verschickten Schreiben abgelegt waren, läßt sich der in 50 Belegen – von denen vier aus dem Tempel- und 46 aus dem Palastarchiv stammen – überlieferte Schriftwechsel zur Zeit Ramses' II. weitgehend rekonstruieren. Involviert waren darin natürlich hauptsächlich die beiden Könige selbst, daneben aber auch die beiden Kronprinzen – wohl, um so die ägyptisch-hethitische Freundschaft auch für die nächste Herrschergeneration zu konsolidieren – sowie die höchsten Hofbeamten und nicht zuletzt die beiden Königinnen: auf hethitischer Seite unangefochten Puduchepa, die (einzige) Gemahlin Hattuschilis III. (vgl. Abb. 84), und auf ägyptischer Seite unter den «Großen königlichen Gemahlinnen» Ramses' II. eben Nefertari.

Die Briefe mit dem Ausland waren ausnahmslos in der babylonischen Variante der akkadischen Keilschrift, der damaligen «Diplomatensprache», abgefaßt; als Schriftträger fungierten Tontafeln, die nach Eindrücken der Keilschriftzeichen mittels eines Griffels und der Siegelung getrocknet oder gebrannt wurden. Sowohl Hethiter als auch Ägypter mußten also auf eine ihnen fremde Schrift und Sprache zurückgreifen, wobei sich die Hethiter sicher insofern leichter taten, da sie zur schriftlichen Fixierung ihrer eigenen (indogermanischen) Sprache ja ebenfalls eine, wenn auch eigenständige Keilschrift verwendeten. Zumindest die von den Herrscherhäusern ins Ausland geschickten Briefe sind also sicher von Schreibern aufgenommen und ins Babylonische übersetzt worden; doch ob die Herrscherfamilien wenigstens in der Lage gewesen wären, Korrespondenz in der eigenen Landessprache niederzuschreiben, darf ebenfalls bezweifelt werden. Der Hethiterkönig und seine Gemahlin waren – wie die meisten anderen Regenten im Vorderen Orient übrigens auch – mit Sicherheit Analphabeten, denn sonst hätten die Schreiber nicht ungeniert an das Ende der ihnen diktierten offiziellen Inlandskorrespondenz, die natürlich in hethitischer Keilschrift abgefaßt war, noch private Mitteilungen «von Kollege zu Kollege» – wie es beispielsweise das kürzlich aufgedeckte Tontafelarchiv von Maschat Hüyük mit Briefen zwischen Herrscher und seinem Statthalter deutlich zeigt – anfügen können. In Ägypten genossen zwar die Prinzen, wenn sie eine Beamtenlaufbahn anstrebten, eine entsprechende Ausbildung, zu der auch in der Regel die Vermittlung von Hieroglyphenkenntnissen gehörte; ob aber die weiblichen Mitglieder der Königsfamilie in den Genuß dieser Bildung gebracht worden sind, ist mehr als fraglich. So ist möglicherweise auch Nefertari selbst des Lesens und Schreibens unkundig gewesen.

Aus dem 21. Regierungsjahr Ramses' II., also aus der Zeit nach dem Abschluß des Friedensvertrages, jedoch vor der Heirat mit der Hethiterprinzessin, ist aus dem Tontafelarchiv von Hattuscha/Boğazköy ein Originalbrief erhalten, den Nefertari an Puduchepa geschickt hatte (Abb. 83). Die knapp 10 cm breite und ursprünglich wohl etwa 16,5 cm hohe Tontafel mit dem Schreiben war zwischenzeitlich – abgesehen von Randsplittern, die wohl unwiederbringlich verlorengegangen sind – in zwei größere Teile zerbrochen, von denen der obere, der sich heute in amerikanischem Privatbesitz befindet, schon länger bekannt und bereits im ersten Band der *Keilschrifttexte aus Bogazköy (KBo)* als Nummer 29 in Umschrift (deswegen das offizielle Kürzel *KBo I 29*) und dann 1917 auch erstmals in Übersetzung veröffentlicht worden ist. 1957 gelang es, das kurz zuvor durch einen Einheimischen im Areal von Tempel I aufgelesene Fragment mit der Grabungsinventarnummer 335/o als das zum genannten Text zugehörige Unterteil zu identifizieren, dessen Umschrift als *KBo IX 43* publiziert wurde. Dieses neu hinzugekommene Tontafelfragment wird heute im Museum von Ankara aufbewahrt.

Umgesetzt in die babylonische Keilschrift (die eine Silbenschrift ist, während mit den ägyptischen Hieroglyphen nur die Konsonanten wiedergegeben werden können), lautet der Name *Nefertari* in besagtem Schreiben *Naptera*. Gegenseitig reden sich die Königinnen mit «Schwester» an, ganz analog zur Anrede «Bruder» in der Korrespondenz der Könige, bei der es anfänglich Probleme gegeben hatte, da es nach ägyptischer Staatsideologie nur einen einzigen König, nämlich den jeweiligen Pharao, gibt und deswegen Ramses II. zunächst seinen hethitischen Partner, der den Titel «Großkönig» für sich beanspruchte, lediglich als «Großen Fürsten» – also als ihm gegenüber rangniedriger – anzusprechen bereit war.

Übersetzt lautet der Brief der Nefertari/Naptera, der in erster Linie Höflichkeitsfloskeln enthält, bevor abschließend ein Freundschaftsgeschenk angekündigt wird: «*Folgendermaßen (spricht) Naptera, die Großkönigin des Landes Ägypten. Zu Puduchepa, der Großkönigin des Landes Hatti, sprich: Mir, Deiner Schwester, geht es gut; meinem Lande geht es gut. Dir, meiner Schwester, möge es gut gehen; Deinem Lande möge es gut gehen. Ich habe nunmehr gehört, daß Du, meine Schwester, mir geschrieben hast, um Dich nach meinem Wohlbefinden zu erkundigen, und (daß) sie mir schreibt wegen des Verhältnisses des guten Friedens (und) wegen des Verhältnisses der guten Bruderschaft, in dem sich der Großkönig, der König des Landes Ägypten, mit dem Großkönig, dem König von Hatti, seinem Bruder, befindet. Der Sonnengott und der Wettergott werden Dein Haupt erheben, und der Sonnengott wird den Frieden gedeihen lassen, und er wird die gute Bruderschaft des Großkönigs, des Königs des Landes Ägypten, mit dem Großkönig, dem König des Landes Hatti, seinem Bruder, auf ewig gewähren. Und ich bin in Frieden und bin verbrüdert mit Dir, meiner Schwester. Ich (verhalte mich) so. Nunmehr habe ich Dir ein Geschenk übersandt als Begrüßungsgeschenk für Dich, meine Schwester, und Du, meine Schwester, mögest das Geschenk erfahren, das ich Dir senden werde durch die Hand des Parihnawa, des Königsboten: Eine (Kette) für den Hals, reich ausgestattet, aus gutem Gold, aus zwölf Strängen bestehend, deren Gewicht 88 Schekel (beträgt); ein buntes linnenes maklalu-Gewand aus Byssos; eine bunte linnene Tunika aus Byssos; fünf bunte linnene Gewänder aus gutem dünnen (Gewebe), fünf bunte linnene Tuniken aus gutem dünnen (Gewebe); Summe aller linnenen Gewänder: zwölf linnene Gewänder.*» Bei der Beschreibung dieser Kleidungsstücke fühlt man sich unwillkürlich erinnert an jene strahlend weißen, feingewebten und luftigen Textilien, unter denen sich die Körperkonturen abzeichnen, wie sie von Nefertari selbst auf ihren Reliefdarstellungen getragen werden.

Joachim Willeitner

«... um derentwillen die Sonne erscheint»

Die beiden Tempel von Abu Simbel

Nicht zuletzt die spektakuläre Rettungsaktion, die zwischen Januar 1966 und September 1968 stattfand, um den von den Fluten des Nasser-Stausees bedrohten Felstempel Ramses' II. mit seinen vier monumentalen Fassadenfiguren (Abb. 87) zu retten, machte Abu Simbel nahe der heutigen ägyptisch-sudanesischen Grenze zu einem der bekanntesten Orte am Nil. Und gerade die technischen und logistischen Probleme, die auftraten, als man die völlig aus einer Sandsteinfelswand herausgemeißelte Kultstätte – sorgfältig in einzelne Blöcke zersägt – aus dem Berg herauslöste, um sie auf einem erhöhten Standplatz wiederzuerrichten, ließen erahnen, unter welchen Schwierigkeiten seinerzeit die Handwerker unter Ramses II. in Nubien, mehrere hundert Kilometer von der eigenen Heimat entfernt, bei der Errichtung der Anlage gearbeitet haben müssen, und dies alles ohne unsere modernen Kommunikationssysteme und heutigen Hebe- und Transportgeräte!

Wenngleich Nefertari mehrfach am großen Tempel von Abu Simbel dargestellt ist, sowohl rundplastisch auf der Außenfassade als auch auf den Reliefs im Inneren, so ist dennoch in Zusammenhang mit ihr vor allem die kleinere der beiden dortigen Kultstätten – rechts und somit nördlich von ihrem berühmteren und monumentaleren Gegenstück aus dem Fels geschlagen – von besonderem Interesse (Abb. 86). Denn diese Anlage ist, nach Ausweis ihrer monumentalen Fassadeninschrift, nicht nur der Göttin Hathor von Ibschek, sondern auch der vergöttlichten Königsgemahlin Nefertari geweiht. Einen vergleichbaren Fall, nämlich daß eine Königin schon zu Lebzeiten in einem eigenen Tempel göttliche Verehrung erfahren hat, kennt man sonst nur noch aus der Zeit Amenophis' III., der für den Kult seiner Gemahlin Teje in Sedeinga, also wiederum in Nubien, südlich von Abu Simbel im heutigen Sudan, bereits rund ein Jahrhundert zuvor einen Sakralbau gestiftet hatte.

Der große Tempel von Abu Simbel ist zwar das monumentalste Bauwerk seiner Art in Nubien, aber bei weitem nicht das einzige. Allein auf Ramses II. gehen dort insgesamt mindestens sechs Anlagen an fünf verschiedenen Orten zurück, wobei der früheste seiner nubischen Felsbauten, der Tempel von Beit el-Wali, wegen der an seinen Wänden wiedergegebenen vier ältesten Söhne des Herrschers (Abb. 14–17) und die Anlage von Derr wegen ihrer Kinderlisten bereits Erwähnung fanden. Auch das Heiligtum von Akscha, dessen Entstehungszeit zwischen die Errichtung von Beit el-Wali und Abu Simbel fällt, bei dem es sich

Abb. 85   Die beiden Tempel von Abu Simbel, im Vordergrund die kleinere, der Nefertari geweihte Anlage.

jedoch, trotz seiner Lage in Nubien, nicht um einen Felstempel handelt, wurde schon im Zusammenhang mit seinen Reliefs angesprochen, da hier – wenn auch nahezu völlig zerstört – Nefertari erscheint (Abb. 73, 74).

Alle von Ramses II. in Nubien errichteten Felstempel – mit Ausnahme desjenigen von Derr – liegen auf dem westlichen Ufer des Nils, so auch die beiden Anlagen von Abu Simbel. Deren Standort, der in altägyptischer Zeit möglicherweise Meha *(m-h3)* geheißen hat, befindet sich rund 280 km südlich von Assuan, der damaligen südlichen Grenze des ägyptischen Kernlandes. Im Zuge des Tempelbauprojekts erhielt das Areal einen neuen Namen, nämlich *Per-Ramessu-meri-Amun (Pr-Rʿmssw-mrj-Jmn)*, «das Haus des Ramses, geliebt von Amun».

Ein geplantes Ensemble und seine Kultherren

Beide Tempel, der große mit seinen vier monumentalen Sitzfiguren Ramses' II. und der kleine mit seinen insgesamt sechs stehenden Skulpturen (viermal Ramses und zweimal Nefertari) als jeweiligem Fassadenschmuck, sind zur gleichen Zeit und, wie weiter unten noch ausführlicher dargelegt wird, recht bald nach der Thronbesteigung des Bauherrn begonnen worden; und sie bilden auch, selbst wenn die unterschiedliche Art der Fassadengestaltung dies nicht unbedingt vermuten läßt, ein geplantes Ensemble. Beide Felstempel sind zwar nicht exakt rechtwinklig angelegt, und ihre Achsen (Abb. 85, 88, 89) weisen in der Abfolge der Räume Knicke und Verschiebungen auf, aber dennoch läßt sich jeweils ihre Ausrichtung bestimmen, die beidemal nach Südosten weist, und zwar beim großen Tempel in einem Winkel von 11 Grad (entspricht 101 Grad geodätischem Azimut) und bei seinem kleineren Gegenstück 48 Grad (bzw. 138 Grad geodätischer Azimut). Die beiden Achsen laufen also nicht parallel, sondern kreuzen sich sehr bald, wobei sich dieser imaginäre Schnittpunkt über dem Nil, der unmittelbar vor den beiden Kultstätten vorbeifließt, befindet (Abb. 108). So vermutet denn auch die Ägyptologin Christiane Desroches-Noblecourt, daß die Felstempel von Abu Simbel errichtet wurden «im Zusammenhang mit dem nährenden Nil und der besonderen Rolle, welche der Pharao spielte als Bürge für das Leben und den Reichtum Ägyptens und als derjenige, der gewissermaßen für die Überschwemmungen verantwortlich war. In den Tempeln von Abu Simbel wurden sicher diejenigen Riten gefeiert, die am günstigsten waren für die Rückkehr der Wassermassen, die jedes Jahr das Leben des Doppellandes sicherten.»

Darüber hinaus sieht Desroches-Noblecourt – ähnlich wie die Felsgrotte und der Wasserfall im Tal der Königinnen für die alten Ägypter die beiden Geschlechter symbolisierten – auch im großen Tempel von Abu Simbel das männliche und in seinem kleineren nördlichen Gegenstück das weibliche Prinzip verkörpert, manifestiert durch die Verehrung des Herrscherpaares in den beiden Felsheiligtümern. Beim kleinen Tempel ist dies offensichtlich, da dort die Fassadeninschrift unzweideutig den Kult der Nefertari belegt. Doch wie sieht es analog dazu mit der Weihung des großen Tempels an Ramses selbst aus? Auch hier, und zwar ebenso an der Außenfront, gibt es einen bildlichen Hinweis für eine Art Widmung der Anlage an den vergöttlichten Herrscher und Bauherrn: Über dem Eingang in den großen Tempel sieht man zu beiden Seiten einer Nische, in welcher eine aus dem Fels herausskulptierte Figur des falkenköpfigen Sonnengottes Ra steht, jeweils im Relief eine Darstellung

Abb. 86 Die nördliche Hälfte der Fassade des kleinen Tempels von Abu Simbel mit zwei Standfiguren Ramses' II.; zwischen ihnen eine Darstellung der Nefertari.

Abb. 87 Der große Tempel von Abu Simbel mit den vier kolossalen Sitzfiguren Ramses' II. an der Fassade.

des opfernden Königs. Diese auf den ersten Blick «unverfängliche» Szene entpuppt sich jedoch als versteckte Huldigung des Königs an sich selbst, denn neben den Füßen des Sonnengottes befindet sich auf der einen Seite eine Statue der hockenden Göttin Maat und auf der anderen ein Stab mit einem Canidenkopf als Bekrönung, das Hieroglyphenzeichen für *user*. Das Ensemble in der Nische kann also «gelesen» werden und lautet dann *User-maat-Ra* («stark ist die gerechte Ordnung des [Sonnengottes] Ra»), was der Thronname von Ramses II. ist.

Auch hat sich dieser König, in Abänderung des ursprünglichen Dekorationsprogrammes, auf den Reliefs im Inneren des Tempels als «göttliches Kind» zwischen die von ihm verehrten Götterpaare einfügen lassen. Daß es sich dabei um nachträgliche Einarbeitungen handelt, ist unzweifelhaft, da der Verputz, der die ursprüngliche Fassung kaschieren sollte, herabgefallen ist und dadurch deren Umrißlinien wieder sichtbar geworden sind. Strittig ist nur der Zeitpunkt, zu welchem Ramses diese Abänderungen hat ausführen lassen. Der König reiht sich damit zwar unter die im Tempel verehrten und – zumindest auf den Wandreliefs – mit Opfern bedachten Gottheiten ein, doch ändert dies nichts daran, daß der Kultbau nach Ausweis seines Dekorationsprogrammes offiziell zur einen Hälfte dem Reichsgott Amun und zur anderen dem Sonnengott Ra-Harachte geweiht gewesen ist.

Auch beim kleinen Tempel besteht vordergründig eine Diskrepanz zwischen der in der Fassadeninschrift propagierten Weihung an Nefertari und den im Inneren verehrten Gottheiten. So zeigt das aus dem Felsen herausgemeißelte Kultbild im Allerheiligsten die Göttin Hathor, die rein kuhgestaltig aus dem Westgebirge heraustritt; genauer gesagt ist von ihrem Tierkörper nur die vordere Hälfte ausmodelliert, während der Rest des Rumpfes noch im Felsen steckt. Dabei nimmt die Kuhgöttin aber den vor ihr stehenden König, und nicht etwa -- wie man vielleicht annehmen würde – die im Tempel verehrte Nefertari, schützend unter ihr Haupt (Abb. 96). Doch wird hier die Königin nur vordergründig unterdrückt, denn wie sich den Beischriften des Tempels entnehmen läßt, ist die Trennung zwischen Hathor und Nefertari als Kultherrin oftmals bewußt unklar gehalten, und Königin und Kuhgöttin werden sogar gleichgesetzt und verschmelzen miteinander.

Auf den Wandreliefs der beiden Felshallen, die diesem Allerheiligsten im kleinen Tempel vorgelagert sind, tritt Ramses häufiger opfernd vor diverse Gottheiten als seine Gemahlin, während man, gemäß den Dedikationsinschriften an der Tempelfront und im Inneren des Kultbaues, ein zahlenmäßiges Übergewicht der Königinnendarstellungen erwarten würde; aber auch hier ist wieder zu berücksichtigen, daß sich hinter der vielfach wiedergegebenen Hathor auf seiten der Götter eben auch wieder ein Aspekt der Nefertari verbirgt. Bevor diese Szenen im Tempelinneren ausführlicher beschrieben werden, seien zunächst die beiden Fassaden einer näheren Betrachtung unterzogen.

Die Figuren an den beiden Tempelfassaden

An der Fassade des kleinen Tempels überrascht bei deren Skulpturenschmuck die vermeintliche Gewichtung zuungunsten Nefertaris: denn beidseitig des Zu-

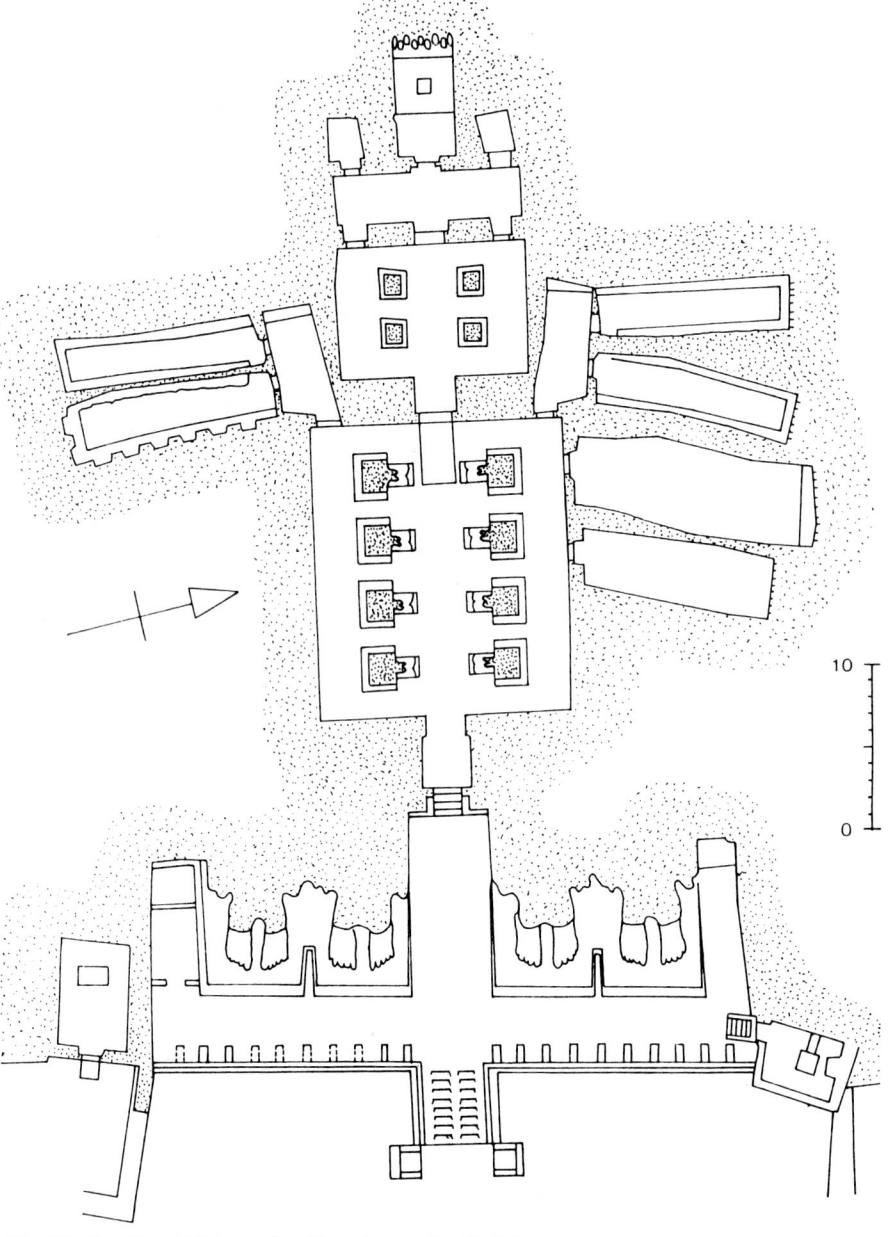

Abb. 88 Der Grundriß des großen Tempels von Abu Simbel.

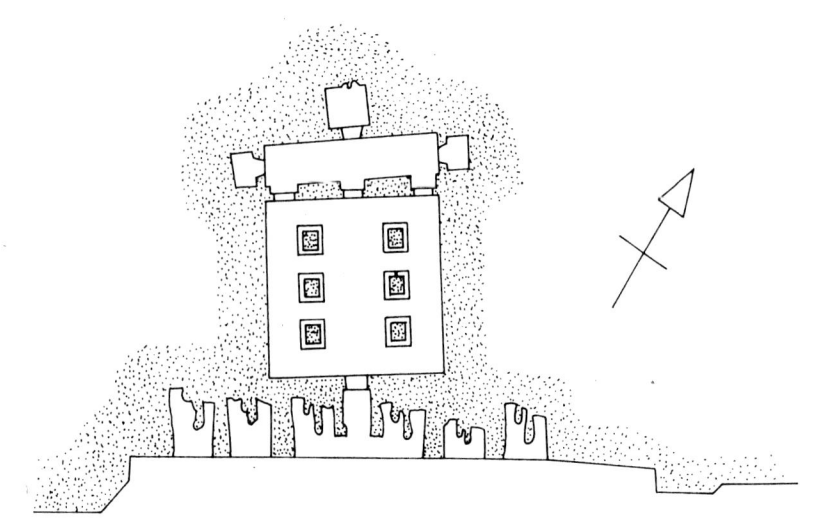

Abb. 89 Der Grundriß des kleinen Tempels von Abu Simbel.

ganges ist jeweils zweimal Ramses II. und nur einmal seine Gemahlin – als Standfiguren in flachen Nischen, deren Umrahmungen die Dedikationsinschrift mit der Weihung an die Königin tragen – wiedergegeben (Abb. 86). Gemäß dem Wortlaut dieses Stiftungstextes hat «Ramses ... einen Tempel errichtet, ausgeschlagen aus dem Fels ... von ewiger Ausführung ... für die Große königliche Gemahlin, Nefertari, auserwählt von der Mut, in Nubien, für immer und ewig ... Nefertari, um derentwillen die Sonne erscheint.» Kolossale Figuren des Königs vor Tempelfassaden finden sich während des Neuen Reiches öfters: die benachbarte Front des großen Tempels bietet das imposanteste Beispiel hierfür. Doch erstens erlauben diese monumentalen Herrscherbildnisse keine Rückschlüsse darüber, welche Gottheiten im Inneren des Kultgebäudes verehrt worden sind, sondern geben lediglich Auskunft darüber, auf welchen König das Bauwerk zurückgeht: ein mehrfaches Auftreten von Ramses an der Außenfassade steht demnach einem Kult der Nefertari im Tempelinneren nicht entgegen! Und zweitens ist, abgesehen eben von Abu Simbel, so gut wie nie belegt, daß auch die Königsgemahlin gleich groß wie ihr Gatte vor der Tempelfront auftritt, was erneut die Ausnahmestellung Nefertaris unterstreicht. Die Regel ist vielmehr, daß die Königin – wenn überhaupt – deutlich kleinerformatig neben ihrem Gemahl wiedergegeben wird, wie es auch bei der Fassadendekoration des benachbarten großen Tempels praktiziert worden ist.

Im Fall des großen Tempels besitzt jede der vier monumentalen Sitzfiguren Ramses' II. vor der Tempelfront (Abb. 87) einen eigenen, in die Schultern der Bildwerke eingravierten Namen, mit welchem jeweils ein besonderer göttlicher Aspekt des dargestellten Herrschers ausgedrückt wird; und ähnlich wie bei den sogenannten Horbeit-Stelen, auf denen die Stelenstifter beim Opfer vor einer (ebenfalls jeweils mit einem Eigennamen ausgestatteten) Kolossalstatue des vergöttlichten Ramses dargestellt sind (Abb. 27), darf auch für die Fassadenskulpturen von Abu Simbel ein eigener Kult angenommen werden. Von diesen Zuwendungen profitierten nach altägyptischer Vorstellung auch die in kleinerem Format neben und zwischen den Füßen des thronenden Herrschers stehenden Familienangehörigen: an der Figur links außen, dem südlichsten Koloß *Heka-taui*, finden sich drei Frauendarstellungen, und zwar Prinzessin Nebet-taui (später

Figuren an den beiden Tempelfassaden 69

Abb. 90 Die kolossale Sitzfigur Ramses' II. rechts vom Zugang in den großen Tempel von Abu Simbel.

Abb. 91 Königin Nefertari an der Seite der kolossalen Sitzfigur von Abb. 90.

Gemahlin ihres Vaters und möglicherweise eine Tochter der Nefertari), Prinzessin Bint-Anat (die älteste Tochter Ramses' II. und ein Kind der Isisnofret) und eine weitere anonyme Prinzessin. Zu Füßen der nächsten Monumentalplastik *Ra-en-hekau*, derjenigen, deren Oberteil nach einem Erdbeben abgebrochen und herabgefallen ist, stehen die Königinmutter Mut-Tuy, Königin Nefertari und deren Sohn Amun-her-chopschef, der als Erstgeborener auch Kronprinz war (Abb. 92, 93). Bei den beiden Sitzfiguren auf der anderen Seite des Tempeleinganges (Abb. 94, 95) weist die dem Zugang nähere linke, *Meri-Amun*, zu ihren beiden Seiten gleich zwei Darstellungen der Nefertari auf (Abb. 90, 91); zwischen den Knien des thronenden Herrschers steht jedoch ein Kind der Isisnofret, nämlich der zweitgeborene Prinz Ramses. Der nördlichste Koloß *Meri-Atum* schließlich ist erneut umstellt von je einer Figur der Königinmutter Mut-Tuy, der Königin Nefertari, aber dann jedoch – abweichend von der Anordnung an der Sitzfigur links vom Eingang – nicht vom Kronprinzen, sondern von Merit-Amun, der ältesten Tochter Nefertaris und Nummer vier der Prinzessinnenliste von Abu Simbel.

Von den beiden Frauen, mit denen Ramses II. während des Errichtungszeitraumes des Felstempels, also etwa bis zu seinem 24. Regierungsjahr, vermählt gewesen war, nämlich Nefertari und Isisnofret – die übrigen Eheschließungen, überwiegend mit seinen eigenen Töchtern, erfolgten erst danach –, erscheint an der Fassade des großen Tempels von Abu Simbel also nur Erstgenannte. Dies wird von vielen Ägyptologen dahingehend interpretiert, daß Isisnofret zwischenzeitlich verstorben sei. Die naheliegende Annahme, daß angesichts der benachbarten, exklusiv der Nefertari geweihten kleineren Anlage die andere Gemahlin – obwohl diese noch am Leben gewesen wäre – an der Fassade des großen Tempels lediglich unterschlagen worden sei, um die exponierte Stellung der erstgenannten Königin an diesem Ort nicht zu schmälern, verliert allein schon dadurch an Wahrscheinlichkeit, daß in zwei Fällen, wenn schon nicht Isisnofret selbst, so doch zumindest Kinder von ihr, nämlich Prinzessin Bint-Anat und Prinz Ramses – letzterer aber eigenartigerweise in doppelter Begleitung der Nefertari! –, dargestellt sind.

Allerdings läßt sich nicht mit letzter Sicherheit nachweisen, daß im und am großen Tempel von Abu Simbel nur solche Mitglieder des Königshauses Erwähnung gefunden hätten, die noch am Leben waren, denn es treten bei dieser Annahme schon die ersten Schwierigkeiten bei der Frage auf, welcher «Stichtag» dafür gegolten haben soll: an der Anlage ist über einen mehrjährigen, wenn nicht jahrzehntelangen Zeitraum gearbeitet worden; und gerade, weil auch die Fassadenfiguren aus dem örtlichen Fels gemeißelt und nicht etwa anderweitig gefertigt und dann als Freiplastiken zu ihrem endgültigen Standort gebracht worden sind, muß davon ausgegangen werden, daß man schon in einem sehr frühen Baustadium genau festgelegt hat, wessen Abbild an der Tempelfront erscheinen soll und wessen nicht. Diese prinzipielle Über-

Abb. 92   Die beiden südlichen Kolosse der Fassade des großen Tempels von Abu Simbel.

Abb. 93   Die Kinder- und Königinnenfiguren zu Füßen der Kolosse von Abb. 92.

legung gilt natürlich ebenso für den benachbarten kleineren, ebenso komplett aus dem lokal anstehenden Felsen geschlagenen Kultbau. Man kann allerhöchstens noch einwenden, daß es letztlich erst die Beischriften der Figuren waren – da deren Gesichter keine echten «Porträts» im Sinne der modernen Kunstwissenschaft darstellen und sie deswegen auch bedingt austauschbar sind –, die diese Bildwerke individualisierten, so daß man die endgültige Entscheidung über die «Personalisierung» der Skulpturen erst im letzten Fertigungsstadium zu treffen brauchte, als es nur noch darum ging, die Namensinschriften an den fertigen Bildwerken anzubringen. Doch waren einem solchen Austausch wiederum schon dadurch Grenzen gesetzt, daß Prinzen andere Kleidung und Haartrachten tragen als Prinzessinnen und es zwischen Prinzessinnen und Königsgemahlinnen ebenso ikonographische Unterschiede, daneben aber auch schlichtweg differierende Figurengrößen gibt. Es mußte also zumindest gleich von Anbeginn an festgestanden haben, wo ein Prinz, wo eine Prinzessin, wo die Königinmutter und wo die Königsgemahlinnen (oder genauer die Königsgemahlin, da nur Nefertari erscheint) zu Füßen des Pharao plaziert werden sollten. Daß man sich dabei auch überlegen mußte, wie viele Skulpturen von jeder Kategorie anzufertigen waren, was automatisch bedeutet, daß man eben doch – zumindest vorläufig – festlegte, wer überhaupt an der Tempelfassade erscheinen sollte, liegt auf der Hand.

Vielleicht kann auf diese Weise das merkwürdige Phänomen erklärt werden, daß zu Füßen des Kolosses unmittelbar nördlich des Tempeleinganges zweimal Nefertari wiedergegeben ist, als dritte Person jedoch ein Sohn der Isisnofret, nämlich der zweitgeborene Prinz Ramses. Denn sollte man wirklich Wert darauf gelegt haben, daß nur solche Mitglieder der Königsfamilie in Erscheinung traten, die (kurz vor Fertigstellung des Bauwerkes, als die Skulpturen durch Namensbeischriften «individualisiert» wurden) noch am Leben waren, dann hätte es durchaus der Fall gewesen sein können, daß zwar ursprünglich geplant war, hier neben dem Prinzen Ramses auch dessen Mutter Isisnofret abzubilden, daß diese jedoch zwischenzeitlich verstorben war und dafür seine «Stiefmutter» Nefertari an deren Stelle trat. Denn bei den beiden Sitzfiguren links und rechts des eben behandelten Kolosses stimmen die Verwandtschaftsverhältnisse: hier wird Nefertari einmal von ihrem ältesten Sohn, einmal von ihrer ältesten Tochter begleitet; in beiden Fällen bildet die Königinmutter Mut-Tuy die dritte Person. Die Figuren am südlichsten Koloß wollen jedoch nicht so recht in diese Überlegungen passen: es finden sich hier mit der ältesten Prinzessin Bint-Anat eine sichere Tochter der Isisnofret, daneben mit Nebet-taui eine mutmaßliche Tochter der Nefertari, und die dritte Figur, aufgrund der Ikonographie ebenso eine Frauengestalt, bleibt anonym.

An der Außenseite des großen Tempels sind also an Kindern die ältesten beiden Söhne und die erste, vierte und fünfte Tochter dargestellt. Das Fehlen der zweit- und drittgeborenen Prinzessin erklärt sich wohl am ehesten aus der Tatsache, daß sie offensichtlich Kinder von Nebenfrauen und nicht von «Großen königlichen Gemahlinnen» waren. Allerdings vermißt man unter diesem Gesichtspunkt den dritten und vierten Sohn, die beide von Hauptfrauen, nämlich Nefertari und Isisnofret, geboren worden waren. Hier ist sicher zu berücksichtigen, daß an der Fassade nicht genügend Platz zur Verfügung stand, wobei auffälligerweise mehr Wert auf die Vollständigkeit aller Prinzessinnen gelegt wurde als auf diejenige der männlichen Nachkommenschaft.

Söhne und Töchter Ramses' II., mit deren Darstellung die beiden Tempelfassaden hätten dekoriert werden können, hätte es damals reichlich gegeben. Zum Zeitpunkt der Einweihung der beiden Kultstätten in Abu Simbel – Nefertaris letztem Auftreten in der Öffentlichkeit (Abb. 63) im 24. Regierungsjahr, nach welchem die Königin wohl bald auch verstorben ist – waren ihre sämtlichen Kinder geboren: als letztes der Sohn Meri-Atum, der in den Aufzählungen aller Prinzen an sechzehnter Position auftritt und ebenso wie seine übrigen (Voll-)Geschwister – drei weitere Brüder und zwei Schwestern – an der Fassade des kleinen Tempels von Abu Simbel zu Füßen der Eltern erscheint. Daß sich dabei hinter der Abfolge der Kinder, die doppelt (symmetrisch zum Eingangsportal) wiedergegeben sind, wohl auch ihre altersmäßige Reihenfolge verbirgt und eines der beiden dargestellten Mädchen, Prinzessin Henut-taui, besondere Probleme aufwirft, wurde bereits diskutiert.

Das Innere des großen Tempels

Erscheinen an den Fassaden beider Tempel nur Kinder der beiden damaligen Hauptgemahlinnen Nefertari und Isis-

Abb. 94 Die beiden nördlichen Kolosse der Fassade des großen Tempels von Abu Simbel.

Abb. 95 Die Kinder- und Königinnenfiguren zu Füßen der Kolosse von Abb. 94.

nofret, so finden sich im Inneren des großen Tempels Darstellungen der ersten acht Söhne und neun Töchter – wie bei allen diesen Kinderkatalogen ohne Rücksicht darauf, ob sie von Haupt- oder Nebengemahlinnen geboren worden sind. Eigenartig ist die «Asymmetrie» in der Kinderzahl: da im zeitgleichen benachbarten kleinen Tempel, wie eben erwähnt, der 16. Prinz Meri-Atum auftritt, hätte man im Inneren des großen Tempels auch gleichermaßen neun Söhne und Töchter plazieren können. Warum der neunte Prinz – wie sein Großvater Sethos genannt – unerwähnt blieb, darüber kann nur spekuliert werden. Denn abgesehen von der Anzahl ist die Anordnung der Söhne und Töchter zueinander symmetrisch vorgenommen worden: prozessionsartig sind sie, nach Geschlecht getrennt, in versenktem Relief in der vorderen Pfeilerhalle des Tempels beidseitig des Zugangsportals, also an der Ostwand, aufgereiht. Sie bilden den unteren Abschluß eines Motivs, das üblicherweise die Außenseiten der Tempelpylone schmückt, nämlich das «Niederschlagen der Feinde Ägyptens» – der Libyer und Vorderasiaten aus dem Norden und der Sudanesen bzw. Kuschiten aus dem Süden – durch den Pharao im Angesicht einer Gottheit. Auf der Nordpartie, oberhalb der Töchterreihe, wird dies vollzogen vor Ra-Harachte, und auf der anderen Wandhälfte, oberhalb der Prinzenliste, vor Amun. Hier wird also schon die Aufteilung des gesamten Tempels zwischen den beiden Reichsgöttern greifbar, denn auch nach Ausweis der übrigen Wandreliefs ist Ra-Harachte die nördliche und Amun die südliche Hälfte des Kultbaues geweiht.

Die Halle mit den genannten Kinderdarstellungen wird von zwei Reihen zu je vier Pfeilern, die beim Herausschlagen des Tempels aus dem Felsen stehengelassen worden sind, getragen, so daß sich ein dreischiffiger Raum ergibt. Die zum Mittelschiff weisenden Pfeilerseiten zeigen in rundplastischer Ausführung ausschließlich Ramses II. mit vollem Herrscherornat, das heißt, mit Krummstab und Geißel, Königsschurz und Krone, und zwar mit der oberägyptischen Krone im Süden und der Doppelkrone (statt der zu erwartenden unterägyptischen Krone) im Norden. An den übrigen Pfeilerseiten finden sich jeweils zwei übereinander angebrachte Opferszenen, die fast ausschließlich den König vor diversen Gottheiten (darunter auch seiner eigenen vergöttlichten Gestalt) zeigen. Eine Ausnahme bilden lediglich zwei Partien: gleich auf dem (beim Eintreten in die Felshalle) vordersten Pfeiler auf der linken Seite erscheint auf derjenigen Seite, die der Wand mit der Prinzenprozession zugewandt ist, außer Ramses, der seiner eigenen vergöttlichten Darstellung Wein darbringt, auch noch Nefertari, die mit Sistren in ihren Händen vor Hathor von Ibschek steht. Letztlich ist dies eine versteckt analoge Szene zur darüber befindlichen Darstellung ihres sich selbst huldigenden Gemahls, denn im benachbarten kleinen Tempel verschmilzt Nefertari mit jener Hathor, mit der zusammen sie hier abgebildet ist. Und zwei Pfeiler weiter im Tempelinneren, diesmal an der Seite, die zur Südwand der Halle weist, findet sich – gemeinsam mit Ramses II., der der Göttin Weret-Hekau Wein opfert – auch Bint-Anat, älteste der Prinzessinnen und Tochter der Isisnofret, beim Darbringen von Sistrum und Blumengebinde für die Göttin Anukis (Abb. 64). Dabei trägt Bint-Anat, selbstredend in der Beischrift als «Königstochter» ausgewiesen, auch bereits den Titel einer «Königsgemahlin».

Weitere Kinder Ramses' II. – einmal abgesehen von den beiden Auflistungen an der Innenseite der Eingangswand – treten nur mehr an einer einzigen Stelle im Tempel, an der Südwand dieser vorderen Halle, in Erscheinung, dort jedoch nicht beim Opfer, sondern im Kontext einer Szene, in welcher die Unterwerfung der Asiaten wiedergegeben ist. Zu sehen sind dabei die ersten drei Prinzen, Amun-her-chopschef, Ramses und Pa-Ra-her-wenemef, also auch zwei Kinder der Nefertari. Der in der früher zu datierenden und vom Motiv her vergleichbaren Szene in Beit el-Wali noch an prominenter Stelle vertretene vierte Prinz Chaemwese (Abb. 16) fehlt in Abu Simbel, vielleicht, weil er, im Gegensatz zu seinen älteren Brüdern, keine militärische, sondern eine «klerikale» Laufbahn (in Memphis, dem Hauptkultort des Gottes Ptah, eingeschlagen hatte.

Auch das an der gegenüberliegenden Nordwand angebrachte monumentale Schlachtengemälde mit der Wiedergabe der Kämpfe mit den Hethitern um die Stadt Qadesch, die sich im 5. Jahr Ramses' II. abgespielt haben, zeigt und nennt – abweichend von den Darstellungen dieser blutigen Auseinandersetzung in anderen Tempeln – keinen der Söhne des Herrschers. Dafür hat sich in der Nordostecke dieser Wand ausnahmsweise einmal der Künstler verewigen dürfen: es ist der «Leiter der Bildhauer Piai». Bedauerlicherweise bleibt unklar, ob er den gesamten Reliefschmuck des großen Tempels konzipiert und federführend ausgeführt hat oder nur Teile davon; und vor allem erfährt man nicht, ob er auch für die Dekoration des benachbarten kleinen Nefertari-Tempels verantwortlich war.

Durchbrochen wird die Nordwand mit den Qadeschschlacht-Szenen von zwei Pforten, die in langgestreckte Magazinräume führen. In gleicher Weise erlauben zwei Durchlässe in den Ecken der Westwand – links und rechts vom Mittelportal, das in die zweite Pfeilerhalle führt – den Zugang in weitere Nebengelasse.

Die genannte sich in der zentralen Raumfolge anschließende weitere Pfeilerhalle – diesmal nur von vier beim Aushauen des Felstempels stehengelassenen Stützen «getragen» – weist auf ihren Wandreliefs ausschließlich kultische Szenen auf. Üblicherweise findet sich in den Tempeln das geschilderte Nacheinander von «weltlichen» Motiven (also von propagandistischen Kampfszenen, die stets mit der Niederwerfung der Feinde enden) in der ersten und «kultischen» Bildern (sprich Opferhandlungen) in der zweiten Raumeinheit an den Wänden des ersten bzw. zweiten *Hofes*. Da die Tempel von Abu Simbel jedoch völlig aus dem Berg geschlagen sind, mithin also vorgelagerte ummauerte Freiflächen fehlen, sind die sonst für die beiden Vorhöfe typischen Motive auf die Innenwände der Felstempel übertragen worden; oder anders formuliert: es übernehmen die beiden Pfeilerhallen partiell die Funktion der fehlenden Höfe.

Auf den rechteckigen Stützen des zweiten Pfeilersaales finden sich nunmehr keine Doppelszenen (d. h. zwei Bildfelder übereinander) mehr wie in der davorliegenden Halle, sondern es ist jetzt an jeder Pfeilerseite der König, und zwar ausschließlich er, in nur mehr einmaliger Ausführung in innigem Kontakt mit diversen Göttern wiedergegeben. Dafür erscheint nun Nefertari zweimal an den Wänden dieses Raumes. Während an der Ostwand beidseitig des Eingangsportals Ramses noch ohne weibliche Begleitung das eine Mal Blumen für Amun-Ra, Mut und seine eigene vergöttlichte Erscheinungsform und das andere Mal Lattich für Amun-Min, Isis und wiederum sich selbst darbringt, wohnt die Königin den Opferhandlungen an der Süd- und der Nordwand bei. Dort gilt die Verehrung durch das Herrscherpaar jeweils einer von Priestern getragenen Götterbarke, auf der sich der Schrein mit dem (nicht bildlich wiedergegebenen) Kultbild befindet. Auf der Südwand ist es Gott Amun-Ra, dem Weihrauch dargebracht wird, und auf der Nordwand,

Abb. 96 An der Rückwand des Allerheiligsten im großen Tempel schützt, unter einem Baldachin, die aus dem Fels heraustretende Hathorkuh den vor ihr stehenden König.

Abb. 97 Die Pfeiler der Halle im kleinen Tempel zeigen an den dem Mittelschiff zugewandten Seiten überdimensionale Hathorsistren im Relief.

Räucher- und Trankspenden erhaltend, wiederum der vergöttlichte Ramses, *Ramses-meri-Amun-em-pa-per-Ramses*, der sich damit offensichtlich mit Ra-Harachte, dem eigentlichen Kultherrn der nördlichen Tempelhälfte, gleichsetzt. Und noch ein Detail ist aufschlußreich: vor der Amun-Barke, wie bei solchen Anlässen üblich, trägt das Herrscherpaar Sandalen; vor seine eigene vergöttlichte Erscheinungsform tritt Ramses – und ihm angeglichen auch Nefertari – barfuß, so wie es ansonsten nur die Götter tun.

Selbst im Allerheiligsten, das man über einen quergelagerten Vorraum erreicht, von dem auch die beiden flankierenden Nebensanktuare abgehen, setzt sich Ramses an die Stelle des Ra-Harachte: denn während das Relief der Südwand die zu erwartende Amun-Barke zeigt, vor der der Herrscher opfert, ist an der gegenüberliegenden Nordwand wiederum die Barke des vergöttlichten *Ramses-meri-Amun* wiedergegeben.

Die Beschreibung des großen Tempels wäre unvollständig ohne den Hinweis darauf, daß bei den Freischaufelungsarbeiten Belzonis des Jahres 1817 an der zum Zeitpunkt der Auffindung weitgehend vom Sand zugedeckten Kultstätte auch mehrere rundplastische Werke zutage getreten sind, die dereinst im Tempelinneren aufgestellt waren. Heute werden sie im British Museum London verwahrt. Dazu zählen zwei Falkensphingen (d. h. Wesen mit Löwenleib und Falkenkopf), ferner akephale Sandstein-Sitzfiguren des Vizekönigs von Nubien Paser II. und, als wohl interessanteste Objekte, die Oberkörperfragmente aus Kalkstein zweier überlebensgroßer, jedoch nicht inschriftlich zuweisbarer Königinnenfiguren.

Das Innere des kleinen Tempels

Von seinem Aufbau her stellt der kleine Tempel von Abu Simbel eine noch «kompaktere» Version eines altägyptischen Heiligtums dar, als dies schon bei seinem größeren Gegenstück der Fall ist; denn statt zweier Hallen steht hier im Bergesinneren nur ein einziger Pfeilersaal – mit annähernd quadratischem Grundriß und insgesamt sechs Stützen – zur Aufnahme des Dekorationsprogramms zur Verfügung. Am augenscheinlichsten wird dies, wie schon beim großen Speos, wiederum an der Ostwand dieser Pfeilerhalle, wo beidseitig des Zugangsportals, im Angesicht der Götter Amun-Ra und Horus von Meha, das «Niederschlagen der Feinde» durch den König wiedergegeben ist, ein Motiv, das sich üblicherweise an den Außenseiten der Pylontürme, also an den Fassaden, der Tempel befindet. In Abu Simbel ist dieser dominante Platz jedoch beidemal von den kolossalen Sitzfiguren des Königs bzw. den Standbildern des Herrscherpaares belegt. Als Besonderheit muß gewertet werden, daß hier diesem, nach altägyptischer Ideologie «staatserhaltenden» Akt des «Niederschlagens der Feinde» auch die Königin, also Nefertari, beiwohnt (Abb. 99, 100), was ansonsten so gut wie nie belegt ist. Auch das hier der Königin beigegebene seltene Epitheton «vereinigt mit dem Herrscher» *(ḫnmt jtj)* unterstreicht den Ausnahmecharakter dieser Szene.

Abb. 98 Nefertari beim Opfer vor der Triade von Assuan, den Göttern Chnum, Anukis und Satis.

Abb. 99 Nefertari wohnt im kleinen Tempel beidseitig der Ausgangswand der Pfeilerhalle dem «Erschlagen der Feinde» (hier eines Nubiers) bei.

Abb. 100 Die motivische Entsprechung zu Abb. 99 an der nördlichen Wandhälfte, wo Ramses II. in Anwesenheit Nefertaris einen Libyer niederschlägt.

Im Gegensatz zum großen Tempel sind unterhalb dieser rituellen Feindvernichtungen diesmal keine Auflistungen der Söhne und Töchter Ramses' II. wiedergegeben, hingegen ist die «topographisch» richtige Anordnung der unterworfenen Fremdvölker – Nubier im Süden und Libyer bzw. Asiaten im Norden – wiederum berücksichtigt worden. Die sonst üblichen Kampf- und Kriegsszenen (man denke nur an die Qadesch-Schlacht) fehlen im kleinen Speos gänzlich; das «Niederschlagen der Feinde» bleibt das einzige Motiv mit staatspropagandistischem Inhalt (auch wenn dem Akt die Götter beiwohnen). Ansonsten finden sich im gesamten Tempel nur kultische Darstellungen.

Bereits die breiten Portalgewände, die man passieren muß, um in die Pfeilerhalle zu gelangen, zeigen das Herrscherpaar beim Opfer, und zwar Ramses vor Hathor von Ibschek im Süden und Nefertari vor Isis im Norden, wobei beiden Göttern jeweils Blumen dargebracht werden. Hingegen ist an der Tempelfront auf dem «Architrav» über dem Eingangsportal nur der König, dafür aber doppelt, wiedergegeben, und zwar mit einer Weinspende vor Amun-Ra und einem Weihrauchopfer vor Horus.

Das Übergewicht der Darstellungen Ramses' II. an der Außenfassade, wo er insgesamt viermal auftritt, seine Gattin Nefertari jedoch nur zweimal (Abb. 85, 86), setzt sich fort an den Innenwänden des Pfeilersaales, wo bei den jeweils vier kultischen Handlungen an der Süd- und Nordwand die Königsgemahlin nur je einmal wiedergegeben ist, und zwar immer im dritten Bildfeld (bei einer Zählung von vorne nach hinten), einmal mit Sistrum und Blumen vor Anukis (Süden) (Abb. 103), einmal, nur mit den Rasselinstrumenten versehen, vor Hathor von Dendera (Norden) (Abb. 102). Die übrigen Szenen zeigen Ramses II., und dies, obwohl auch nach Ausweis der Dedikationsinschrift, die entlang der Decke des Pfeilersaales verläuft, der Tempel der vergöttlichten Nefertari geweiht ist. In diesem Text wird das Felsmassiv, aus welchem der Speos geschlagen wurde, als «der reine weiße Berg» tituliert.

An der Südwand der Halle erhält nun eingangs der König aus der Hand der Hathor von Ibschek (jener Göttin, der Nefertari kultisch gleichgesetzt wird) das *menat*, einen rituellen Halskragen, überreicht, und in der sich rechts anschließenden Szene wird Ramses von Seth und Horus gekrönt. Daß sich dieses Motiv, das üblicherweise strikt dem König vorbehalten ist, weiter im Tempelinneren mit Nefertari als Hauptakteurin wiederholt (Abb. 104), unterstreicht, wie noch auszuführen ist, erneut deren Ausnahmestellung. Am rückwärtigen Ende bringt Ramses schließlich dem Gott Amun-Ra das Maat-Opfer dar. An der gegenüberliegenden Nordwand gelten die Gaben des Königs den Göttern Ptah von Memphis, Harsaphes von Herakleopolis und – unterbrochen von Nefertari und Hathor von Dendera – abschließend Ra-Harachte.

An den insgesamt sechs Vierkantpfeilern überwiegen nunmehr im Gegenzug die Darstellungen der Königin: sie tritt viermal in Erscheinung, ihr Gatte nur zweimal. Jede Pfeilerfläche zeigt, anders als im großen Tempel, diesmal immer nur eine einzige großformatige Figur; und die dem Mittelschiff zugewandten Seiten weisen abweichend davon als Relief gestaltete überdimensionale Hathor-Sistren auf, die mit dem charakteristischen Haupt der Göttin bekrönt sind (Abb. 97).

Bereits am vordersten Pfeiler der südlichen Reihe tritt Nefertari gleich doppelt auf, und zwar mit Sistrum und Papyrus in Händen an der östlichen und nur mit dem Rasselinstrument versehen an der südlichen Seite. Die verbleibende westliche Fläche nimmt der Gott Horus von Buhen ein. Während sich auf der mittleren Raumstütze nur Gottheiten, nämlich Thot, Maat und die Kataraktengöttin Satis, finden, erscheint auf dem hintersten Pfeiler erneut die Königin. Ihr Blumenopfer gilt den Göttinnen Hathor und Weret-hekau, mit denen sie sich hier die Bildflächen teilt. Der König tritt nur auf der nördlichen Pfeilerreihe in Aktion, und zwar zunächst an der vordersten Stütze, dort gemeinsam mit seiner sistrumschwingenden Gemahlin (Abb. 101) und Horus von Miam. Der Falkengott korrespondiert somit bezüglich seines Anbringungsorts, der westlichen Seite, exakt mit seiner anderen Erscheinungsform, Horus von Buhen, in welcher er an derselben Position am gegenüberstehenden Südpfeiler auftritt, ebenso wie Nefertari an diesen beiden Stützen jeweils die östliche Fläche einnimmt. Am mittleren Pfeiler erscheint Ramses II. beim Weihrauchopfer gemeinsam mit den Gottheiten Mut von Ascher und Horus von Baki, einer weiteren Variante des Falkengottes. Der hinterste Pfeiler schließlich trägt nur mehr Götterdarstellungen, nämlich von Chnum, Chons und Isis.

Auch wenn die Anzahl der Pfeiler (2x3) nicht mit der Menge der Szenen an den Wänden, vor denen sie sich erheben (2x4), übereinstimmt, so besteht den-

Abb. 101   Nefertari mit Sistrum und Papyrusblüte an einem der Pfeiler in der Halle des kleinen Tempels von Abu Simbel.

noch zwischen allen wiedergegebenen Akteuren ein kompliziertes Beziehungsgeflecht, das im Detail auszuleuchten an dieser Stelle jedoch zu weit führt.

Die Westwand des Pfeilersaales schließlich ist von drei Durchlässen durchbrochen, von denen der mittlere in einen breitgelagerten Vorraum und von dort aus weiter ins Allerheiligste führt. Beidseitig dieses Mittelportals finden sich zwei Opferszenen, die Nefertari zeigen: südlich des Durchganges steht sie mit Sistrum und Blumen vor Hathor von Ibschek, nördlich davon erscheint sie mit Blumen vor der Göttin Mut, der Gemahlin des Reichsgottes Amun. An den Tür-«pfosten» des Mittelportals selbst ist jedoch beidseitig nur Ramses, dem Allerheiligsten zugewandt, also «eintretend», wiedergegeben. Die Rahmungen der beiden seitlichen Zugänge weisen, ebenso wie die «Architrave» über allen drei Durchlässen, die Namenskartuschen des Königs und Titulaturbestandteile auf. Auf der Innenseite der beiden Nebeneingänge, also im sich anschließenden Raum, zeigt das «Architrav»motiv hingegen die von je zwei Geiergöttinnen gesäumte Namenskartusche der Nefertari.

In diesem quergelagerten, pfeilerlosen Raum, der dem Allerheiligsten vorgelagert ist, finden sich auch die bemerkenswertesten Szenen des gesamten Heiligtums. Statt zweier Nebenräume, die das zentrale Sanktuar beidseitig flankieren (wie im großen Tempel der Fall), schließen sich diesmal an den Vorraum zwei kleine, undekoriert gebliebene Nebenkammern an, die von dessen beiden Schmalwänden aus zu betreten sind. Die Wandflächen über diesen beiden seitlichen Durchlässen zeigen im Süden Nefertari beim Opfern von Papyrusdolden vor der Göttin Hathor von Ibschek, die kuhgestaltig inmitten eines Papyrusdickichts in einer Barke steht (Abb. 107), und im Norden, dieselbe Handlung ausführend, Ramses II., im Angesicht einer identisch gestalteten Göttin, bei welcher es sich laut Beischrift jedoch um die Hathorkuh von Theben handelt (Abb. 106).

An der durch den Eingang ins Allerheiligste zweigeteilten Westwand ist in der Südhälfte Ramses II. in einem kleinen, wie ein Türarchitrav gestalteten Bildfeld beim Blumenopfer vor den drei bereits im Pfeilersaal in Erscheinung getretenen Varianten des Horus – nämlich Horus von Miam, von Baki und von Buhen – und, wandfüllend rechts daneben, bei einer Weinspende vor Amun-Ra wiedergegeben; auf dem Abschnitt nördlich der Tür erhält, in einer großdimensionierten Darstellung, Ra-Harachte den Wein aus den Händen des Königs; und die andere, wiederum in deutlich kleinerem Format gehaltene Opferszene (Abb. 98) rechts davon zeigt Nefertari beim Darbringen von Blumen für die Triade von Assuan, bestehend aus dem widderköpfigen Kataraktengott Chnum und seinen Begleiterinnen Satis und Anukis (die beide wechselweise als seine Gemahlin oder Tochter in Erscheinung treten können). Über der Hohlkehle des Mittelportals, das ins Allerheiligste führt, zieht sich ein kurzes Inschriftenband mit der Titulatur der Nefertari, der Architrav unter der Hohlkehle zeigt in kleinfiguriger Wiedergabe jeweils an den beiden Rändern das Herrscherpaar, das mit Opfergaben links vor die Göttin Hathor tritt, rechts vor die Göttin Mut, die beide in der Bildmitte, Rücken an Rücken, thronen. Die beiden Wandflächen links und rechts vom Durchlaß zeigen beidemal nur Ramses II.

An der noch verbleibenden Ostwand des Vorraumes findet sich nun, und zwar nördlich des in die Pfeilerhalle führenden Portals, jene einmalige Szene, in welcher der Krönungsakt durch die Götter auch an der Königin durchgeführt wird. Dieses in Tempeln nicht ungewöhnliche Motiv hat ansonsten immer nur den König zum Protagonisten, der durch diesen Akt – in der Regel durch Horus und Seth – in das Herrscheramt eingesetzt wird. Hier nun vollziehen die Göttinnen Hathor von Ibschek und Isis dieses Ritual an der Königin (Abb. 104). Dennoch darf

Abb. 102 Nefertari sistrumschwingend vor Hathor. – Abb. 103 Nefertari mit Sistrum und Blüten vor Anukis. Reliefs an den Wänden der Pfeilerhalle des kleinen Tempels.

Abb. 104 Nefertari wird von den Göttinnen Hathor von Ibschek und Isis gekrönt. Relief an der südlichen Eingangswand des Opfersaales im großen Tempel.

Abb. 105 Ramses II. und Nefertari treten gemeinsam opfernd vor die Götter. Relief an der nördlichen Eingangswand des Opfersaales im großen Tempel.

in Zweifel gezogen werden, daß Nefertari dementsprechend auch in der Realpolitik als aktiv «regierende» Herrscherin gewirkt hat. Stilistisch bemerkenswert ist, daß die Akteure der Krönungsszene als auffällig überschlanke, stark in die Länge gezogene Figuren wiedergegeben sind, ähnlich wie sie sich dann auch bei der Opferszene am anderen, südlichen Abschnitt derselben Wand wiederfinden, wo Ramses mit Blumen und Nefertari mit Blumen und Sistrum vor die Göttin Thoeris (hier aber nicht als nilpferd-, sondern menschengestaltig) treten (Abb. 105).

Im Allerheiligsten schließlich ist an der Rückwand, wie bereits erwähnt, die Göttin Hathor wiedergegeben, die kuhgestaltig aus dem Felsen tritt und dabei die Gestalt des Königs schützend unter ihr Haupt nimmt (Abb. 96). Da sich die Kapelle, in der sich diese Szene abspielt, nicht exakt in der Wandmitte befindet, bleibt links davon eine Wandfläche frei, die ein Bild des opfernden Königs aufnimmt. Die beiden Seitenwände zeigen einmal Nefertari mit Sistrum und Räucherarm vor den Göttinnen Mut und Hathor und auf der gegenüberliegenden Seite Ramses, der mit einem Weihrauchopfer und einer Trankspende vor seine eigene vergöttlichte Erscheinung und vor seine, ebenfalls in den Rang einer Göttin erhobene Gemahlin Nefertari tritt (wobei in allen Fällen die «Gottheiten» thronend und die Adoranten davor stehend wiedergegeben sind). Auch dies ist ein Motiv, das in der ägyptischen Ikonographie seinesgleichen sucht. Abschließend seien noch die beiden Nilgottheiten erwähnt, welche die beiden schmalen Wandpartien links und rechts vom Ausgang des Allerheiligsten, jeweils dem Durchlaß zugewandt, einnehmen. Daß sich nicht nur im Sanktuar des benachbarten großen Tempels ein besonderes Phänomen, nämlich das berühmte «Sonnenwunder», abgespielt hat, sondern auch das Allerheiligste des kleinen Tempels dergestalt ausgerichtet war, daß sich von hier aus auffällige astronomische Phänomene beobachten ließen, soll im folgenden aufgezeigt werden.

Die Bauzeit und die Bauleiter

Den Standort für die Anlage der beiden Tempel hatte sich Ramses' II. schon in seinen ersten Regierungsjahren erwählt. Dafür spricht, daß bereits der Vizekönig von Nubien Juni *(Jwn.j)*, der schon von Ramses' Vater Sethos I. in sein Amt berufen worden war und dieses bis ins 3. Regierungsjahr des Sohnes innehatte, in der Felswand, aus welcher die beiden Tempel herausgemeißelt sind, mit einer Gedenkstele, allerdings ohne genaue Jahresangabe, vertreten ist. Eigenartig ist bei diesem Beleg, daß Juni nicht den ansonsten üblichen offiziellen Titel der Vizekönige von Nubien, nämlich «Königssohn von Kusch» *(s3 njswt n K3š)* trägt, sondern als «Königssohn von Ta Seti» *(s3 njswt n t3 Stj)* erscheint. Daß der Titulaturbestandteil «Königssohn» bei allen Trägern dieses Amtes eine reine Ehrenbezeichnung ist und nicht bedeutet, daß die Vizekönige auch wirklich Abkömmlinge des jeweiligen Herrschers waren, kam bereits zur Sprache.

Junis Nachfolger in Nubien wurde im

Abb. 106 Ramses II. opfert im großen Tempel vor der kuhgestaltigen Hathor von Theben.

Abb. 107 Nefertari opfert in der alternierenden Szene zu Abb. 106 der Hathor von Ibschek.

3. Jahr Ramses' II. Hekanacht, der diesen Posten rund zwei Jahrzehnte lang bekleidete. In seine Amtszeit fiel also der überwiegende Anteil der Arbeiten an den beiden Felstempeln von Abu Simbel, als deren Bauleiter er kraft seines königlichen Stellvertreteramtes fungierte. Auch die offizielle Einweihung dieser beiden Monumente, die wohl im 24. Regierungsjahr stattfand, konnte er, nach Ausweis seiner links vom großen Tempel in eine auffällig tiefe Nische hineingeschlagenen Felsstele (Abb. 62, 63), miterleben. Da dieses Monument des Hekanacht auch gleichzeitig den spätesten Beleg für Nefertari darstellt, ist es von besonderem Interesse. Wie bereits geschildert, läßt sich dem oberen Bildfeld der Stele entnehmen, daß nicht die Königin, sondern stellvertretend für sie ihre älteste Tochter Merit-Amun dem König bei den Einweihungszeremonien assistierte. Nefertari nimmt im unteren Bildfeld die Huldigungen des Vizekönigs Hekanacht entgegen und wird dabei, außer als «Große königliche Gemahlin», auch als «Mutter des Gottes (mwt nṯr), was für sie sonst nur selten belegt ist, tituliert.

Der Vollzug der Einweihungszeremonien am Ende der Amtszeit des Vizekönigs Hekanacht bedeutet jedoch nicht, daß damit die beiden Tempel wirklich schon komplett vollendet waren und keine Arbeiten mehr daran vorgenommen werden mußten. Denn Hekanachts Nachfolger Paser, der zweite Titelträger dieses Namens, ist nicht nur mit den beiden bereits erwähnten Sandsteinfiguren, die bei der Freischaufelung des großen Tempels wiederentdeckt wurden, in Abu Simbel vertreten, sondern es finden sich von ihm auch mehrere Stelen an den Felswänden der beiden Tempelberge. Diese Häufung seiner Belege macht es wahrscheinlich, daß erst unter ihm die Arbeiten wirklich beendet werden konnten oder zumindest einen vorläufigen Abschluß gefunden hatten, wenn auch Pasers übernächster Nachfolger Setau – dazwischen ist noch kurzzeitig Hui II. im Amt gewesen, der für die Anbringung der berühmten «Hochzeitsstele» (Abb. 40, 41) verantwortlich zeichnete – in einer monumentalen Doppelstele aus dem 38. Regierungsjahr Ramses' II. ebenfalls noch in Abu Simbel erscheint. Denn Ramses hatte, wie oben bereits erwähnt, wohl in seiner zweiten Regierungshälfte – dann also höchstwahrscheinlich in der Amtszeit des Setau, der als Stellvertreter des Königs in Nubien die entsprechenden Arbeiten zu überwachen hatte – das Bildprogramm des großen Tempels nochmals abändern und sich nachträglich als vergöttlichter Herrscher zwischen die auf den Tempelreliefs bereits vorgegebenen Götter bildlich einfügen lassen. Dafür mußten diese verkleinert und umgestaltet werden, um Platz für den König zu gewinnen.

Standortwahl und «Sonnenwunder»

Der Platz im fernen Nubien, an welchem Ramses II. seine beiden Felstempel aus den aufragenden Sandsteinbergen schlagen ließ, war nicht zufällig gewählt. Dafür spricht schon allein, daß sich hier – auch noch heute, nach der Versetzung der Anlagen – zweimal jährlich, jeweils am 20. Oktober und 20. Februar (nach dem Gregorianischen Kalender), das sogenannte «Sonnenwunder» abspielt. Die Achse des Großen Tempels ist nämlich so ausgerichtet, daß bei dem genannten Ereignis die Strahlen der gerade aufgegangenen Sonne durch alle Tempelräume hindurch bis ins 64 m tief im Berg befindliche Allerheiligste gelangen und dort an dessen Rückwand die aus dem Felsen gemeißelten Kultbilder nach und nach beleuchten: zunächst Amun und den zu seiner Linken sitzenden vergöttlichten Ramses II. und wenige Minuten später auch den daneben thronenden Sonnengott Ra-Harachte. Nur der Gott Ptah auf der anderen Seite, zur Rechten des Amun, bleibt stets in Dunkel getaucht.

Allerdings ist eine bestimmte topographische Besonderheit, die auch das «Sonnenwunder» tangiert, durch die Versetzung des Tempels verlorengegangen. Denn beim Blick vom Allerheiligsten aus durch das Eingangsportal nach außen war in dessen Türrahmung ein markanter Einschnitt im Gebirge des gegenüberliegenden Ufers sichtbar, der heute vom Nasserstausee überflutet ist. Um diese Geländeeinsenkung jedoch genau in der Portalmitte zu haben, mußte man einen Standpunkt wählen, der etwas aus der 11 Grad nach Südosten weisenden Tempelachse herausgerückt war und sich demnach nicht in der Mitte des Sanktuars zwischen den Sitzfiguren von Ramses II. und Amun befand, sondern näher bei der Statue des Königs. An den beiden Tagen des «Sonnenwunders» ging nun – für einen Beobachter, der die beschriebene Position eingenommen hatte – die Sonne exakt in diesem Geländeeinschnitt auf, und die ersten in dieser Senke sichtbar werdenden Strahlen beleuchteten schlagartig die linke (nördliche) Schulter des Kultbildes Ramses' II. im Allerheiligsten, bevor dann kurz darauf die allmählich vollständig sichtbar werdende Sonne auch die benachbarte Figur des Amun beschien.

Die besondere Leistung der astronomisch geschulten Ingenieure, die den Tempelbau planten, bestand also weniger darin, die Achsen so in den Fels zu treiben, daß die Sonne bis ins Allerheiligste gelangen konnte; denn dieses Phänomen wäre zwangsläufig an zwei Tagen des Jahres bei jedem Gebäude aufgetreten,

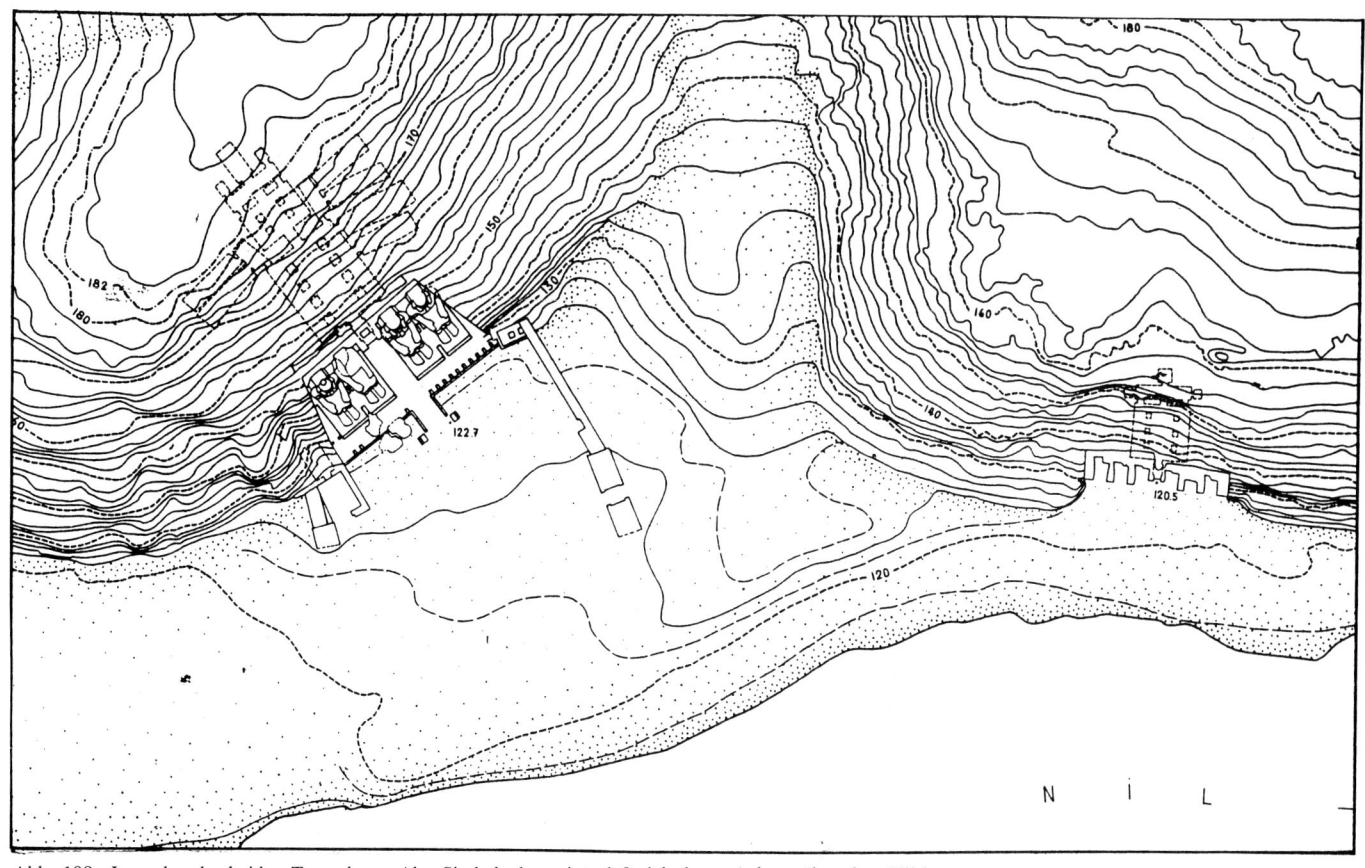

Abb. 108 Lageplan der beiden Tempel von Abu Simbel, der zeigt, daß sich deren Achsen über dem Nil kreuzen.

dessen Eingang annähernd nach Osten weist. Ihren nördlichsten Aufgangspunkt am Horizont hat die Sonne bekanntlich am Tag des Sommer- und ihren südlichsten am Tag des Winteranfanges. Im Verlauf von Sommer und Herbst verschiebt sich, mit den kürzer werdenden Tagen, der Aufgangspunkt am Horizont täglich weiter nach Süden, und im Winter und Frühjahr – wenn die Tage wieder länger werden – wieder zurück nach Norden. Es wird also jeder dazwischenliegende Punkt am Horizont zweimal im Laufe eines Jahres zum Schauplatz eines Sonnenaufganges, und in jedes Gebäude, das dann gerade auf diese Stelle weist, kann die aufgehende Sonne frontal hineinscheinen. Das Besondere am «Sonnenwunder» von Abu Simbel besteht nun darin, daß es genau der 20. Oktober und der 20. Februar sind, an welchen dieses Phänomen stattfindet, denn diese beiden Tage sind wichtige Termine im altägyptischen Kalender, der übrigens im heutigen ägyptischen «Bauernkalender» noch weiterlebt. In pharaonischer Zeit war das Jahr in drei Jahreszeiten zu je vier Monaten unterteilt, und zwar «achet» *(3ḥ.t)*, Überschwemmung», «peret» *(pr.t)*, «Aussaat» und «schemu» *(šm.w)*, «Ernte». Der Jahresbeginn, der im Hochsommer begangen wurde, war durch zwei etwa gleichzeitig eintretende Naturereignisse markiert, nämlich erstens das Einsetzen der Nilflut und zweitens das Wiedererscheinen des hellsten Fixsterns am Firmament, des Sirius (altägyptisch als weibliche Gottheit verehrt, die Sothis genannt wurde), wenn auch zunächst nur für wenige Augenblicke am Horizont, frühmorgens unmittelbar vor Sonnenaufgang. In den Monaten zuvor war der Sirius unsichtbar gewesen, da sein Auf- und Untergang noch in den Taghimmel gefallen waren. An welchem exakten Datum der Sirius wieder erstmalig zu sehen ist, hängt allerdings vom Breitengrad ab, auf welchem sich ein Beobachter befindet. Die beiden Tage des «Sonnenwunders», der 20. Oktober und der 20. Februar, sind nun identisch mit dem Beginn der Jahreszeit «Aussaat» *(1. pr.t)* bzw. dem Beginn der Jahreszeit «Ernte» *(1. šm.w)*, also mit den beiden wohl wichtigsten Ereignisdaten des ägyptischen Bauernkalenders.

Auch für den kleinen Tempel von Abu Simbel läßt sich eine an astronomischen Konstellationen orientierte Ausrichtung der Tempelachse feststellen. An der Rückwand des in rund 24 m Tiefe im Bergesinneren gelegenen Sanktuars dieser Anlage ist, wie bereits beschrieben, das kuhgestaltige Kultbild der Göttin Hathor aus dem Fels gemeißelt, die den vor ihr stehenden Ramses schützt (Abb. 96). Da der Felstempel einen leichten doppelten Achsknick aufweist, muß man sich rechts der Hathor postieren, um vom Allerheiligsten aus durch das Tempelportal nach außen – in einem Winkel von 48 Grad Südost – blicken zu können. Von diesem Standplatz aus waren im 2. Jt. v. Chr. zwei auffällige Sternenkonstellationen der südlichen Hemisphäre zu beobachten: einerseits erschien zum Zeitpunkt der beiden Tag- und Nachtgleichen das Kreuz des Südens am Rand des Türrahmens und wanderte dann in den folgenden Nächten in dessen Mitte, und andererseits hatte man wenige Tage vor dem 20. Oktober, dem Beginn der Jahreszeit «Aussaat» *(peret)*, exakt den Blick auf den Frühaufgang des Sternes Alpha Centauri, der sich nur südlich von Assuan beobachten läßt. Dieses von den altarabischen Astronomen Toliman («Weinrebentrieb») genannte Gestirn, das hellste im Sternbild des Zentauren, ist ein Doppelstern, der in seiner gesamten Leuchtkraft derjenigen des Sirius – dessen Frühaufgang rund 120 Tage früher zu beobachten gewesen war – nur unwesentlich nachsteht. Das erste Wiedererscheinen des markanten Toliman für einen im kleineren Nefertari-Tempel von Abu Simbel positionierten Beobachter kündigte also das nahe Ende der Jahreszeit «Überschwemmung» *(achet)* an, welche dann drei Tage darauf mit dem im Großen Tempel stattfindenden «Sonnenwunder» am *1. peret* ihren wirklichen Abschluß fand.

Joachim Willeitner

Ein weiterer Kultbau für Nefertari?

Zur Diskussion um ihren Totentempel

Die Archäologen des Oriental Institute of Chicago unter Leitung von Uvo Hölscher nahmen im Zuge ihrer Ausgrabungen in Medinet Habu – dem Ort auf der thebanischen Westseite, an welchem sich neben dem Totentempel Ramses' III. noch ein älterer Amun-Tempel und Grabkapellen einiger Gottesgemahlinnen befinden – auch Untersuchungen im unweit nordöstlich davon gelegenen Ramesseum, dem Totentempel Ramses' II., vor (Abb. 110, 112). Immerhin hatte sich Ramses III. für die Errichtung seiner Kultstätte in Medinet Habu – wie es auch spätere Herrscher für den Ausbau des benachbarten Amun-Tempels taten – des Ramesseums, der Anlage seines älteren Namensvetters, sozusagen als «Steinbruch» bedient. Dies erklärt den erheblich schlechteren Erhaltungszustand des Totentempels Ramses' II. im Vergleich zu demjenigen Ramses' III., obwohl zwischen den Sterbedaten beider Herrscher nicht einmal 60 Jahre liegen.

Nördlich der Hypostylhalle des Ramesseums – außerhalb des eigentlichen, aus Sandsteinblöcken errichteten Totentempels, jedoch innerhalb der Lehmziegelumfassungsmauer des sakralen Bezirkes gelegen – erweckten einige noch in situ befindliche Säulenbasen das Interesse der amerikanischen Archäologen. Die daraufhin an dieser Stelle unternommenen Ausgrabungen führten zur Freilegung der Fundamente eines kleinen Doppeltempels, der unmittelbar an die Hypostylhalle des Ramesseums anschloß und dessen Vorderfront exakt mit derjenigen von dessen Porticus in einer Fluchtlinie lag (Abb. 109a, c). Allerdings war vom Porticus des Doppeltempels kein aufgehendes Mauerwerk mehr vorhanden, sein vorderer Abschluß war jedoch deutlich markiert durch die Rampen, die zu ihm hinaufführten. Analog zur Gestaltung des Porticus des Ramesseums (Abb. 110) vermuten die Ausgräber auch für diesen Annex eine Fassadengestaltung mit Pfeilern und davorgestellten Kolossalstatuen, auch wenn davon nichts mehr aufgefunden werden konnte. Da unmittelbar dahinter fünf Säulenbasen ermittelt bzw. anhand der tatsächlich vorhandenen Exemplare berechnet werden konnten, kann man von gleich vielen figurengeschmückten Frontpfeilern ausgehen.

Jeweils zwischen der äußersten und der sich daran anschließenden Säule führten zwei Eingänge in einen von 16 Säulen umstellten quadratischen Hof und von dort aus wiederum zwei getrennte Passagen in je eine von vier Säulen gestützte Tempelvorhalle, von wo aus die beiden annähernd quadratischen Sanktuare erreicht werden konnten, wobei vom linken, südlichen Kultraum aus noch ein

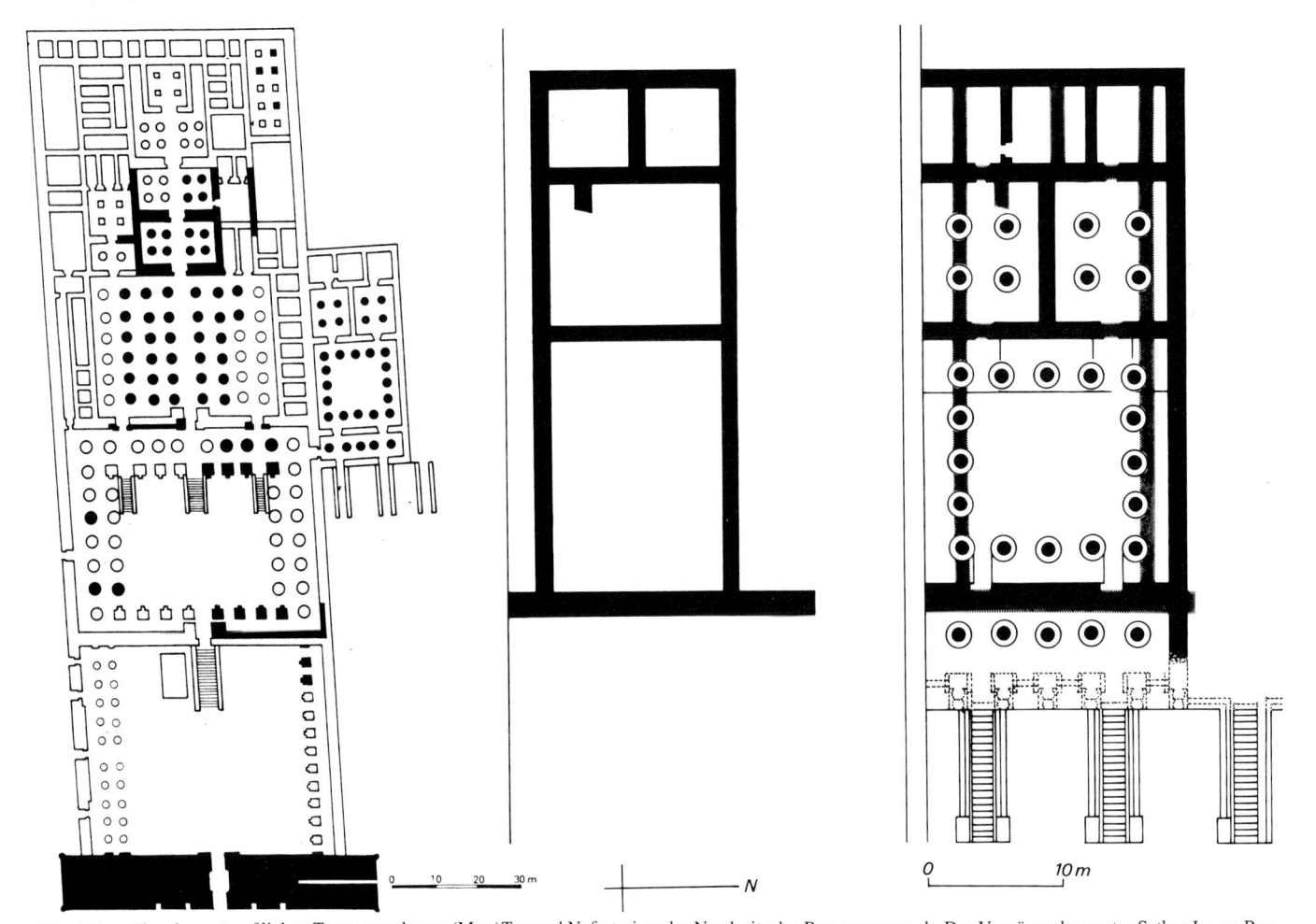

Abb. 109a Plan des mutmaßlichen Totentempels von (Mut-)Tuy und Nefertari an der Nordseite des Ramesseums; b Der Vorgängerbau unter Sethos I.; c Bauphase unter Ramses II. (unterlegt der Sethos-Tempel [Abb. 109b]).

Abb. 110 Das Ramesseum mit den davor befindlichen, heute noch erhaltenen Rampen und Säulentrommeln des Tempels von Abb. 109.

Durchgang in einen gleich großen, in der Mittelachse des Tempels gelegenen Annexraum existierte.

Einschließlich des angenommenen Porticus ergab sich ein Kultbau von rund 44 m Länge (ohne Porticus, also mit der Säulenreihe als Fassade, verblieben immerhin noch 39 m) und rund 19 m Breite (wobei die Nordmauer des Ramesseums, die den südlichen Abschluß des Annexbaues bildet, bei dieser Maßangabe nicht berücksichtigt ist).

Die beiden südlichen Aufgangsrampen und die mit ihnen korrespondierenden Tempelpforten liegen jeweils in einer Fluchtlinie, zudem führt noch eine dritte Rampe nördlich davon hinauf auf den «Umgang» des kleinen Doppelheiligtums.

Im Vergleich mit den «großen» Totentempeln der Pharaonen, wie beispielsweise dem benachbarten Ramesseum, übernimmt hier der säulenumstellte Hof (Peristyl) die Rolle der säulengestützten ersten Tempelhalle (Hypostyl).

Daß auch der kleine Doppeltempel ebenso wie der benachbarte monumentale Totentempel auf Ramses II. zurückging, bewies die an der Rückwand des südlichen Sanktuars, wenn auch weitgehend bereits geplündert aufgefundene Depotgrube mit Gründungsbeigaben dieses Herrschers. Ohne diese mit dem Königsnamen versehenen Objekte hätte man über keinen Anhaltspunkt zur Klärung der Frage nach dem Bauherrn der kleinen Kultstätte verfügt, da das Gebäude selbst bis auf die Grundmauern zerstört ist und keine beschrifteten Bauglieder mehr in situ vorhanden waren. Zur allgemeinen Überraschung stieß man etwa fünf Meter unter dem Tempel Ramses' II. auch noch auf die Fundamente eines etwas kleineren Sakralbaues, der unter Sethos I. errichtet worden war (Abb. 109b). Mit seiner Südwand besitzt dieser noch rund zwei Meter Abstand zur Nordmauer des Hypostyls des Ramesseums (gerasterter Grundriß in Abb. 109c), wobei zu bedenken ist, daß dieser Tempel Sethos' I. zu einem Zeitpunkt errichtet wurde, als das Ramesseum daneben noch nicht vorhanden war. Auch hier war es wieder der Fund einer Depotgrube mit beschrifteten Gründungsbeigaben, diesmal an der Nordwestecke der Substruktionen, der Auskunft über den Bauherrn gab.

Dieser Vorgängerbau (Abb. 109b) besaß an seiner Vorderfront offensichtlich keinen Porticus, sondern einen schmalen Pylon, hinter dem aber ebenso zunächst ein Hof lag. An diesen scheint sich eine einzige, also nicht zweigeteilte Hypostylhalle angeschlossen zu haben, dahinter befanden sich aber wieder zwei nebeneinanderliegende Sanktuare, von denen das südliche etwas größer war, so daß auch dieser Vorgängerbau offensichtlich ein Doppeltempel gewesen ist. Interessant ist noch, daß Ramses II. bei allen Quermauern die Fundamente des Bauwerkes seines Vaters wiederverwendet hat, während bei den Längsmauern die Säulenreihen annähernd über den älteren Außenmauerzügen verlaufen. Demnach war der Kultbau in seiner ersten Phase ebenfalls rund 39 m lang, jedoch nur 14 m breit und nahm somit eine Fläche von rund 560 qm ein. Für den angenommenen vorangestellten Eingangspylon läßt sich, wenn er bis zum benachbarten Ramesseum reichte und auch nach Norden hin ebensoweit überstand, eine Breite von etwa 20 m rekonstruieren.

Die Ausgräber wollten sich in ihrer Publikation noch kein Urteil darüber erlauben, welchen beiden Kultherr(inn)en jeweils der Doppeltempel in seinen beiden Bauphasen geweiht gewesen ist. Sie gingen nur davon aus, daß der ältere Tempel wohl nicht für Sethos I. selbst, sondern für zwei seiner Familienmitglieder errichtet worden ist.

Abb. 111a, b Balustradenfragment mit Titulatur und Namensanfang der Nefertari (oben links), Kapitellfragment mit Namenskartusche der Nefertari (oben rechts) und Rekonstruktionszeichnung der Hathorkapitelle mit Nennung der (Mut-)Tuy (unten links) bzw. der Nefertari (unten rechts).

Im Zuge einer erneuten Bauaufnahme des ramessidischen Doppelheiligtums in den späten 70er Jahren durch französische Archäologen unter Leitung von Christiane Desroches-Noblecourt wurde auch der Frage nachgegangen, welche beiden Persönlichkeiten in den beiden Sanktuaren Verehrung erfahren haben. Man stieß dabei auf ein Fragment der steinernen Balustraden, die die Aufgangsrampen seitlich begrenzt hatten, auf dem sich noch – sowohl auf der Innen- wie auch auf der Außenseite – Passagen der Weiheinschrift Ramses' II. fandcn (Abb. 111a). Diesen Textfragmenten zufolge, und auch nach Ausweis weiterer Blöcke, die ursprünglich von hier stammten und in der Spätzeit in Medinet Habu verbaut worden sind, war zumindest eine der beiden Tempelhälften zweifelsfrei der Mutter Ramses' II., Mut-Tuy, gewidmet. So stellt eines der dazugehörigen, in Medinet Habu wiederverwendeten Bauglieder das Fragment eines Hathorkapitells dar, auf welchem sich die Namenskartusche der Mut-Tuy – gemeinsam mit dem Geburtsnamen Ramses' II., *Ramses-meri-Amun* – fand (Abb. 111a). Bei den französischen Nachuntersuchungen stieß man auf ein ähnliches Kapitellfragment, das nun die Namenskartusche der Nefertari – in Kombination diesmal mit dem anderen Namensbestandteil Ramses' II., nämlich seinem Thronnamen *User-maat-Ra* – trug (Abb. 111b), so daß die andere Hälfte des Doppelheiligtums mit allergrößter Wahrscheinlichkeit dieser Königsgemahlin geweiht war.

Bereits erwähnt wurde die Reliefdarstellung an der Innenseite des vorderen Zuganges in den säulenumstellten Vorhof des danebenliegenden Ramesseums, auf welcher Nefertari, zwei Sistren schwingend, und Mut-Tuy hintereinanderstehend wiedergegeben sind (vgl. Abb. 72). Dabei blicken und agieren beide Frauen nach Norden hin, also in Richtung der ihnen mutmaßlich zu gleichen Teilen gewidmeten benachbarten Kultstätte. Auch wenn die Kapitelle, die wohl die jeweils vier Säulen in den Sanktuarien be-

krönt haben dürften, nicht in ihrer ursprünglichen Verbauung aufgefunden wurden, so kann dennoch – analog zu ähnlichen Befunden – mit großer Wahrscheinlichkeit erschlossen werden, daß die ältere Person (hier also Mut-Tuy) in der südlichen und die jüngere (Nefertari) in der nördlichen Tempelhälfte Verehrung erfahren hat. Wem in den beiden Allerheiligsten des Vorgängerbaues, also unter Sethos I., die Kulthandlungen galten, ist hingegen weiterhin unbekannt: der damaligen Königsgemahlin Mut-Tuy könnte durchaus bereits der eine Teil der ursprünglichen Anlage gewidmet gewesen sein; Nefertari scheidet logischerweise für die Nutzungsphase des ersten Tempels aus chronologischen Gründen als Kultempfängerin aus.

Die Lage des Doppelheiligtums auf der thebanischen Westseite – in jenem schmalen Streifen zwischen Fruchtland und Gebirge, in welchem sich alle Totentempel der Pharaonen des Neuen Reiches finden – im allgemeinen, und die unmittelbare Nachbarschaft zum Totentempel Ramses' II., dem Ramesseum, im speziellen machen es wahrscheinlich, daß auch diese Kultstätte funerären Zwecken, nämlich den *Totenopfern* für Mut-Tuy und Nefertari, diente. Allerdings hat sicherlich nicht jede Königin einen eigenen Totentempel besessen, denn sonst müßte es für sie auf der thebanischen Westseite mindestens genauso viele Verehrungsstätten geben, wie Anlagen für ihre königlichen Gatten überliefert sind. Dies ist aber nicht der Fall: man muß ganz im Gegenteil suchen, bis man auf eigenständige Bauten stößt, die für den Kult der Königsgemahlinnen in Frage kommen, während die Totentempel der Pharaonen in großer Zahl den schmalen Wüstenstreifen zwischen Fruchtland und dahinter aufsteigendem Westgebirge in mehr oder minder gutem Erhaltungszustand ausfüllen. Viele Königsgemahlinnen werden wohl nur von den Kulten in den Verehrungsstätten ihrer Gatten profitiert haben können.

In jedem Fall, sei es, daß die Königin einen eigenständigen Totentempel besessen hat oder in der Anlage ihres Mannes «mitversorgt» worden ist, waren Grab- und Kultstätte räumlich voneinander getrennt, so wie es auch die Könige selbst seit Beginn des Neuen Reiches praktizierten. Während des vorangegangenen Alten und Mittleren Reiches ließen sich die Herrscher bekanntlich noch in Pyramiden beisetzen, wobei die Tempel für den Totenkult direkt an die Grabmäler angebaut waren. Die Königsgemahlinnen wurden entweder in den Grabbauten

Abb. 112 Blick auf das Ramesseum vom benachbarten Gräberberg aus, wobei die baulichen Reste des mutmaßlichen Totentempels links vom Ramesseum erkennbar sind.

ihrer Gatten oder in eigenen, wenn auch deutlich kleineren Pyramiden oder zumindest Mastaba-Gräbern, aber immer in unmittelbarer Nachbarschaft ihrer Männer, bestattet. In den politisch und gesellschaftlich unsicheren Perioden dazwischen, während derer die pharaonische Zentralgewalt geschwächt oder gar nicht vorhanden war, sind die Grablegen der Pharaonen im Inneren der nicht zu übersehenden Pyramiden immer wieder von Plünderern heimgesucht worden. Aus dieser leidvollen Erfahrung heraus entschloß sich das Herrscherhaus des Neuen Reiches, Mumien und Beigaben für das jenseitige Leben in versteckt angelegten Felsgräbern zu deponieren, wobei es sich für die Bestattungen der Pharaonen und ausgewählter hoher Würdenträger das «Tal der Könige» mit seiner großen natürlichen Felspyramide am rückwärtigen Ende und für die Grablegen der Königinnen und Prinzen das «Tal der Königinnen» erwählte. Die zu den Herrschergräbern gehörigen Totentempel, in welchen die täglichen Opferrituale für die Verstorbenen verrichtet wurden, mußten nun, um den Ort der Gräber nicht wieder zu verraten, in räumlicher Distanz dazu errichtet werden. Hingegen behielten die Privatleute die Sitte bei, Grab- und Totenkultstätte ungetrennt oder zumindest in unmittelbarer Nachbarschaft zueinander zu belassen.

Allerdings sieht Christiane Desroches-Noblecourt, die das Gebäude zuletzt untersucht hat, in ihm ein Geburtshaus, ein sogenanntes «Mammisi», für Ramses II., da einige der in Medinet Habu wiederverbauten und offensichtlich von hier stammenden Blöcke zu einem Bilderzyklus gehören, der die göttliche Abkunft des Pharao aus einer Verbindung zwischen dem Reichsgott Amun und einer weltlichen Mutter, hier Königin Mut-Tuy, schildert. Diese Episode wird erstmals unter Hatschepsut in ihrem Terrassentempel in Deir el-Bahari dargestellt und in der Folge auch von Amenophis III. in einem Nebenraum des Luxortempels wieder aufgegriffen. Allerdings kann diese Theorie nicht erklären, warum es sich um einen Doppeltempel handelt; auch die Fassade mit den Pfeilerfiguren wäre eher typisch für einen Totentempel (für den aber zugegebenermaßen die Hathorkapitelle ungewöhnlich sind) und paßt nicht zu einem Geburtshaus.

Wenn die Deutung des an das Ramesseum angebauten, unter Ramses II. errichteten Doppeltempels als Totenkultstätte für die Königsmutter Mut-Tuy und für die Große königliche Gemahlin Nefertari zutrifft, dann wäre – zumindest nach heutigem Kenntnisstand – letztgenannte Person wiederum unter allen namentlich überlieferten Frauen dieses Herrschers, deren Gräber sich im nahegelegenen «Tal der Königinnen» nachweisen lassen, die einzige, die einen eigenständigen Totentempel erhalten hätte, selbst wenn man berücksichtigt, daß sie sich diesen mit ihrer Schwiegermutter teilen mußte. Selbstredend muß diese Kultstätte auch mit einer oder mehreren Ka-Statuen der Nefertari ausgestattet gewesen sein, so wie sie für Mut-Tuy wohl nachgewiesen sind. Doch sind diese Bildwerke verlorengegangen oder noch nicht in ihrer Bedeutung erkannt. Erinnert sei in diesem Zusammenhang nochmals an die nur unweit von hier in einer kleinen Lehmziegelkapelle aufgefundene «White Queen» (Abb. 36), in welcher einige Ägyptologen eine Darstellung der Nefertari, andere hingegen aber auch eine Wiedergabe ihrer Tochter Merit-Amun sehen wollen.

Joachim Willeitner

Aus der Schatzkammer der Königin

Kleinfunde und Kleinodien

Neben den noch in situ befindlichen Bauten und Großplastiken sowie den in Museen verbrachten kleinerformatigen Statuen und den bei der Wiederentdeckung des Grabes im Tal der Königinnen geborgenen Objekten finden sich über die Sammlungen der Welt verteilt noch weitere Stücke, die sich aufgrund von hieroglyphischen Aufschriften mit Nefertari in Verbindung bringen lassen können.

Zumeist handelt es sich hierbei um kleinformatige Gegenstände. Doch gerade bei dieser Fundgruppe kann davon ausgegangen werden, daß die Mehrheit der lediglich mit «Nefertari» beschrifteten Stücke nicht der Gemahlin Ramses' II. zuzuweisen sind, sondern ihrer Vorgängerin und Namensvetterin Ahmes-Nefertari, die als vergöttlichte Schutzpatronin der Arbeitersiedlung von Deir el-Medine bei den dort lebenden Handwerkern besondere Verehrung erfahren hatte und der posthum auch entsprechend viele Votive mit ihrer Namensaufschrift gestiftet worden sind.

Fingerringe

Daß der Name «Nefertari» auf einem Objekt die Ramses-Gemahlin meint, kann nur dann mit Bestimmtheit konstatiert werden, wenn sich in der Namenskartusche die komplette Anrede *Nefertari merit-en-Mut* («Nefertari, auserwählt von Mut») findet. Diese Voraussetzung weist ein heute im Kestner-Museum aufbewahrter Goldring auf (Abb. 114); ein Ring aus den Beständen des Louvre besteht sogar aus einer Doppelkartusche, von denen die rechte den Namen der Nefertari und die linke den Thronnamen von Ramses II. *(User-Maat-Ra-setep-en Ra)* zeigt (Abb. 113). Dieses Schmuckstück besteht aus rotem Jaspis, zudem ist die Ringplatte mit den Hieroglyphen von einem breiten Goldblechstreifen gefaßt, und ein weiteres Band aus Goldfolie umläuft als Mittelstreifen die Außenseite des eigentlichen Ringes. Hier sind beide Namensovale von der Schriftrichtung her einander antithetisch gegenübergestellt, denn obwohl im vorliegenden Fall die Hieroglyphen im großen und ganzen senkrecht zu lesen sind, sind die nebeneinanderstehenden Zeichen in der Ramses-Kartusche von rechts nach links, die in der Nefertari-Kartusche von links nach rechts zu lesen; solche von der Mitte aus in beide Richtungen verlaufenden Inschriften waren eine beliebte graphische Spielerei bei den alten Ägyptern. Die spiegelbildliche Anordnung der Hieroglyphen in der Nefertari-Kartusche zeigt sich auch deutlich beim Vergleich mit dem Ring aus Hannover.

Skarabäen

Eine der häufigsten Fundgattungen stellen die Skarabäen dar, die aus unterschiedlichstem, oftmals kostbarem Material hergestellt sein können und deren Unterseite in der Regel beschriftet ist. Ihr Vorbild in freier Natur ist der Pillendreher-Käfer, der Kugeln aus Dung und Mist vor sich herrollt, in denen er seine Eier ablegt, welche dann durch die Fäulniswärme erbrütet werden. Aus der Beobachtung, daß diesen Mistkugeln die kleinen Käfer entschlüpfen, leiteten die Ägypter die Vorstellung ab, daß der Skarabäus aus unbelebter Materie neues Leben erstehen lassen könne. Dies fand sogar Eingang in die Schrift: die mit einem Käfer geschriebene Hieroglyphe *cheper* bedeutet «werden» oder «entstehen». Der Käfer wurde dadurch auch zum Symbol des nach einer nächtlichen Regenerationsphase allmorgendlich wiedergeborenen und mit neuer Strahlkraft ausgestatteten jugendlichen Sonnengottes, wie es auch Malereien im Grab der Nefertari (Abb. 193) zeigen. Zudem entwickelte man, analog zum Bild des Mistkäfers, der eine Dungkugel vor sich herrollt, die kosmologische Vorstellung zur Erklärung des täglichen Laufs der Sonne über den Himmel, nach welcher der Sonnenball (also bereits hier eine mögliche

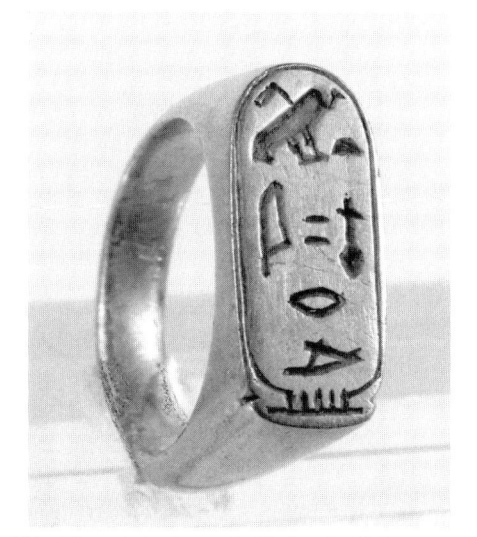

Abb. 113 Ring mit Kartuschen Ramses' II. und der Nefertari. Karneol und Gold. Louvre, Paris. – Abb. 114 Ring mit der Kartusche Nefertaris. Gold; max. Dm. 2 cm. Kestner-Museum, Hannover, Inv. 1950. 82.

Abb. 115 Salbentopf mit den Kartuschen Ramses' II. und der Nefertari. Elfenbein; H. 3 cm, Dm. 5 cm. Metropolitan Museum of Art, New York, Gift of Edward S. Harkness, Inv. 26. 7. 1291.

Vorstellung der Sonne als Kugel!) täglich von einem gewaltigen Skarabäus über das Firmament gerollt wird. Großformatige Skarabäen, deren Unterseite den Spruch 30 B des Totenbuches trägt, gemäß welchem das Herz magisch verpflichtet wird, während der Zeremonie des Totengerichtes (Abb. 204) nicht gegen den Verstorbenen auszusagen, wurden dem Toten während des Mumifizierungsvorganges direkt auf das Herz gelegt, welches im Körper verblieb; oder man gab solche Herzskarabäen als Amulette mit in den Grabschatz. Häufiger sind aber die kleinformatigen Skarabäen, die zumeist im Rahmen offizieller Anlässe oder kultischer Festivitäten verteilt worden sind und die – schon allein, weil die kleinflächige Unterseite Beschränkungen auferlegte – lediglich Ornamente oder eine kleine bildliche Szene und/oder eine kurze Inschrift zeigen, bei «offiziellen» Skarabäen aus dem Herrscherhaus oftmals nur die Namenskartuschen des Königs und/oder seiner Gemahlin, ergänzt um die wichtigsten Titel. Die kürzestmögliche Version, also lediglich die Aufschrift *Nefertari merit-en-Mut*, weisen beispielsweise ein grünlichbraun glasierter Steatitkäfer aus Kairo (Abb. 116a) oder ein Exemplar aus dem Louvre (Abb. 116b) auf. Letztgenanntes Museum verfügt über ein weiteres Exemplar, in welchem die Königin – abgesehen von ihrem Epitheton «geliebt von Mut» – noch zusätzlich als «Königsgemahlin» *(hemet nisut)* tituliert wird. Früher wies man zudem auch diejenigen Skarabäen, die mit *hemet nisut* Nefertari ohne die Ergänzung *merit-en-Mut* versehen sind (Abb. 116c), bevorzugt der Gemahlin Ramses' II. zu, doch ist hier Skepsis geboten. In den meisten Fällen wird mit der Aufschrift dieser Skarabäen Königin Ahmes-Nefertari gemeint sein, auch wenn die meisten der Objekte (nach Ausweis beispielsweise der Glasur) erst nach dem Tod der vergöttlichten Königin als postume Weihgaben gefertigt wurden. W. M. F. Petrie hat darüber hinaus noch ein weiteres Unterscheidungskriterium beobachtet: «The scarabs of queen Nefertari are distinguished from those of Ahmes Nefertari by the thinness and

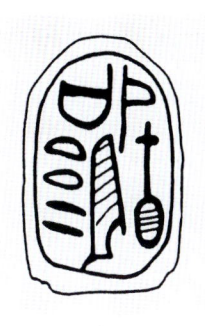

Abb. 116a Auswahl von Skarabäen der Nefertari. – Abb. 116b Beispiele von Skarabäen, die wohl eher Ahmes-Nefertari zuzuweisen sind.

Abb. 118 Anhänger in Form einer Lotosblüte. Vergoldetes Kupfer. Museum of Fine Arts Boston, Emily Esther Sears Fund, Inv. E 4521.

poverty of the style (die Skarabäen von Königin Nefertari unterscheiden sich von denjenigen der Ahmes Nefertari durch ihre geringere Dicke und Ärmlichkeit in der Ausführung)». Zumindest die Publikationslage vermittelt den Eindruck, daß es wesentlich mehr Skarabäen oder kleine Amulettplaketten mit Inschriften der Nefertari gibt als solche mit Nennungen der übrigen «Großen königlichen Gemahlinnen» Ramses' II. Deswegen wird es sich wohl auch bei der anonymen Königin, die auf einem Skarabäus im Oriental Institute Chicago sistrumschwingend vor dem thronenden Ramses II. wiedergegeben ist, um Nefertari handeln.

Abb. 117 Fragment eines Schmuckstücks mit der Kartusche der Nefertari. Gold mit Halbedelstein- und Glasflußeinlagen. Museum of Fine Arts Boston, Emily Esther Sears Fund, Inv. E 4520.

Abb. 119 Fragment eines Armbandes mit Königinnentitulatur. Vergoldetes Silber mit Halbedelstein- und Glasflußeinlagen. Museum of Fine Arts Boston, Emily Esther Sears Fund, Inv. E 4519.

Teile des Grabschatzes?

Im Jahr 1904 – also zur Zeit der Grabungen Schiaparellis im Tal der Königinnen, im Zuge derer er auch das Nefertari-Grab wiederentdeckte – hat Albert M. Lythgoe in Ägypten drei bislang nur knapp veröffentlichte Schmuckstücke erworben, die aus dem Grab der Nefertari stammen sollen und die sich, als Teil der Stiftung Emily Esther Sears, heute im Museum of Fine Arts in Boston befinden. Eines der Objekte zeigt in seinem Mittelteil in senkrechten Hieroglyphen die aus dem Goldblech herausgetriebene Titulatur der Nefertari *hemet nisut Nefertari meriten-Mut* (Abb. 117), ist also eindeutig der Königin zuweisbar. Hingegen trägt der Anhänger in Lotosblütenform aus vergoldetem Kupfer (Abb. 118) keinerlei Beischriften, und auch die Hieroglyphen des dritten Stückes, das aus vergoldetem Silber besteht (Abb. 119), nennen Nefertari nicht ausdrücklich, sondern hier hat sich nur die dem Namen vorausgehende und allgemein gehaltene Titulatur «... die große königliche Gemahlin, von ihm geliebt, die Königin von Ober- (zu ergänzen: und Unter)ägypten» erhalten. Immerhin verweist die einleitende Nennung *Osiris* das Schmuckstück in den funerären Bereich, doch lassen sich die beiden letztgenannten Teile des Ensembles nur durch ihre angeblich selbe Abkunft wie das erstgenannte Objekt – also nicht mit letzter Sicherheit – der Nefertari zuweisen.

Diesbezüglich auf sichererem Boden bewegt man sich bei einem kleinen runden Schminkgefäß aus Elfenbein und Ebenholz, das auf seiner Oberseite die Namenskartuschen von Ramses II. und Nefertari aufweist und das sich heute im Besitz des New Yorker Metropolitan Museum of Art befindet (Abb. 115). Auf dem mit einem Drehscharnier mit dem Töpfchen verbundenen flachen Deckel reckt eine nicht eindeutig zu bestimmende Tiergestalt – eventuell ein Widder oder kleines Böckchen – ihren konisch schematisierten Kopf nach vorne. Das bislang unveröffentlicht gebliebene und hier stark vergrößert wiedergegebene Kleinod ist im Original gerade 3 cm hoch und mißt 5 cm im Durchmesser, und es dürfte wohl ebenfalls aus dem Grab der Nefertari im Tal der Königinnen stammen. Als möglicher Fundort käme allenfalls noch ihr Palast in Frage, der aber noch nicht eindeutig lokalisiert werden konnte. Es ist noch nicht einmal klar, ob dieser in Theben, in Saqqara oder in der neu gegründeten Deltaresidenz Piramesse, der «Ramsesstadt», gesucht werden müßte. Auch der antike Ort Mi-wer am Fayumrand ist inschriftlich unter Ramses II. als Sitz eines Harims ausgewiesen. Gänzlich ausgeschlossen werden kann letztlich auch nicht, daß das Herrscherpaar das mit seinen Namen versehene Schminkgefäß in den Grabschatz einer seiner Töchter oder einer besonders verdienten Hofdame gestiftet hat, wie es auch anderweitig gelegentlich nachgewiesen werden konnte. Allgemein kann jedenfalls angenommen werden, daß ein so kostbares Objekt die Zeiten sicher besser im Schutz einer Grabanlage überdauert haben dürfte als in einer wo auch immer gelegenen Palastruine.

Allerdings ist auch ein Vasen- oder Gefäßfragment mit der Kartusche von Nefertari im Tempelareal von Deir el-Bahari zutage getreten. Das Objekt aus blauglasierter Fayence, das bedauerlicherweise unveröffentlicht geblieben ist und zu dem deswegen auch keine Maßangaben vorliegen, hat sich bis zur Auflösung der Sammlung in den 50er Jahren unseres Jahrhunderts unter der Inventarnummer 271 im Bankfield Museum im mittelenglischen Halifax (Grafschaft West Yorkshire) befunden. Sein derzeitiger Verbleib ist unbekannt. Gefäße und Gefäßfragmente mit Namensaufschriften der Nefertari gehören auch zu den Beständen des Moskauer Puschkin-Museums.

Daß das Grab der Nefertari noch bis in allerjüngste Vergangenheit, unbemerkt von allen Besuchern unseres Jahrhunderts, ein wertvolles Objekt verborgen gehalten hat, zeigte sich erst, als im Zuge der aktuellen Restaurierungsarbeiten unter einem Verputzbrocken eine ebenfalls – wie das erstgenannte Bostoner Stück – in Treibarbeit beschriftete Goldfolie von einem Schmuckstück zutage trat (Abb. 120). Auch hier fehlt zwar die ausdrückliche Nennung *Nefertari*, doch beweist dieses Objekt aufgrund seines eindeutigen Fundkontextes, daß das Grab tatsächlich mit Beigaben ausgestattet und somit wirklich, da dies auch schon in Zweifel gezogen worden ist, in Benutzung gewesen war.

Abb. 120 Fragment eines goldenen Schmuckstückes mit Königinnentitulatur, das im Verlauf der Restaurierungsarbeiten durch das Konservatorenteam des Paul Getty Museums unter einem Verputzbrocken entdeckt wurde.

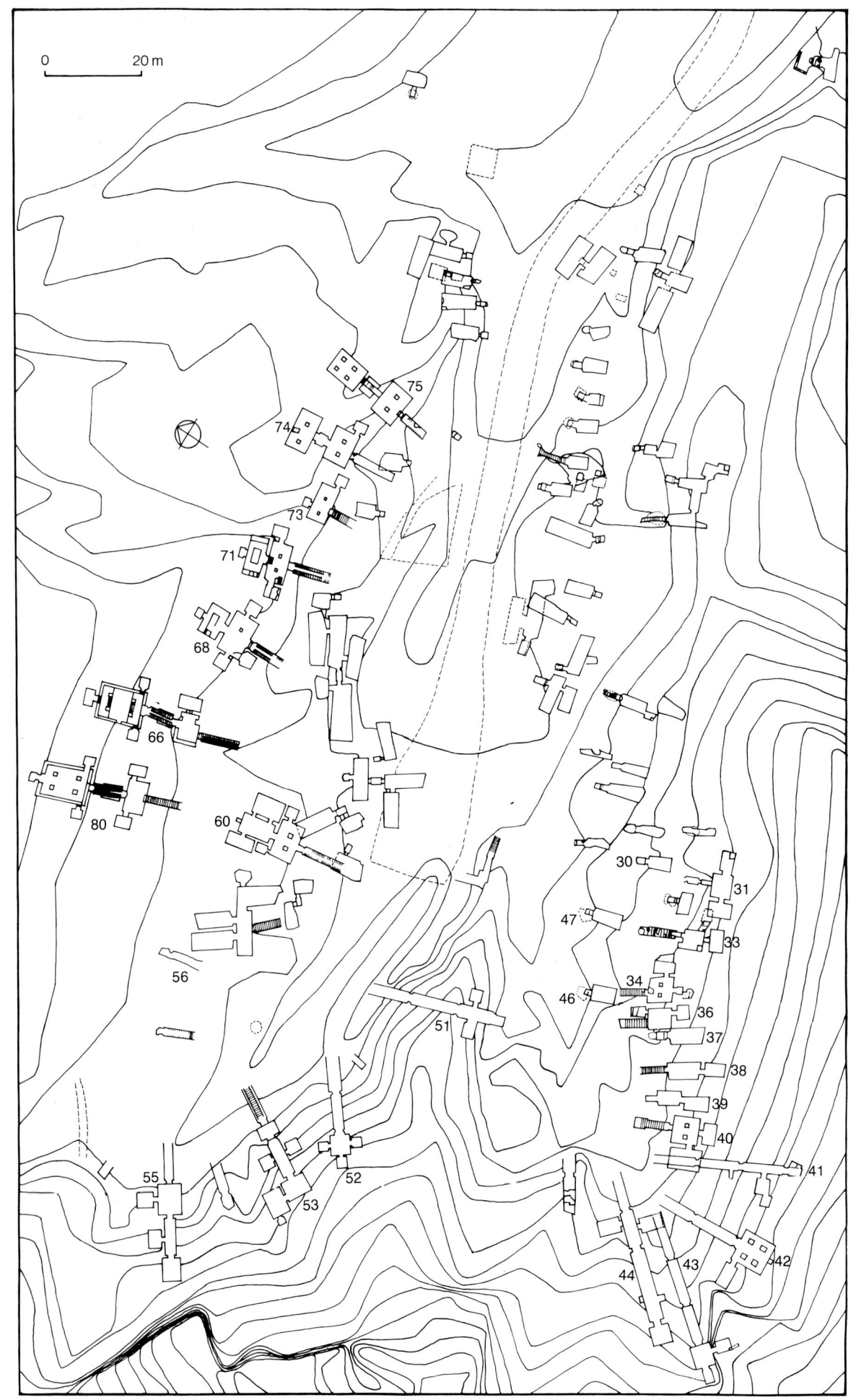

Abb. 121 Das Tal der Königinnen und die Lage seiner Gräber.

Joachim Willeitner

Das Grab der Nefertari im Tal der Königinnen und seine Wiederentdeckung

Analog zum *Biban el-Moluk*, dem «Tal der Könige» auf der thebanischen Westseite, in welchem, von wenigen Ausnahmen abgesehen, fast alle Herrscher des Neuen Reiches, also der 18. bis 20. Dynastie, ihre letzte Ruhestätte gefunden haben, hat man einem weiter südlich gelegenen Einschnitt ins Westgebirge mit weiteren Felsgräbern den Namen *Biban el-Harim* – im Deutschen etwas unpräzise übersetzt mit «Tal der Königinnen», denn *Biban* ist der Plural von *Bab*, was «Tor» oder «Eingang» bedeutet – gegeben (Abb. 121, 122). Doch ist diese Bezeichnung etwas irreführend, denn es sind hier nicht nur Königsgemahlinnen beigesetzt, sondern auch Prinzessinnen, einige hohe Würdenträger nichtköniglicher Abkunft und – vor allem aus der Zeit Ramses' III. – Prinzen. Von den dort bis heute aufgedeckten insgesamt 98 Gräbern sind zwar weit über die Hälfte mangels Dekoration, Beschriftung oder Kleinfunden nicht mehr zuweisbar, doch beherbergten von den übrigen Felsanlagen mindestens neunzehn verstorbene Königinnen und Prinzessinnen, und mindestens sechs waren die letzte Ruhestätte für männliche Königskinder. In pharaonischer Zeit hieß der Ort *Ta set neferu*, was «der Sitz der Schönheit» bedeutet.

Topographie des Areals

Das eigentliche Tal der Königinnen ist ein recht genau von Ost nach West verlaufender Einschnitt in das thebanische Westgebirge, dessen Eingang annähernd in der rückwärtigen Verlängerung der Achse des Totentempels Ramses' III. von Medinet Habu liegt. Doch beherbergen auch die drei sich unmittelbar westlich bzw. nordwestlich davon befindenden Wadis (Abb. 125) Felsgräber von Mitgliedern königlicher Familien der 18. Dynastie. Im am wenigsten entfernten *Wadi Sikket Taqet Said* ließ sich Königin Hatschepsut – abseits der im Tal der Könige gelegenen Bestattungen ihrer Vorgänger auf dem Pharaonenthron – ein erstes Grab anlegen, das dann jedoch, zugunsten eines zweiten an versteckter Stelle im Tal der Könige, aufgegeben wurde. Zudem fand man im *Wadi Sikket Taqet Said* noch eine anonyme Bestattung aus der 18. Dynastie. Das benachbarte «Affengrabwadi» *(Wadi Qubbanet el-Qirut)* verdankt zwar seinen Namen einer Gruppe von hier beigesetzten Affenmumien aus der 25. Dynastie, doch diente es in erster Linie unter Thutmosis III. als Bestattungsort für drei seiner syrischen Nebenfrauen und für Prinzessin Nefru-Ra, die Tochter seiner unmittelbaren Vorgängerin Hatschepsut. Weitere, heute weitgehend zerstörte Gräber der 18. Dynastie

Abb. 122 Luftaufnahme des Tals der Königinnen.

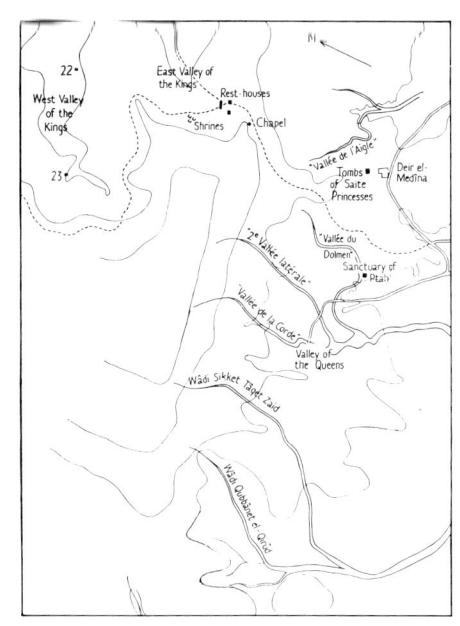

Abb. 123 Stele des Amun-nacht, der ihn im Anbetungsgestus vor der Darstellung des thebanischen Westgebirges zeigt. Kalkstein; H. 43 cm; Deir el-Medine. Museo Egizio, Turin, Inv. CGT 50059. – Abb. 124 Ostrakon mit Darstellung des Prinzen Seth-her-chopschef. Kalkstein; Tal der Königinnen. Museo Egizio, Turin, Inv. Suppl. 5637. – Abb. 125 Lageskizze der Seitenwadis im und beim Tal der Königinnen.

befanden sich schließlich noch im vorderen Teil des folgenden *Wadi Sikkat el-Agala*.

Warum sich die Pharaonen des Neuen Reiches in jener Schlucht auf der thebanischen Westseite beisetzen ließen, die später deswegen Tal der Könige genannt werden sollte, wird jedem Besucher sofort augenfällig: am Ende dieses Wadis erhebt sich ein Berg, dessen dem Tal der Könige zugewandter Steilabfall eine dreieckige Form aufweist, so daß der Eindruck entsteht, das Areal sei von einer gewaltigen natürlichen Bergpyramide, heute *el-Qurn* («das Horn») genannt, bekrönt. Doch auch die Ortswahl für die Grablegen der Königinnen und Prinzen war offensichtlich, wie allerdings erst in jüngerer Zeit entdeckt werden konnte, durch topographische Gegebenheiten beeinflußt worden. Denn am Ende des Tals der Königinnen, wo das Gebirge wieder ansteigt, befinden sich sowohl eine Felshöhlung, die sogenannte «Kaskadengrotte», als auch darüber ein kleiner Steilabfall, über den herab sich immer dann, wenn Niederschläge auftreten, ein kleiner Wasserfall ergießt. Bereits in pharaonischer Zeit wurde dieses Phänomen bewundert, wie die benachbarte Felsinschrift des Schreibers Amunnacht und seiner Enkelkinder, in der dieses «Wasser des Himmels» beschrieben wird, bezeugt. Höhlen und Grotten stehen, wie bereits im Zusammenhang mit den Felstempeln von Abu Simbel angesprochen, in Zusammenhang mit der Muttergöttin Hathor – man vergleiche das Bild der kuhgestaltigen Göttin, die aus dem Westgebirge heraustritt (Abb. 188) – und mit der Weiblichkeit allgemein. Umgekehrt könnte der kleine Wasserfall – analog zum Samenerguß – das männliche Prinzip verkörpert haben. Hier waren also aus der Sicht der alten Ägypter Symbole der beiden Geschlechter und somit der geschlechtlichen Vereinigung – ein unabdingbarer Bestandteil des ewigen Zyklus von Tod und Wiedergeburt – durch die Natur vorgegeben: ein idealer Platz für den Verstorbenen, der an diesem Kreislauf zu partizipieren hoffte.

Gräber von Prinzen und Königinnen

Während das Tal der Könige bereits seit Beginn des Neuen Reiches, beginnend wohl mit dem Grab Thutmosis' I. in der frühen 18. Dynastie, nahezu durchgehend als Bestattungsplatz der Herrscher und besonders verdienter Untergebener fungierte, wurde das Tal der Königinnen erst während der 19. Dynastie zur Nekropole der Königsfamilie ausgebaut. Die ältesten bislang hier nachgewiesenen Bestattungen gehören zwar schon in die Zeit der 17. Dynastie, doch handelt es sich hier – mit Ausnahme lediglich eines einzigen Grabes (QV [für «Queens' Valley»] 47), in welchem Prinzessin Ahmes, eine Tochter von Pharao Tao-Seqenenre, beigesetzt worden war – nur um Felsgräber von Privatleuten, deren Anzahl zudem sehr geringfügig ist (beispielsweise QV 30 des Stallmeisters Nebiri oder QV 46 des Imhotep, Wesir unter Thutmosis I.). Unter Hatschepsut und Thutmosis III. wurden, wie eben erwähnt, zunächst die benachbarten Wadis als Bestattungsplätze für die Königsfamilie genutzt. Erst frühestens unter Haremhab, dessen Gemahlin Mut-nedjemet eventuell im Grab QV 37 bestattet worden ist, mit Sicherheit dann aber unter Ramses I., mit dem (allerdings unvollendet gebliebenen) Grab seiner Gattin Sit-Ra (QV 38), findet die erste Beisetzung einer Herrschergemahlin im eigentlichen Tal der Königinnen statt. Auch für Sit-Ras Nachfolgerin Mut-Tuy, Gemahlin Sethos' I. und Mutter Ramses' II., wird das Grab (QV 80) dort angelegt, das mit seinem Grund- und Aufriß (Abb. 148) bereits manche Charakteristika des Nefertari-Grabes vorwegnimmt.

Daß fünf der sieben «Großen königlichen Gemahlinnen» Ramses' II. – neben Nefertari in QV 66 noch Nebet-taui in QV 60, Merit-Amun in QV 68, Bint-Anat in QV 71 und Henut-mi-Ra in QV 75 – sowie aus derselben Zeit eine Prinzessin, die mutmaßliche Nefertari-Tochter Henut-taui (in QV 73), im Tal der Königinnen durch zumeist dekorierte Anlagen nachweisbar sind und zudem dort aller Wahrscheinlichkeit nach auch die Hethiterprinzessin Maat-Hor-neferu-Ra in einem schmucklosen und deswegen heute nicht mehr zuweisbaren Felsschacht beigesetzt ist, wurde bereits erwähnt, ebenso, daß das Grab der Isisnofret als einziges wohl im Tal der Könige zu suchen ist.

Wo die zahllosen Kinder des Pharao, die auf den Tempelwänden aufgelistet sind, ihre letzte Ruhe gefunden haben, bleibt in den meisten Fällen unklar. Sie werden wahrscheinlich auch in den seltensten Fällen Einzelgräber erhalten haben, sondern wohl in Familiengrüften

Grundrißtypen

– wobei es Indizien für eine solche Anlage im Tal der Könige gibt – bestattet worden sein. Vielleicht hatte man für sie auch ein Nekropolengelände bei der neuen Deltaresidenz Piramesse geschaffen, doch haben die dortigen aktuellen Ausgrabungen noch keinerlei Hinweise darauf erbringen können.

Ramses III. ließ – zumindest in den dekorierten Felsgräbern im Tal der Königinnen – offensichtlich ausschließlich Söhne von sich beisetzen, nämlich Pa-Ra-her-wenemef, Seth-her-chopschef, Chaemwese (Abb. 127), Ramses und Amun-her-chopschef (Abb. 128) in den Gräbern QV 42 bis 44 sowie 53 und 55. Die letzte sicher datierbare Bestattung gehört dann wieder einer Frau, nämlich der Isis, Mutter von Ramses VI. (in QV 51).

Es gibt hier aber auch noch eine größere Gruppe von Gräbern, die, wie ihre Dekoration zeigt, für Königinnen oder Prinzessinnen angelegt waren, wobei aber der Name ihres jeweiligen Gemahls bzw. Vaters nirgends erwähnt wird (wie QV 33 der Prinzessin Tanedjem[et] und QV 74 der Königin Tentopet) oder sich nicht eindeutig einem der vielen Pharaonen mit Namen Ramses zuordnen läßt (wie QV 52 der Titi) oder wo auch die Namenskartusche der Königin leer geblieben ist (so QV 31, 36 und 40). Letztgenannter Fall zeigt aber deutlich, daß demnach solche Gräber, einschließlich ihrer Wandreliefs und -malereien, wohl auch «auf Vorrat» angefertigt worden sind und man bei Bedarf nur noch den Namen der Verstorbenen, für die dann die Anlage benötigt wurde, in die leer belassenen Namensovale eingefügt hat. Dies wirft aber auch die Frage auf, ob man dann beispielsweise Darstellungen, in denen die beigesetzte Königin in Begleitung von Kindern dargestellt ist, wirklich ernst nehmen und als historische Quelle bewerten kann, im konkreten Fall des Grabes QV 73 der Henut-taui, ob diese wirklich, wie dort abgebildet (Abb. 43), eine Tochter von ihrem Vater und Gemahl Ramses empfangen hat.

In der Dritten Zwischenzeit und der Spätzeit sind manche der Felsanlagen, wie beispielsweise diejenige des Prinzen Chaemwese, wieder in Betrieb genommen worden, und zwar gleich als Massengräber (Abb. 127).

Die Grundrißtypen

Die im Tal der Königinnen vorhandenen Felsgräber lassen sich in vier Typen unterteilen, die weitgehend mit dem Geschlecht und der Rolle der darin Beigesetzten korrespondieren. Bei den einfachsten Anlagen handelt es sich um schlichte undekorierte Schächte. Die zwar dekorierten, aber nicht mit Namen versehenen Felsgräber zerfallen in zwei Untergruppen: die Prinzessinnen, auch diejenigen aus der Zeit Thutmosis' III. im benachbarten *Wadi Sikket Taqet Said*, wurden in Felsgräbern beigesetzt, die nur einen einzigen Hauptraum mit einem oder zwei Nebenräumen aufweisen; als Variante dazu fallen bei den anonymen Königinnen diese Nebenräume deutlich größer aus. Die Gräber der namentlich genannten Königsgemahlinnen bestehen hingegen in der Regel aus zwei großen hintereinanderliegenden Räumen, oft mit einem kleinen Annex in der Achse in Verlängerung des hinteren Raumes, sowie mit einer variablen Anzahl von bis zu fünf Nebenräumen, die von den beiden großen Felskammern seitlich abgehen. In diese Kategorie gehört auch das Grab der

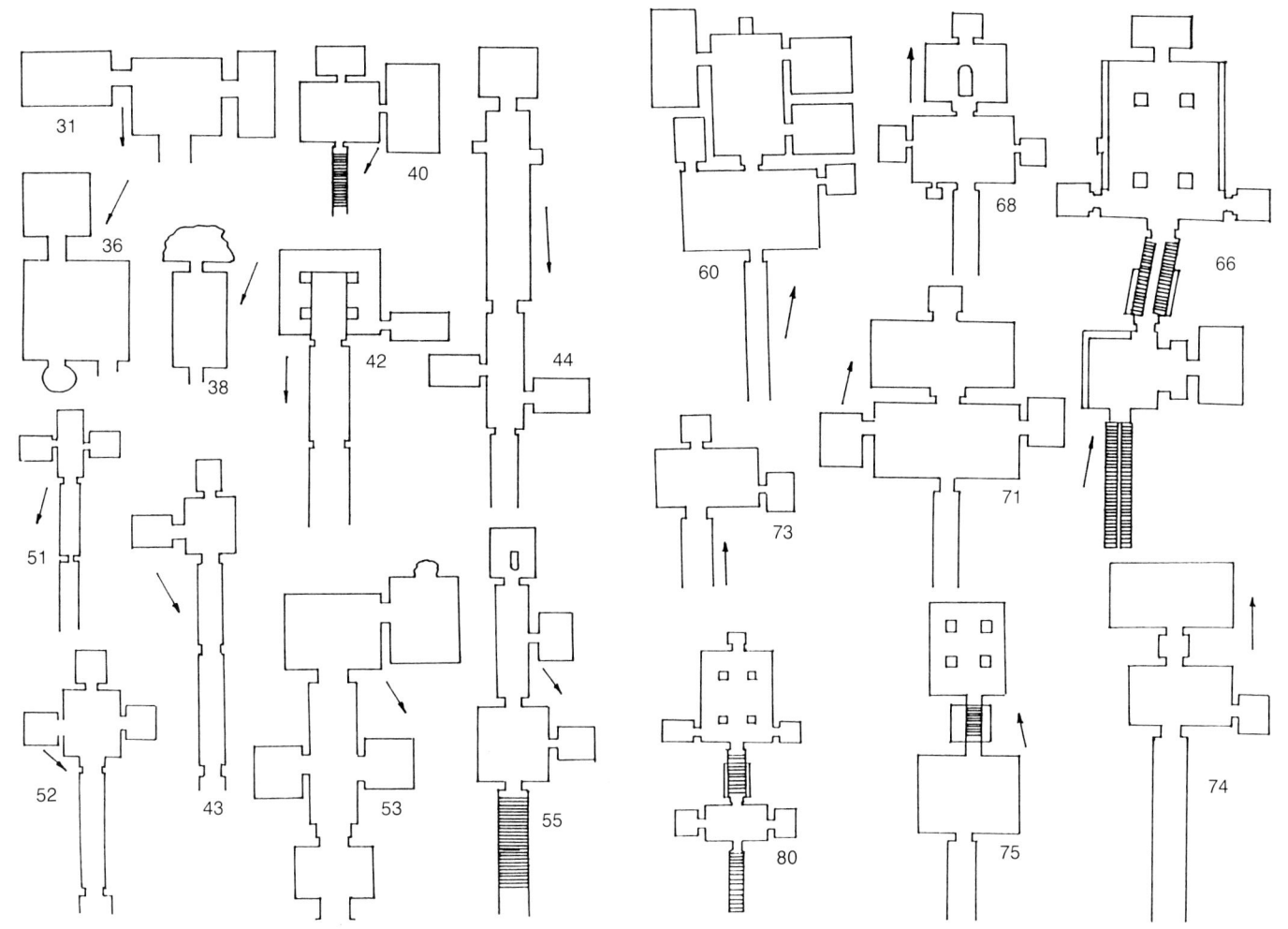

Abb. 126 Grundrisse von Königinnen-, Prinzessinnen- und Prinzengräbern im Tal der Königinnen.

Abb. 127 Das Grab des Prinzen Chaemwese, Sohn Ramses' III., im Tal der Königinnen diente in der Dritten Zwischenzeit als Ort von Massenbestattungen.

Abb. 128 Der noch in situ, jedoch geplündert aufgefundene Sarkophag des Prinzen Amun-her-chopschef in seinem Grab im Tal der Königinnen.

Nefertari, nur weist dieses als Besonderheit eine Achsenverschiebung der beiden Haupträume zueinander auf, die offensichtlich der Architektur der ramessidischen Königsgräber entlehnt ist. Daß hier zudem der hintere Hauptraum tiefer liegt als der vordere und der Niveau-Unterschied durch einen Korridor mit Treppen überbrückt wird, findet sich bereits im Grab ihrer Schwiegermutter Mut-Tuy (QV 80) (Abb. 148) vorweggenommen, ist aber ebenfalls ein Charakteristikum der Königsgrab-Architektur. Den beiden letztgenannten Anlagen ist auch noch gemeinsam, daß der rückwärtige Hauptraum von vier Pfeilern gestützt wird, doch findet sich dies (abgesehen davon, daß es wiederum in allen ramessidischen Königsgräbern auftritt) im Tal der Königinnen auch im Grab QV 75 der Gemahlin Ramses' II. Henut-mi-Ra und demjenigen des Prinzen Pa-Ra-her-wenemef (QV 42), eines Sohnes Ramses' III. Allgemein sind bei den Bestattungsplätzen der Prinzen die beiden vorderen Felskammern zumeist schmal, fast korridorartig, erst die folgende dritte ist breiter. Hier können von allen drei Räumen Nebengelasse abgehen (Abb. 126).

Da die Mehrzahl der Königinnengräber der Zeit Ramses' II. (19. Dynastie) entstammt und die meisten der Prinzenbestattungen derjenigen Ramses' III. (20. Dynastie), kann sich hinter der Form des Grabes, die vermeintlich durch die Stellung des Grabinhabers innerhalb der Königsfamilie bestimmt ist, auch eine zeitlich bedingte Typologie verbergen. Hierfür würde sprechen, daß das Grab der Königsmutter Isis (QV 51) aus der 20. Dynastie vom Grundriß her (abgesehen vom Fehlen des hintersten dritten Raumes) eher wie ein typisches Prinzengrab aussieht, aber vielleicht war es auch ursprünglich für einen solchen geplant und ausgeführt worden. Natürlich gibt es auch andere Abweichungen von den geschilderten Regeln, wenn beispielsweise das Grab des Prinzen Ramses, eines Sohnes Ramses' III., statt des vorderen Korridors einen breitgelagerten Raum aufweist und damit auch etwas an die Anlagen der früheren Königinnen erinnert (QV 53). Und noch ein signifikanter Unterschied zwischen den Königinnengräbern der 19. und den Prinzengräbern der 20. Dynastie fällt ins Auge, wenn man sich die Verteilung der Anlagen innerhalb des Tals der Königinnen (Abb. 121) betrachtet. Erstgenannte sind in den Nordhang des Wadis eingetieft, so daß ihre Eingänge stets im Süden liegen, letztgenannte hingegen in den Südhang mit den Zugängen annähernd im Norden.

Hingegen lassen sich in den Dekorationsprogrammen Übereinstimmungen ermitteln. So sind sowohl im vorderen Korridorraum der Prinzengräber wie im ersten Hauptraum der Königinnengräber Opferhandlungen vor Gottheiten, hauptsächlich solchen mit Funktionen im funerären Bereich und in der Unterwelt, dargestellt. Dabei agieren die Verstorbenen ausnahmslos in Richtung des Grabesinneren, aus welchem die göttlichen Opferempfänger herausblicken. Während in den Königinnengräbern die Frauen selbst vor die Gottheiten treten, werden im Fall der Prinzen diese Handlungen zumeist nicht von den verstorbenen Kindern, sondern von ihrem königlichen Vater vollzogen. Die Prinzen befinden sich dann nur passiv in dessen Begleitung. Der zweite Korridor der Prinzengräber zeigt bevorzugt Szenen des sogenannten Pfortenbuches, eines Werkes der vielfältigen altägyptischen Unterweltsliteratur, das leicht zu identifizieren ist an den mit Hackmessern bewehrten und mit furchteinflößenden Tier- und Phantasieköpfen versehenen Dämonen, die die Türen und Tore des Totenreiches bewachen. In den Königinnengräbern ist das Pfortenbuch hingegen nicht vertreten. Die Dekoration der dritten, etwas breiteren Felskammer der Prinzengräber

Die späte Auffindung

und des hinteren Hauptraumes bei den Königinnen entspricht sich dann in ihren Götter- und Dämonendarstellungen wiederum weitgehend.

Die Wiederentdeckung des Tals der Königinnen

Aus überlieferten Grabräuberprozeß-Akten weiß man, daß – schon während des ausgehenden Neuen Reiches – nicht nur die Herrschergräber im Tal der Könige, sondern auch die Bestattungen von deren Gemahlinnen und Kindern im Tal der Königinnen von Plünderern heimgesucht wurden. So kennt man beispielsweise die Protokolle von Untersuchungen und Verhören, die unter Leitung des Wesirs Chaemwese (nicht zu verwechseln mit dem gleichnamigen 4. Sohn Ramses' II.) im 16. und 17. Regierungsjahr Ramses' IX. bezüglich des Einbruches in das Felsgrab der Isis (QV 51), der Mutter Ramses' VI., angefertigt worden waren.

So verwundert es nicht, daß Ernesto Schiaparelli, seinerzeit, zu Beginn unseres Jahrhunderts, Direktor des Turiner Ägyptischen Museums und der erste Ägyptologe, der im Tal der Königinnen, zwischen 1903 und 1905, systematische Ausgrabungen durchführte und dabei auch das Grab der Nefertari freilegte, kaum spektakuläre Funde machen und auch keine ungeplünderte Bestattung mehr entdecken konnte.

Erstaunlich ist, daß hier nicht schon früher geforscht wurde, denn der Platz war schon von den ersten großen Ägyptenexpeditionen, wie derjenigen Champollions in den Jahren 1828/29, der des Italieners Ippolito Rosellini im Jahr 1834 und der preußischen Unternehmung unter Richard Lepsius von 1845, aufgesucht worden, wobei aber nur die unverschütteten und deswegen leicht zugänglichen Felsgräber (beispielsweise die anonymen Anlagen QV 31 und 40 und diejenigen der Königin Sit-Ra, Gemahlin Ramses' I. [QV 38] und besagter Königsmutter Isis [QV 51]) dokumentiert worden waren. So blieb das Grab der Nefertari bis zu seiner Wiederentdeckung durch Schiaparelli im Jahre 1904 unbekannt. Noch 1903 hatte der Ägyptologe Georges Legrain bei der Publikation eines im Kunsthandel von Luxor erworbenen Nefertari-Uschebtis geschrieben: «Wir besitzen die Mumie und die Kanopen der Nefertari; Ihr Grab ist noch nicht entdeckt.» Dies war jedoch insofern ein Irrtum, als es sich bei der angesprochenen Königinnenmumie, die 1871 in der Mumiencachette

Abb. 129 Der Eingang ins Grab der Nefertari auf einer historischen Aufnahme Schiaparellis.

von Deir el-Bahari (wohin königstreue Priester und Beamte die sterblichen Überreste gebracht hatten, um wenigstens diese vor Plünderungen zu schützen) entdeckt worden war, nicht um die Ramses-Gemahlin, sondern um deren frühere Namensvetterin Ahmes-Nefertari vom Beginn der 18. Dynastie handelt.

Die späte Auffindung des Nefertari-Grabes

Im ersten Band seiner zweiteiligen Grabungspublikation beschreibt Schiaparelli auch enthusiastisch die im Jahre 1904 erfolgte Auffindung des Nefertari-Grabes: *«Unsere Ausgräber brachten die ersten Stufen eines in den tiefer liegenden Felsen führenden Raumes ans Licht, ein sicheres Indiz für die Existenz eines Grabes und ein wahrscheinlicher Hinweis auf eine Bestattung vor der 20. Dynastie, denn den Gräbern dieser Zeit, sowohl im Tal der Königinnen als auch im Tal der Könige, war anstatt einer Treppe üblicherweise ein Korridor unter freiem Himmel vorgelagert. Mit der Begeisterung, die von den Arbeitern Besitz ergreift, sobald sie wissen, sich der Entdeckung eines Grabes zu nähern, wurden die Schutthaufen, die die Stufen bedeckten, in Kürze beiseite geräumt: und mit dem schnellen Voranschreiten der Arbeiten kam stückweise eine schöne Treppe ans Tageslicht, die mit Stufenabsätzen von angenehmer Höhe ziemlich bequem hinabführte, in den Stein hineingeschlagen unter freiem Himmel und zwischen zwei*

Abb. 130a,b Modell des Nefertari-Grabes im Museo Egizio in Turin. Oben: Blick auf die Südwand der Sarkophagkammer, die die Tore des Jenseits zeigt (Vignette zu Totenbuch-Spruch 144); zu sehen ist außerdem auf den Pfeilerdurchgangsseiten der Gott Osiris und in der Mitte der Granitsarkophag. Unten: Blick auf die Westwand der Sarkophagkammer mit dem Durchgang zu Raum VI.

gut bearbeiteten, verputzten und weiß bemalten Wänden. Die Treppe war 1,65 m breit und besaß in ihrer Mitte die charakteristische schräge Rampe, die eigens für das Hinunterbringen des Sarkophages bestimmt war. Sie setzte sich dann um acht weitere Meter bis zu einer großen Wand fort, auf deren Architraven, zu beiden Seiten der aufgehenden Sonne – gesäumt von den beiden Schwestern Isis und Nephthys –, der Name der berühmten Gemahlin Ramses' II. abzulesen war, die ebenfalls dargestellt ist in der Turiner Statue und im Felstempel von Ibsambul (= Abu Simbel). Der Name der Königin ergab sich außerdem aus den Inschriften, die auf die beiden Türpfosten eingetieft und aufgemalt waren: ‹Die Adelige von Geschlecht, die Große der Gunst, die Herrin des Guten, des Liebreizes und der Liebe, die Herrscherin von Süd und Nord, die verstorbene legitime Gemahlin, Herrin der beiden Länder, Nefertari Meri-en-Mut, gemäß der Stimme (= gerechtfertigt) des großen Gottes.›»

Objekte im Grab

Schiaparelli fand, nachdem der verschüttete Eingang freigeschaufelt worden war (Abb. 129), das Grab offen vor, ohne Überreste der antiken Schließung, und wußte bereits zu diesem Zeitpunkt, daß ihm Grabräuber zuvorgekommen waren. Dennoch konstatiert er zum Abschluß seiner Arbeiten zufrieden: «*Obgleich die vorhandenen Gerätschaften spärlich waren, erfreut sich unsere Mission nichtsdestoweniger der Entdeckung dieses Grabes als eines der Hauptresultate.*» Die wenigen Funde, die Schiaparelli bergen konnte und die im folgenden vorgestellt werden sollen, überführte er in das von ihm geleitete Turiner Ägyptische Museum, wo sie noch heute zu sehen sind. Dort wurde auch für das Publikum, nach einem Entwurf Ballerinis, ein Modell des Grabes mit allen seinen Malereien im Maßstab 1:10 angefertigt (Abb. 130a,b).

Der steinerne Sarkophag

Im zweiten, gegenüber dem vorderen ersten nochmals tiefer gelegenen und von vier Pfeilern gestützten Hauptraum des Grabes, der eigentlichen Sargkammer (Abb. 179 ff.), fand Schiaparelli als bedeutendstes Objekt den von Plünderern gesprengten und in Fragmenten herumliegenden steinernen Sarkophagdeckel, der sich größtenteils wieder zusammensetzen ließ. Auch er ist heute im Museum von Turin ausgestellt (Abb. 132, 134). Ursprünglich war er im etwas tiefer gelegten Zentrum der Felshalle, gesäumt von den vier Stützpfeilern des Raumes, plaziert gewesen. Von den ineinandergeschachtelten menschengestaltigen Särgen, die – ähnlich, wie man es aus der Grablege des Tut-anch-Amun kennt – die Mumie der Nefertari umhüllten und die ursprünglich in den steinernen Sarkophag gebettet waren, konnten keine Relikte mehr ermittelt werden. Schiaparelli war auch auf Fetzen von mumifizierten menschlichen Oberschenkeln gestoßen, und sollten dies wirklich die Reste der sterblichen Hülle der Königin gewesen sein, so hätten die Grabräuber zwangsläufig auch die Innensärge, die wohl aus (vergoldetem?) Holz bestanden, zerstört haben müssen, um an die bandagierte Mumie mit ihren wertvollen Schmuckstücken und Amuletten zu gelangen. Immerhin ist auch schon die, mittlerweile widerlegte, Ansicht vertreten worden, Nefertari sei gar nicht hier im Grab QV 66 beigesetzt worden, sondern hätte dann doch, wie man es auch für Isisnofret annimmt, ein undekoriertes Grab im Tal der Könige erhalten, und ihr Prunkgrab im Tal der Königinnen sei zunächst ungenutzt geblieben.

Der aus Rosengranit gefertigte Sarkophag war eine rechteckige Wanne mit wahrscheinlich leicht nach außen geböschten Wänden. Auf ihm ruhte der schwach gewölbte, von einem glatten Rahmen, der an den beiden Schmalseiten nochmals höher war, allseitig umgebene Deckel: In der heutigen Rekonstruktion ist dieser 2,65 m lang, 1,10 m breit und an seinem Wölbungsscheitel 39 cm hoch. Ihn überzogen mehrere quer und längs verlaufende und sich deswegen ständig rechtwinklig überschneidende Bänder mit hieroglyphischen Inschriften. Glücklicherweise lassen sich die heute verlorengegangenen Partien in manchen Passagen recht zuverlässig ergänzen, da der nur unwesentlich größere und besser erhaltene steinerne Sargdeckel der Ramses-Tochtergemahlin und Nefertari-Tochter Merit-Amun aus ihrem Grab QV 68, heute zu den Beständen des Berliner Ägyptischen Museums gehörig, auf den ersten Blick identisch gestaltet ist, auch wenn es signifikante Unterschiede gibt. Ein beachtliches Bruchstück des Merit-Amun-Deckels ist übrigens erst 1956 im Grab des königlichen Schreibers Nay (TT 271 in Qurnet Mura'i auf der thebanischen Westseite) aus der Zeit von Pharao Eje bei Aufräumungsarbeiten aufgefunden worden, wohin es aus dem nahegelegenen Tal der Königinnen in unbekannter Zeit verschleppt worden war.

Auf beiden genannten Deckeln dominiert ein Reliefbild der Himmelsgöttin Nut, die – auf der Gold-Hieroglyphe hockend – mit ihren ausgebreiteten Flügeln die Verstorbene schützt, das Kopfende der gewölbten Oberseite. Gemeinsam sind beiden Objekten auch die Darstellungen an den glatten senkrechten Frontpartien der Deckelschmalseiten: am Fußende wird die hockend und mit erhobenen Armen wiedergegebene Isis von den beidemal geflügelten Kronengottheiten der beiden Landeshälften – links der Geiergöttin Nechbet für Ober- und rechts der Schlangengöttin Uto bzw. Wadjit für Unterägypten – gesäumt; am Kopfende flankieren zwei auf rechteckigen Unterbauten ruhende Schakale als Herren der Unterwelt die Göttin Nephthys, die im selben Habitus wie ihre Schwester Isis auftritt. Am Rand der Breitseiten – bei beiden Deckeln stark zerstört – befanden sich bei Nefertari offensichtlich nur Inschriften, während bei Merit-Amun bildliche Szenen, hauptsächlich lange Reihen von Unterweltsgottheiten und -dämonen, in Zusammenhang mit der nächtlichen Fahrt der Sonnenbarke durch die Unterwelt, erscheinen.

Jeder Verstorbene, so auch Nefertari, wird nach altägyptischer Vorstellung durch seinen Tod eins mit dem Unterweltsgott Osiris. Entsprechend wird in

Abb. 131a,b Vorder- und Rückseite eines Amuletts in Gestalt eines Djed-Pfeilers aus dem Grab der Nefertari. Bemaltes Holz und Fayence. Museo Egizio, Turin, Inv. Suppl. 5163.

den Texten des Sarkophages die Königin oftmals als *Osiris* (wobei es dafür keine weibliche grammatikalische Form gibt) bezeichnet. Hauptinschriftenband ist das in der Mitte senkrecht nach unten verlaufende. Im Text wird darauf Bezug genommen, daß die Sonnenbarke mit der gealterten Abendsonne während der Nacht von der Himmelsgöttin Nut verschluckt wird, um dann von ihr am nächsten Morgen neu geboren zu werden. Da an dieser nächtlichen Fahrt der Sonnenbarke alle Verstorbenen teilnehmen, erfleht auch Nefertari die Aufnahme in den regenerierenden Leib der Himmelsgöttin, und man liest: «Worte (des Osiris [d. h. der verstorbenen Königin]) ... der Nefertari, gerechtfertigt: ‹Komm herab, meine Mutter Nut, strecke dich über mir aus, auf daß du mich unter die unvergänglichen und in dir befindlichen Gestirne einreihst und auf daß ich nicht sterbe, ich, der Osiris, die königliche Gemahlin Nefertari, ewiglich.›» Ihr antwortet die angesprochene Göttin auf der links daneben herablaufenden Kolumne: «Worte der Nut, der Großen: ‹Ich strecke mich über dir aus, meiner Tochter, dem Osiris, der großen königlichen Gemahlin, der Herrin der beiden Länder, Nefertari, der Gerechtfertigten, in diesem meinem Namen der Nut, Ra selbst hat dich gereinigt. Deine Mutter Nut ist erfreut, dich auf den Weg des Horizontes zu geleiten, du bist gerechtfertigt durch den großen Gott.›» Und auf der Kolumne rechts von der Mittelzeile fährt sie fort: «Worte der Nut, der wahrhaftig Großen: ... ‹Ich gewähre dir die süße Brise des Nordens, die wir ihm (?) geben, indem wir alle Dinge in Fülle gewähren (?) auf ewig.›» Auf den beiden äußersten Inschriftenbändern tritt dann außer der Himmelsgöttin Nut auch ihr Gemahl, der Erdgott Geb, in Erscheinung: «Worte der Nut, groß an Ruhm, herausragend in Hut-henu: ‹Du meine Tochter, der Osiris, die große königliche Gemahlin, die Herrin der beiden Länder, Nefertari, gerechtfertigt, der Abkömmling des Geb, des Herrn der beiden Länder, seine Tochter, die er auserwählt hat, sie, den Osiris, die große königliche Gemahlin Nefertari, gerechtfertigt›»; und auf der sehr lückenhaften anderen Seite: «...deren Hände hinter ihr, dem Osiris, der königlichen Gemahlin und Herrin der beiden Länder, gerechtfertigt.»

Auf den kurzen waagrechten Textstrei-

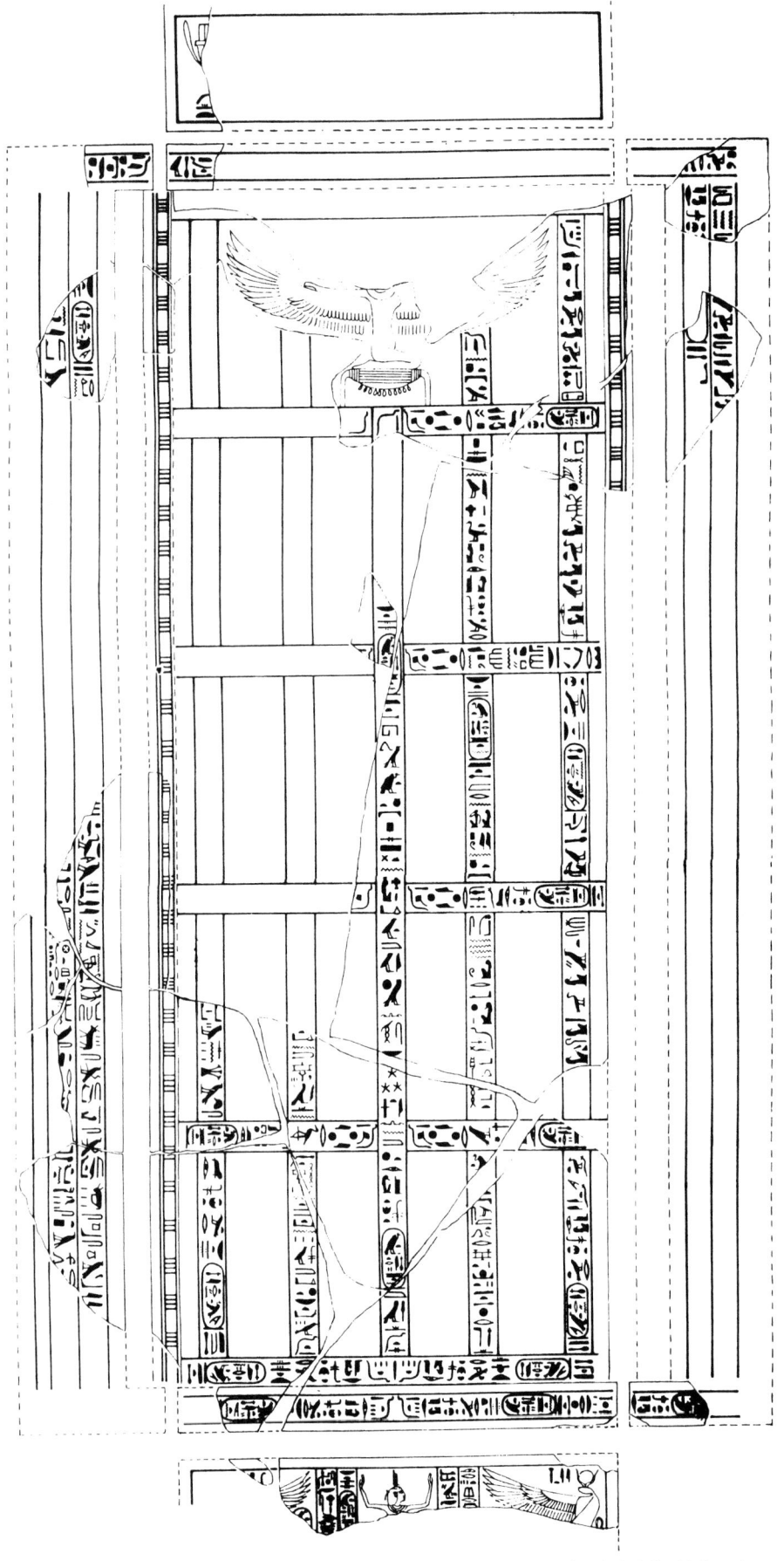

Abb. 132 Umzeichnung der Inschriften und Abbildungen auf dem Sarkophagdeckel der Nefertari.

fen zwischen den senkrechten Kolumnen – wobei die Hieroglyphen auf beiden Seiten von der Mitte aus nach außen zu lesen sind – finden funeräre Gottheiten Erwähnung, wie beispielsweise Anubis als Gott der Einbalsamierung, Thot als Protokollant bei der Wägung des Herzens während des Totengerichtes und die vier «Horussöhne» Amset, Hapi, Duamutef und Kebechsenuef, denen auch der Schutz der Eingeweidekanopen obliegt (vgl. Abb. 160, 161). Die Inschriften sind dabei zumeist nach dem Schema «Worte: ‹Geehrt mit dem Gott NN, der Osiris, die Königsgemahlin Nefertari, gerechtfertigt›» abgefaßt.

Mit ihrer annähernden Quaderform unterscheiden sich bei den Königinnenbestattungen zumindest die beiden überlieferten Sarkophage von Nefertari und Merit-Amun (hingegen war jedoch die annähernd zeitgleiche, von Harsiese usurpierte Sarkophagwanne der Henutmi-Ra anthropomorph) deutlich von denen, in welchen die Prinzen beigesetzt waren. Denn bei letzteren handelt es sich – wie der heute noch in seinem Grab befindliche Sarkophag des Ramses III-Sohnes Amun-her-chopschef, übrigens das einzige im gesamten Tal der Königinnen unzerstört, aber geplündert, überkommene Objekt seiner Art, anschaulich zeigt (Abb. 128) – um Sargwannen von ovalem Grundriß, auf welchen ein ebenso ovaler Deckel, oft mit dem plastisch herausmodellierten Abbild des Verstorbenen in Mumiengestalt auf der Oberseite versehen, auflag.

Magische Objekte

Zu den rituellen Praktiken, die den Schutz der Mumien vor Plünderern sicherstellen und dem Toten ein ungestörtes ewiges Weiterleben garantieren sollten, gehörte unter anderem die Plazierung der «magischen Ziegel» in der Sargkammer nach den vier Himmelsrichtungen. Zur Aufnahme dieser apotropäischen Objekte waren im hinteren Hauptraum des Nefertari-Grabes vier Wandnischen ausgespart. In einer von ihnen konnte Schiaparelli tatsächlich noch das entsprechende Schutzamulett auffinden: die Rückwand (vgl. Abb. 178) verbarg, hinter einer Steinplatte sorgfältig verborgen, einen hölzernen Djed-Pfeiler. In dessen eine Seite waren – zwischen vergoldeten Stegen und Rahmungen – blaue Glasflußfelder eingelassen (Abb. 131a), die andere Seite wies auf einer gelben Grundierung Striche und Hieroglyphen in roter Farbe auf, wobei die Inschrift die Titulatur der

Königin nennt: «Der Osiris, die große königliche Gemahlin, die von ihm Auserwählte, Nefertari Meri-en-Mut, gerechtfertigt wie Ra» (Abb. 131b). Dieses Emblem, wohl ursprünglich eine stilisierte zusammengebundene Getreidegarbe als Fruchtbarkeitsfetisch und damit in Verbindung mit dem Vegetationsgott Osiris stehend, wurde im Lauf der Zeit als «Rückgrat des Osiris» gedeutet und zu dessen festem Symbol. Als Hieroglyphenzeichen kann man es mit dem Begriff «Dauer» übersetzen. Außerhalb dieser Nische fand Schiaparelli übrigens auch noch drei Fragmente von einem oder mehreren weiteren hölzernen Djed-Pfeilern, die höchstwahrscheinlich von der Außendekoration einer oder mehrerer Schatullen stammen.

Aus Texten und analogen Funden weiß man auch, wie man sich die übrigen «magischen Ziegel» vorzustellen hat: im Süden wurde eine Fackel plaziert, die laut magischer Aufschrift den Wüstensand vom Grab fernhalten sollte, den Norden nahm eine mumiengestaltige Figur ein, der Osten wurde einem Schakalsgott unterstellt, und im Westen wurde der Djed-Pfeiler deponiert. Dabei sind die genannten Himmelsrichtungen als kultische Orientierungspunkte aufzufassen, die nicht unbedingt mit den tatsächlichen geographischen Gegebenheiten übereinstimmen müssen: auch im Nefertari-Grab symbolisiert die Rückwand der Sarkophagkammer – dort, wo auch der Djed-Pfeiler gefunden worden war – das Ende des Diesseits, den Westen, den Eingang in die Unterwelt; auch wenn diese, mit der Kompaßnadel nachgemessen, de facto nach Norden zeigt!

Abb. 133 Uschebtis der Nefertari aus ihrem Grab. Holz mit Bitumenauflage und Bemalung; mittl. H. 20 cm. Museo Egizio Turin, Inv. Suppl. 5182, 5185, 5186, 5188.

Zu allen vier Emblemen kennt man nicht nur die magischen Funktionen, sondern auch die kultischen Riten, mit denen sie «aktiviert» wurden. Im Fall des Djed-Pfeilers lautet der Spruch: «Du, der du überall Neugierde zeigst, lenke deine Schritte in andere Richtung, denn jener, der sich vor dir verbirgt, ist ein Mensch, der seinen Heimgang antritt. Ich bin einer, der ihm folgt, der Djed; ich bin fürwahr jener, der stets auf dem Fuße folgt, der Djed, der die Mörder verscheuchende Tag. Ich bin der Schutz des Osiris.» In der nachfolgenden «Gebrauchsanleitung» heißt es dann: «Man spreche diese Formel auf einen Djedpfeiler aus Fayence, der auf einem ungebrannten Tonziegel steht, in welchem diese Formel eingeritzt ist. In der Westwand bereite man eine Nische für ihn vor und wende ihn nach Osten. Dann vermauere man ihn mit Erde, die mit Zedernöl getränkt wurde. Damit hält man die Feinde des Osiris fern!» In ähnlicher Weise schildert auch das 155. Kapitel des altägyptischen Totenbuches, wie ein (kleineres) Djed-Amulett am Hals der Mumie zu deren Schutz befestigt werden soll.

Abb. 134 Bruchstücke des Sarkophagdeckels der Nefertari. Roter Granit; rekonstr. L. 2,65 m, Br. 1,10 m, H. 0,4 m. Museo Egizio, Turin, Inv. Suppl. 5153.

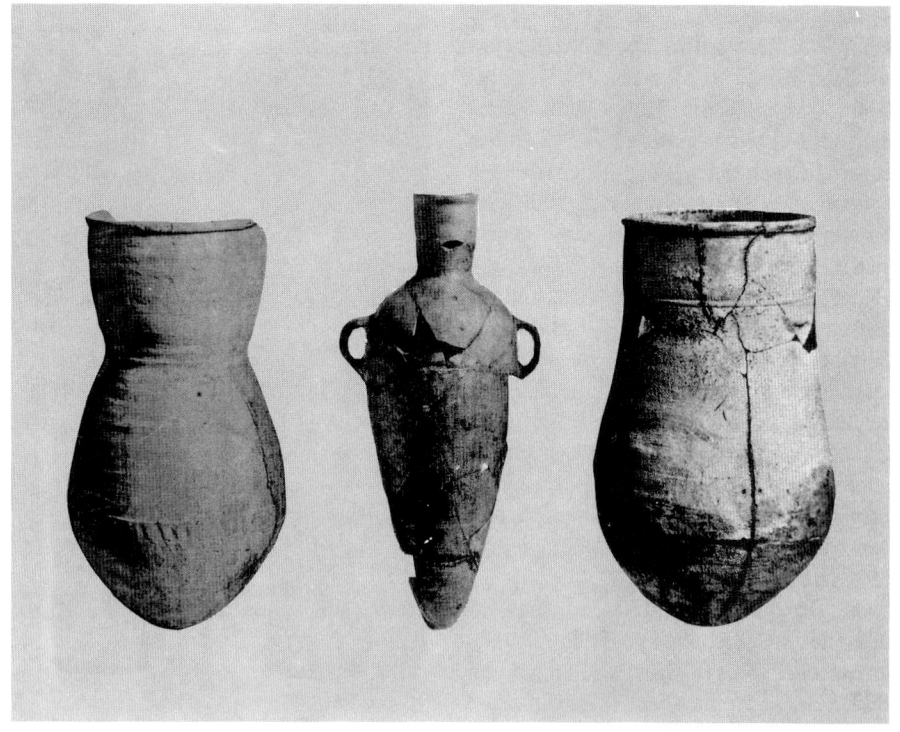

Abb. 135 Bastsandale aus dem Grab der Nefertari. Museo Egizio, Turin. – Abb. 136 Keramikgefäße aus dem Grab der Nefertari.

Uschebtis

Das zuletzt erwähnte Totenbuch, und zwar sein 6. Kapitel, gibt auch Aufschluß über die Funktion der Uschebti-Figürchen, die man jedem Verstorbenen in mehr oder minder großer Zahl mit ins Grab gegeben hat: «Spruch, um zu veranlassen, daß ein Uschebti Arbeit leistet im Totenreich: ‹Oh ihr Uschebtis, wenn ich verpflichtet werde, irgendeine Arbeit zu leisten, die dort im Totenreich zu leisten ist – wenn nämlich dort ein Mann zu seiner Arbeitsleistung verurteilt wird –, dann verpflichte du dich zu dem, was dort verlangt wird, um die Felder zu bestellen und die Ufer zu bewässern, um den Sand des Ostens und des Westens überzufahren. *Ich will es tun, hier bin ich*, sollst du sagen.›» Im Idealfall (so beispielsweise bei Tut-anch-Amun aufgefunden) waren es 413 solcher «Antworter», die im Falle unerwünschter Arbeitsaufforderungen für den Verstorbenen einspringen sollten, nämlich 365 Arbeiter für jeden Tag, 36 Aufseher für jede Woche (wobei die Ägypter eine 10-Tage-Woche hatten) und 12 Oberaufseher für jeden Monat des Jahres. Wie viele solcher Uschebtis Nefertari mit ins Grab gegeben wurden, läßt sich nicht mehr ermitteln. Bei der Mehrzahl der von Schiaparelli aufgefundenen Figürchen, von denen allein das Turiner Museum 34 Exemplare verwahrt und weitere in anderen Sammlungen (Kairo und Toronto) vertreten sind, handelt es sich um jeweils etwa 19 cm hohe hölzerne und mit einer schwarzen Bitumenschicht überzogene Stücke, bei welchen die Gesichter, Haartracht, Gliedmaßen und Arbeitsgeräte sowie die vierzeilige Inschrift – mit der namentlichen Nennung der Besitzerin («... der Osiris, die große königliche Gemahlin ... Nefertari meri-en-Mut») und einer stark gekürzten Variante des eben zitierten 6. Kapitels des Totenbuches – in gelber Farbe aufgetragen sind (Abb. 133). Das Kairener Museum besitzt, außer zwei Exemplaren in der geschilderten Ausführung, auch noch das 7 cm große Unterteil eines in dunklem Steatit gefertigten Uschebtis, wo die Besitzerin allerdings nur «königliche (nicht ‹Große königliche›) Gemahlin Nefertari meri-en-Mut» genannt wird. Alle Bearbeiter bemängeln in ihren Publikationen der Uschebtis die auffällig schlechte Qualität der Nefertari-Totenfigürchen, die so gar nicht zu einer Großen königlichen Gemahlin passen will.

Ein weiteres Nefertari-Uschebti entdeckte im Jahr 1907 W. M. F. Petrie in einer Depotgrube in Giza südlich des großen Sphinx, also mehrere hundert Kilometer vom Grab entfernt, und zwar gemeinsam mit anderen Figuren, hauptsächlich des Ptah-Hohenpriesters Chaemwese, 4. Sohn Ramses' II. und der Isisnofret. Auch das einzig bislang bekannte Uschebti der letztgenannten Königin (aus grüner Fayence und heute unter der Inventarnummer 334 in Berlin) stammt übrigens nicht aus ihrem Grab im Tal der Königinnen, sondern aus einem weiteren Depot bei Memphis. Denn solche kleinen Figürchen scheinen nicht nur als Grabbeigabe gedient zu haben, sondern auch als Votiv, das man an bedeutenden religiösen Zentren stiftete, wohl nachdem man sie besucht hatte.

Gebrauchsgegenstände

Wie bei jeder anderen Beisetzung hat man auch Nefertari diverse Objekte des täglichen Gebrauches mit ins Grab gegeben, damit sie im Jenseits mit allem Erforderlichen ausgerüstet war. Doch haben hier die Plünderer nahezu alles gestohlen oder zerstört, und viele der Beigaben aus organischen Materialien dürften, gefördert durch das mehrfach ins Grabesinnere eingedrungene Wasser, im Lauf der Zeit verrottet sein. So konnte, abgesehen von einigen Textilfetzen, an nennenswerten Kleidungsstücken nur ein Paar Sandalen aus Palmbast (Abb. 135) geborgen werden.

Von den hölzernen, zumeist noch mit einer dünnen Stuckschicht als Grundierung für die Inschriften und Malereien überzogenen Kisten und Schatullen, in denen die Beigaben ins Innere des Grabes transportiert worden sind, hat sich ebenfalls kein komplettes Exemplar erhalten. Schiaparelli fand lediglich – abgesehen von den bereits erwähnten Djed-Pfeilern, die wohl dereinst solche Truhen dekorierten – zwei gewölbte Kästchendeckel, von denen der eine (Abb. 137) eine bunte Streifenbemalung und ein kleines Inschriftenband aufwies, in welchem der Name der «Nefertari meri-en-Mut, Herrin der beiden Länder» auffälligerweise nicht von einem Namensoval umschlossen geschrieben worden ist. Dies ist zwar beim anderen Exemplar (Abb. 138) der Fall, doch wird dafür Nefertari hier außer als «Osiris» (was belegt, daß dieses Stück eigens für die Grabausstattung hergestellt worden ist) nur als «königliche», nicht als «Große königliche Gemahlin» tituliert.

Als interessantestes Objekt erwies sich der bereits mehrfach erwähnte Knauf aus blauer Fayence (Abb. 12), der zu einer verlorengegangenen Kiste größeren Formates (bereits der Knauf hat 8 cm Durchmesser) gehörte. Da er nicht die Namenskartusche der Königin, sondern die von Pharao Eje, dem Nachfolger Tut-anch-Amuns aus der ausgehenden 18. Dynastie, trägt, wurde dieses Stück, wie bereits ausgeführt, immer wieder herangezogen, um ein verwandtschaftliches Verhältnis zwischen Nefertari und Eje zu konstruieren.

Unter den weiteren fragmentarischen Grabbeigaben ließen sich auch einige größerformatige Scherben wieder zu tönernen Vorratsgefäßen zusammensetzen (Abb. 136).

Daß bei den allerjüngsten Restaurierungsarbeiten im Februar 1988 noch ein Stück einer Goldfolie von einem Schmuckstück mit Hieroglypheninschrift in Treibarbeit zutage trat, das von den Plünderern übersehen worden war (Abb. 120), und daß auch einige Pretiosen in diversen Museen am wahrscheinlichsten dem Grabschatz der Nefertari entstammen dürften, wurde bereits erwähnt.

Ein unersetzliches Monument

Was das Grab der Nefertari zu einem unschätzbaren Juwel macht, sind seine Malereien und zarten Reliefs, die sämtliche Wände der mehrkammerigen Anlage überziehen. Schiaparelli hat ihren Erhaltungszustand zum Zeitpunkt der Wiederentdeckung mittels der damals üblichen sperrigen Plattenkameras in 132 heute in Turin aufbewahrten Glasnegativen (beispielsweise Abb. 129, 173, 175, 191) dokumentiert.

Insgesamt über 520 Quadratmeter Wand- und Deckenfläche sind in den Haupt- und Nebenräumen des Felsgrabes

Abb. 137 Deckel eines Kästchens aus dem Grab der Nefertari. Bemaltes Holz; L. 13,5 cm, Br. 9,5 cm. Museo Egizio, Turin, Inv. Suppl. 5199.

mit Bildern bedeckt gewesen (vor allem im rückwärtigen Teil sind sie heute stark beschädigt oder schon gänzlich zerstört). Die Künstler hatten hier kräftige, ungebrochene Farben verwendet, nicht die gedämpften Pastelltöne, wie sie sich in den nur unwesentlich späteren Prinzengräbern der 20. Dynastie finden. Doch konnten die Handwerker nicht einfach, nachdem die Kammern und Gänge in den Kalksteinfelsen des thebanischen Westgebirges hineingeschlagen worden waren, die geglätteten Flächen darin bemalen, denn dafür war das Untergrundgestein viel zu grobkörnig und inhomogen. Vielmehr mußte erst ein geeigneter Untergrund geschaffen werden, indem man die roh geglätteten Wände zunächst mit einem groben Unterputz aus Gipsmasse und häckselgemagertem Lehm bewarf, auf welchen dann die Gips- und Kalkschicht aufgetragen wurde, die als Malgrund diente bzw. aus der man die extrem flachen Reliefs herausschnitt.

Der Künstler oder die Malergruppe, die das Nefertari-Grab zu dekorieren hatten, sind uns – wie in fast allen Fällen bei altägyptischen Kunstwerken – nicht namentlich überliefert. Man weiß nur, daß all diejenigen, die an den Bestattungsplätzen für die Mitglieder der königlichen Familie arbeiteten und sich selbst bescheiden als «Diener an der Stätte der Wahrheit» titulierten (Abb. 123), in der abgesondert liegenden Arbeitersiedlung von Deir el-Medine unweit nördlich des Tals der Königinnen beheimatet waren. Von den Wohnstätten aus gingen ausgebaute und mit Rastmöglichkeiten versehene Pfade sowohl weiter nach Norden ins Tal der Könige wie auch in die andere

Abb. 138 Deckel eines Kästchens aus dem Grab der Nefertari. Museo Egizio, Turin.

Abb. 139 Porträt der Nefertari in ihrem Grab im Tal der Königinnen.

Richtung, ins Tal der Königinnen (Abb. 122). Zudem ist in den letzten Jahren auch im Tal der Königinnen selbst, im Areal zwischen den Eingängen der Gräber QV 56 und QV 80, eine kleine ramessidische Arbeitersiedlung mit wenigen Unterkünften, praktisch eine «Außenstelle» von Deir el-Medine, die von der Regierungszeit Ramses' II. bis zu derjenigen Ramses' III. belegt war, aufgefunden worden. Hierbei dürfte es sich wohl um den «Weiler» *(whjt)* von *Ta set neferu (t3 st nfrw)* handeln, der auf hieratisch beschrifteten Ostraka erwähnt wird.

Es dürften demnach dieselben Spezialisten, die in der Königsnekropole beschäftigt waren, gewesen sein, die auch die Königinnen- und Prinzengräber in den Fels trieben und mit Bilderschmuck versahen. Allerdings scheinen die Maler in den Grabstätten der Frauen nicht so starken motivischen und ikonographischen Konventionen unterworfen gewesen zu sein, wie es in den Herrschergräbern der Fall war; das heißt umgekehrt, sie konnten bei ihrer Arbeit im Tal der Königinnen leichter eigenständige künstlerische Gedanken einbringen, was ihnen im Tal der Könige aus ideologisch-religiösen Gründen verwehrt blieb. Zwar weist auch die letzte Ruhestätte der Nefertari als häufigstes Motiv die in den Pharaonengräbern schon seit Thutmosis IV. üblichen Bildzyklen auf, nämlich Darstellungen des königlichen Verstorbenen in direktem Kontakt mit den Göttern, denen er in derselben Körpergröße, also gleichrangig, gegenübertritt; doch findet sich hierbei an den Porträts der Nefertari – bezeichnenderweise aber nicht bei den Göttern, die ihr gegenüberstehen – eine Novität von kunsthistorischer Bedeutung: erstmals wird der Versuch unternommen, Plastizität im Flachbild durch Schattenwirkung zu erzielen. Hatte bislang bei menschlichen Darstellungen die Haut immer eine homogene rotbraune (bei Männern) oder gelbbraune (bei Frauen) Farbgebung, so sind bei Nefertari die «im Schatten» liegenden Teile des Gesichtes – beispielsweise die Wangenpartie in Nasennähe – deutlich dunkler ausgemalt (Abb. 139).

Man kann wohl bei jedem Pharao davon ausgehen, daß er bald nach seiner Thronbesteigung begonnen hat, sich auch um sein jenseitiges Weiterleben zu kümmern und für sich einen würdigen Bestattungsplatz anlegen zu lassen. Ramses II. hat darin wohl keine Ausnahme gebildet, auch wenn man eher den Eindruck gewinnt, daß er seine Kapazitäten mehr auf die Nekropole seiner Gemahlinnen im Tal der Königinnen verlegt zu haben scheint, angesichts der Tatsache, daß das Nefertari-Grab komplett reliefiert und ausgemalt worden ist und auch für andere seiner Hauptfrauen dort Bestattungsplätze, wenn auch weniger aufwendige, geschaffen worden sind, während sein eigenes Grab im Tal der Könige (KV 7) – trotz seiner 67 Regierungsjahre, die ihm genügend Zeit für einen Prunkbau gelassen hätten – nicht gerade die allergrößte und eine möglicherweise in ihrem Bildschmuck sogar unvollendet gebliebene Anlage darstellt. Das größte Grab im Tal der Könige stammt von Ramses' Vater Sethos I. (KV 17), der es während seiner rund 14 Jahre auf dem Thron geschafft hatte, für seine eigene Bestattung – und sicher schon zu seiner Regierungszeit wurde auch noch das recht große Grab seiner Gemahlin Mut-Tuy im Tal der Königinnen (QV 80 [Abb. 148]) angelegt, auch wenn diese erst während der Herrschaft ihres Sohnes Ramses II. verstarb – eine fast 100 m lange Folge von Korridoren und Pfeilerhallen in den Felsen schlagen und diese zudem nahezu komplett mit Bildschmuck verzieren zu lassen. Dabei wurde für die meisten Wandreliefs auch noch die aufwendige Methode gewählt, die Figuren erhaben stehenzulassen und deren gesamte Umgebung abzuarbeiten; die Bildmotive und Hieroglyphen lediglich in den Untergrund einzuschneiden hätte weitaus weniger Mühe erfordert. Dieselbe Technik des erhabenen Reliefs findet sich zwar auch im Grab Ramses' II., doch war hier die zu dekorierende Wandfläche geringer, so daß für diese Anlage weniger als die für Sethos I. maximal anzunehmenden 14 Jahre an Arbeitszeit benötigt wurde. Außerdem standen die Mineure, also die Spezialisten für das Aushöhlen der Gangsysteme, bereits zu dem Zeitpunkt, als im Grabesinneren noch verputzt und ausgemalt wurde, schon wieder für das Herausschlagen einer weiteren Felsanlage zur Verfügung, und erst, als diese wiederum in den Berg hineingetrieben war, konnten die Stukkateure und Maler dort mit ihrer neuen Tätigkeit am Dekorationsprogramm beginnen. Es wurde also wahrscheinlich, ohne daß es zu Personalengpässen kam, an zwei oder mehreren Gräbern unterschiedlichen Fertigstellungsstadiums gleichzeitig gearbeitet.

Setzt man den Tod der Nefertari etwa in das 24. Jahr Ramses' II., dann wäre rund ein Jahrzehnt Zeit gewesen, im Anschluß an das Königsgrab dasjenige der Königin anzugehen und fertigzustellen, selbst wenn die bildliche Ausschmückung mit dem Ableben der Königin gerade erst vollendet gewesen wäre. Und die lange Regierungszeit Ramses' II. ermöglichte es schließlich, daß in der Folge auch die meisten anderen «Großen königlichen Gemahlinnen» mit individuellen Felsgräbern im Tal der Königinnen bedacht werden konnten.

Rettung in letzter Minute

Das schlechte poröse Gestein, in welches das Nefertari-Grab hineingeschlagen ist, aber auch Einwirkungen von Wasser und den darin gelösten Salzen haben dazu geführt, daß sein Bildschmuck schwer in Mitleidenschaft gezogen worden ist und sich zuletzt ganze Verputzplatten mit farbigem Dekor von den Wänden zu lösen drohten. Der rapide Zerfall der Malereien wird am augenfälligsten im Vergleich der 1904 und 1905 entstandenen Bilder Schiaparellis mit den nicht einmal 20 Jahre später, zwischen den Jahren 1920 und 1923 aufgenommenen Fotos des Amerikaners Harry Burton, der das Grab im Auftrag des New Yorker Metropolitan Museum dokumentierte. Dazwischen hatten unter anderem noch 1909 der Schotte Colin Campbell und zwischen 1914 und 1916 der Engländer Robert Mond das Grab aufgesucht und ebenso jeweils Schwarzweißbilder von der Innendekoration angefertigt. Die ersten Farbaufnahmen davon entstanden wohl 1953 durch Claudio Emmer für einen Bildband über ägyptische Malerei. Erstmals komplett und in Farbe dokumentiert wurden die Wandgemälde für die 1971 erschienene Gesamtpublikation des Grabes von Hans Goedicke und Gertrud Thausing.

Schon 1940 wurde in einer im Auftrag der ägyptischen Altertümerverwaltung erstellten Studie auf die fortschreitenden Schäden im Grab hingewiesen, und parallel zu deren Erstellung unternahm man auch erste Restaurierungsversuche, wie die Fixierung loser Wandpartien durch Injektionen von Klebemitteln in die Hohlräume zwischen Fels und Verputz. In der Folge gab es weitere Untersuchungen, unter anderem durch die UNESCO oder das ICCROM (International Centre for the Study of Preservation and Restoration of Cultural Property).

Im wesentlichen konnten folgende Ursachen für die zunehmende Zerstörung des Bilderschmucks ermittelt werden:
– geologische Instabilität des gesamten Areals, so daß sich jede Art von Bodenerschütterungen – auch die durch Touristenbusse hervorgerufenen – negativ auswirken;

– durch das poröse und rissige Kalkgestein (zum Beispiel nach Regenfällen in der Umgebung) eindringendes Wasser, durch das sich der bemalte Putz vom felsigen Untergrund ablöst;
– die in diesem Wasser gelösten Salze, die erstens mit dem gipshaltigen Verputz chemische Reaktionen eingehen und diesen auswaschen und die zweitens beim Verdunsten des Wassers zurückbleiben und als Kristalle ausblühen, sei es in den Hohlräumen zwischen Fels und Verputz, wo sie letzteren mechanisch wegdrücken, sei es an der Verputzoberfläche, wo sie die Farbpartikel absprengen;
– die, unter anderem durch Atem und Schweiß der Besucher hervorgerufenen, ständigen Schwankungen der Luftfeuchtigkeit und der Temperaturen im Grabesinneren (lange Perioden von geringer Feuchtigkeit führen dann nämlich umgekehrt zu Austrocknung und damit verbundener Schrumpfung der Putzschichten und somit zu Rißbildungen an ihnen und deren Abplatzen);
– Befall durch Schimmel und andere Kleinorganismen, die seit der Freilegung im Jahr 1904 eingeschleppt worden sind und die sich vor allem bei Luftfeuchtigkeitswerten um 70 Prozent rapide vermehren.

Seit September 1985 bemühten sich die Ägyptische Altertümerverwaltung (EAO) und das Getty Conservation Institute in Malibu (GCI) um die Rettung der gefährdeten Malereien, die bereits zu diesem Zeitpunkt zu rund 20 Prozent unwiederbringlich zerstört waren. Bevor das Team unter Leitung des italienischen Konservatorenpaares Paolo und Laura Mora im Jahr 1988 an die eigentliche Restaurierung des Bildschmuckes gehen konnte, die man in der stärker beschädigten Sargkammer begann, wurden erst, zur Erarbeitung optimaler Verfahren, umfangreiche Messungen und Analysen vorgenommen, an denen Spezialisten aus sieben Nationen beteiligt waren. Die großangelegte Aktion, die umgerechnet rund sechs Millionen Mark Kosten verursacht hatte, fand ihren offiziellen Abschluß nach siebenjähriger Forschungs- und davon fünfjähriger Restaurierungsarbeit im Frühjahr 1992 (Abb. 140–145).

Lose und gelockerte Partien waren zunächst provisorisch mit Streifen aus Japanpapier fixiert und mit verdünntem Acrylharz wieder an ihrem ursprünglichen Ort befestigt worden. Größere gefährdete Partien wurden mit Gazetüchern überspannt und so vor dem Herabfallen bewahrt. Der eigentlichen dauerhaften Konservierung ging als erstes die Reinigung der eingestaubten Wandoberflächen

Abb. 140–142 Restaurierungsarbeiten im Grab der Nefertari: Entfernen der Salzausblühungen und früherer unsachgemäßer Ausbesserungen sowie farbliche Anpassung der Fehlstellen.

mittels eines schwachen Druckluftgebläses und, wo dies nicht ausreiche, mit geeigneten Chemikalien voraus. Parallel zum endgültigen Befestigen der lockeren Wandteile und zum Wiedereinsetzen herabgefallener Partien (die besonders sorgfältig gereinigt und von Salzbefall befreit werden mußten) beseitigte man auch frühere unsachgemäße Reparaturen. Nach Möglichkeit wurde versucht, eine Isolierschicht zwischen den bemalten Putz und den Felsen zu legen, um erneuten Beschädigungen durch eindringendes salzhaltiges Wasser vorzubeugen. Fehlstellen wurden durch einen speziell komponierten Mörtel ausgefüllt, der möglichst wenig Reaktionen mit den benachbarten antiken Wandpartien eingehen und auch sein Volumen während des Trocknungsprozesses nicht wesentlich ändern durfte. Alle Arbeitsschritte wurden fotografisch dokumentiert und erfolgten auch in ständigem Vergleich mit den historischen Schwarzweißaufnahmen, wobei man bemüht war, so gut wie keine modernen Ergänzungen vorzunehmen, sondern nur den aktuellen originalen Erhaltungszustand für die Zukunft zu wahren.

Natürlich ist all diesen Maßnahmen nur dann dauerhafter Erfolg beschieden, wenn das Grab einer ständigen Kontrolle unterliegt, so daß auf eventuell auftretende Rückschläge oder neue Probleme sofort reagiert werden kann, und wenn man die empfindlichen Wandmalereien und ihr Ambiente unbehelligt läßt, das heißt, wenn die Anlage weiterhin für den Massentourismus gesperrt bleibt. Eine Möglichkeit, die Schönheit dieser Stätte dennoch für Ägyptenbesucher anschaulich zu machen, wäre der maßstab- und farbgetreue Nachbau des Grabes an einem nahegelegenen Ort – ein Projekt, das derzeit ernsthaft diskutiert und kalkuliert wird. Immerhin war ein erster Versuch in dieser Richtung bereits im Jahr 1976 unternommen worden, als man im Rahmen der Pariser Ausstellung «Ramsès le Grand» eine begehbare Kopie der Anlage mit Fotos der Malereien im Maßstab 1:1 anfertigte. Mittlerweile haben sich die Reproduktionstechniken nochmals deutlich verbessert, was der Nachbau der Höhle von Lascaux in Frankreich, der ebenso viele Besucher anzieht wie ehemals das unmittelbar daneben befindliche Original, oder wie die transportablen Kopien der ramessidischen Sargkammer des Sennedjem aus Deir el-Medine und des «Weinlaubgrabes» des Sennefer aus der 18. Dynastie, die mittlerweile schon Glanzpunkt mehrerer Ägyptenausstellungen gewesen sind, anschaulich zeigen.

Abb. 143–145 Restaurierungsarbeiten im Grab der Nefertari: Klebstoffauftrag und Fixierung herabgefallener oder gelockerter bemalter Verputzbrocken sowie Hinterfangen von Hohlräumen mit Kunstharzinjektionen.

Heike C. Schmidt

Die Transfiguration der Nefertari

Ein Leben im Glanz der Sonne

«Ein Grab für die Feinde Seiner Majestät gibt es nicht.» Kaum eine Drohung oder körperliche Strafe konnte im pharaonischen Ägypten furchtbarer sein als die Realität des angeführten Zitates.

Da der Tod eine unmittelbare Erfahrung jeglichen Lebens ist, entwickelt jede Kultur im Laufe der Zeit Theologien und Theorien zur geistigen Überwindung dieses unabänderlichen Geschehens. Unterschiedlichste Wege werden dabei beschritten, allen gemein sind jedoch Ausgangspunkt und Ziel. Der das diesseitige Leben beendende Tod steht am Beginn des Weges zur Unsterblichkeit.

Idealvoraussetzung für die Überwindung des Todes in Ägypten war der Besitz eines Grabes. Dieses galt als «Haus für die Ewigkeit». Der Verlust desselben – etwa durch die Aushackung des Namens des Grabinhabers (vergleichbar einer *damnatio memoriae*) –, wie es der einführende Satz androht, verdammte zur Nichtexistenz.

Zur Sicherung des postmortalen Daseins gehörte jedoch mehr als die bloße Örtlichkeit. Die Reliefs und Wandmalereien in den Gräbern legen Zeugnis ab sowohl von den existenziellen Wünschen als auch – implizit – den Ängsten, die die Vorstellung vom jenseitigen Leben bestimmten. Anders als in der Realität des Diesseits hatte der Ägypter die Möglichkeit, das jenseitige Leben vorauszuplanen und dementsprechend zu gestalten. Wenn sich auch die Darstellungen am Diesseits orientieren, gleichsam ein Spiegel desselben sind, so zeigen sie doch eher Wunschbilder einer erstrebten Vollkommenheit. Mit den Mitteln der darstellenden Kunst gelang es den Ägyptern, für sich einen ewigen, «wahren» Lebensraum, eine «heile Welt» zu schaffen, die sich von der «Wirklichkeit» durch Perfektion und Präzision unterscheidet. Das Jenseits barg zwar Gefahren, die unter Umständen das ewige Leben des Verstorbenen bedrohten, aber gegen jede vorstellbare Gefährdung konnten schon aus dem Diesseits Gegenmaßnahmen getroffen werden, deren bloße Darstellung bereits ihre Wirksamkeit zu garantieren schien. Selbst der Prozeß der Alterung, Feind eines jeden Lebens, war gebannt. Schenkt man den Wandreliefs Glauben – und diese reflektieren nach dem ägyptischen Selbstverständnis die ewige Wahrheit –, so ist auch diese Gefahr in der jenseitigen Welt überwunden, da die unveränderlichen Abbilder die Menschen in einer kraftvollen, zeitlosen Gestalt zeigen. Diese bewußte Umbildung der Wirklichkeit war ein Prinzip der ägyptischen Kunst, das nur selten durchbrochen wurde, da (fast) jegliches Bild nach einem feststehenden, verbindlichen Kanon geschaffen wurde. In anderem Zusammenhang wurde für diese Art des Umgangs mit der Realität das Begriffspaar von «‹Wahrheit› und Wirklichkeit» geprägt. Die individuell erfahrbare, subjektive Wirklichkeit stand hinter der durch Verhaltensmuster und Schemata festgelegten, magisch manipulierbaren objektiven Wahrheit zurück. Jede schriftliche oder bildliche Fixierung hatte im alten Ägypten den Zweck, «Wahrheit» zu schaffen, und nicht, Wirklichkeit zu dokumentieren. Jegliches Relikt dieser Kultur kann somit nicht nach seinem «Wirklichkeits-», sondern stets nur nach dem «Wahrheitsgehalt» befragt werden. Dieser «Wahrheitsgehalt» ist es, der es dem Ägypter ermöglichte, verbindliche «utopische» Welten anstelle der Realität zu setzen. Bezüglich der Darstellung des menschlichen Einzelwesens formulierte Walter Wolf deshalb: «Das Thema des Menschenbildes ist zwar der bestimmte Einzelmensch, aber nicht die vergängliche Realität seiner Erscheinung, sondern die bleibende Idee seiner Existenz.» Die Vergänglichkeit des Menschen in der Wirklichkeit wurde durch die Darstellungen der beständigen «Wahrheit» überwunden.

So gesehen war der Tod für den Ägypter theoretisch keine Bedrohung, da dieser lediglich den Übergang in eine andere, jedoch nicht unbekannte Welt initiierte, in der die Identität des Individuums erhalten blieb. Diese Vorstellung führte so weit, daß man gegenüber der Vergänglichkeit des diesseitigen Lebens das Jenseits als einen erstrebenswerten Ort betrachtete, indem man sagte: «Ein Traum ist die Zeit, die man auf Erden verbringt! ‹Willkommen, wohlbehalten und heil!› aber sagt man zu dem, der den Westen erreicht hat.»

Jenseitsvorstellungen in ihrer historischen Entwicklung

Die Ansichten über das Jenseits und die dortigen Lebensbedingungen waren im Laufe der Zeit einem Wandel unterworfen. Während Theorien weiterentwickelt und modifiziert wurden, war das Erlangen der Unsterblichkeit jedoch stets durch Wort und Bild gesichert. So läßt sich die Intensität erklären, mit der man sich zu jeder Zeit mit den Vorstellungen des Jenseits beschäftigte. Die unermüdliche Beharrlichkeit bei der Anlegung und Ausschmückung des «Hauses für die Ewigkeit», sobald es soziale Stellung und Einkünfte erlaubten, wird verständlich: die angestrebte Unsterblichkeit war – als sichere Verheißung für die Zukunft – (fast) jede Anstrengung wert.

Trotz aller vorgenommenen Modifikationen waren die Grundvoraussetzungen, die ein Grab zu erfüllen hatte, jedoch zu allen Zeiten gleich. Es diente – als «Haus für die Ewigkeit» – nicht nur als Heimstatt für die Seele und den Körper des Verstorbenen, sondern war zuvor der Ort der Transfiguration, einer Umwandlung von der sterblichen, menschlichen in eine unsterbliche, gottähnliche, ewige Existenz. Die Kontinuität in dieser neuen Daseinsform wurde durch die Architektur sowie die Ausschmückung des Grabes in Wort und Bild gesichert. Jedem der unzähligen Gräber Ägyptens liegt derselbe elementare Wunsch nach dieser Transfiguration zugrunde. Die zeitliche Fixierung innerhalb der dreitausendjährigen pharaonischen Geschichte sowie die soziale Stellung des Grabinhabers bedingten jedoch sowohl den Ort als auch die architektonische Gestaltung und inhaltliche Ausführung seines ewigen Ruheplatzes.

Die ältesten, durch die Pyramidentexte überlieferten, ägyptischen Jenseitsvorstellungen geben Zeugnis von einem himmlischen Jenseits, als dessen Herrscher der Sonnengott Ra galt. Ursprünglich nur dem König als irdischem Repräsentanten des Sonnengottes vorbehalten – der sich den Zugang zudem gewaltsam erkämpfen mußte –, war es das Ziel des Verstorbenen, nach dem Tode in dieses von solaren Vorstellungen geprägte Jen-

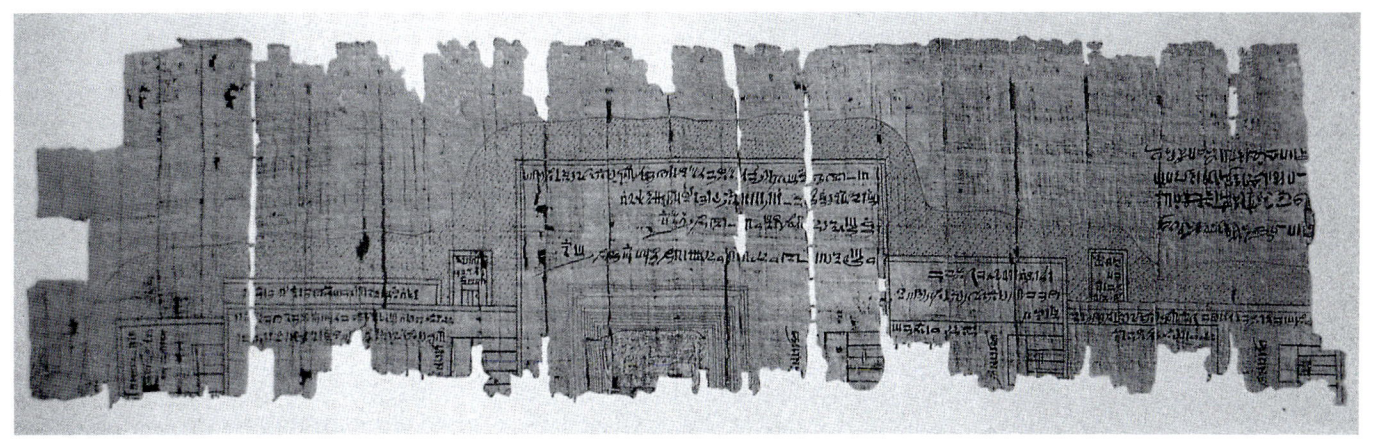

Abb. 146 Papyrus mit dem Grundriß des Grabes Ramses' IV. In der Mitte der Sarkophagkammer sind die Schreine wiedergegeben, die den Sarkophag umschlossen. L. 89 cm. Museo Egizio, Turin, Inv. Kat. 1885.

seits zu gelangen. Zahlreiche Pyramidentextsprüche beschäftigen sich mit dem Aufstieg der «Seele» des verstorbenen Herrschers zum Himmel. Nach gelungener Transposition teilte er sodann das erstrebte Schicksal des Sonnengottes.

Zur Zeit des Mittleren Reiches verquickten sich diese «alten» Vorstellungen, die der Einbindung des Toten in den kosmischen Kreislauf dienten, eng mit den jüngeren des osirianischen Totenglaubens, gemäß denen jeder Verstorbene die mythische Rolle des Gottes Osiris nachempfinden konnte. Dieser war bei einem Kampf mit seinem Bruder Seth von jenem getötet und zerstückelt worden. Die Göttin Isis, Gemahlin des Osiris, sammelte die Leichenteile ihres Mannes ein, fügte den Leib wieder zusammen und belebte Osiris so weit, daß er mit ihr posthum einen Sohn zeugen konnte. Die Überwindung des Todes durch die sich analog zum Schicksal des Gottes vollziehende Auferstehung war für den Verstorbenen Auftakt zu dem neuen Leben in einem unterweltlichen Jenseits, dem Osiris als Herrscher vorstand.

In dieser neuartigen Existenz bedurfte der Verstorbene jedoch einer zyklischen Wiederbelebung. Selbst der Herrscher des Jenseits, der Gott Osiris, war diesem Revivifikationsprinzip unterworfen. Die Belebung vollzog sich während der alltäglichen nächtlichen Fahrt des Sonnengottes über den «Gegenhimmel» der Unterwelt. Dieser nächtliche Sonnenlauf wurde zum Leitmotiv der Jenseitsvorstellungen, der im Idealfall in jedem «Haus der Ewigkeit» als einem in sich geschlossenen Kosmos lokalisierbar war. Analog zu ihrem morgendlichen Aufgang im östlichen Horizont – der die (Auf-)Erweckung der Lebenden bewirkte – vollzog sich bei ihrem allabendlichen Eintritt in die westliche Unterwelt die Wiederbelebung der dort für die Ewigkeit wohnenden Verstorbenen, der – nach ihrem Aufenthaltsort benannten – «Westlichen». Während seines Durchlaufens der nächtlichen Unterwelt vereinigte sich Ra mit Osiris – und damit in «Wahrheit» mit jedem Verstorbenen; er bewirkte dadurch dessen Belebung und verjüngte sich zeitgleich selbst, so daß er am Morgen in der Gestalt des jungen skarabäusgestaltigen (vgl. Abb. 193) Sonnengottes Chepre im Osten wiedererscheinen konnte.

Die Verquickung der solaren und der osirianischen Jenseitsvorstellungen durch die Identifikation der beiden Hauptakteure, Sonnengott Ra und «Totengott» Osiris, als ein und dieselbe Person in unterschiedlichen Aspekten, führte zu der Abfassung zahlreicher Unterweltsbücher, die das Mysterium der Verjüngung des Sonnengottes und der Wiederbelebung des Totenherrschers durch die gegenseitige Einwohnung beider beschreiben. Diese Unterweltsbücher waren jedoch ein königliches Privileg. Für alle anderen Ägypter, einschließlich der Familienmitglieder des Königshauses, standen die sogenannten Totenbuchsprüche (Tb-Sprüche) zur Verfügung, die – über die im Mittleren Reich verwendeten Sargtexte – direkt auf die königlichen Pyramidentexte, die Jenseitsführer des Alten Reiches, zurückgingen und im Laufe der Zeit um aktuelle Vorstellungen erweitert wurden.

Nefertaris «Haus für die Ewigkeit»

Die Architektur des Grabes

Der Konzeption des Grabes liegt eine Zweikammer-Anlage zugrunde, die jedoch mehrere Erweiterungen erfuhr. Ein Blick auf den Grundriß (Abb. 149) zeigt, daß dem Raum I die Räume Ia und II an-

Abb. 147 Archäologische Tätigkeit am Grab der Nefertari.

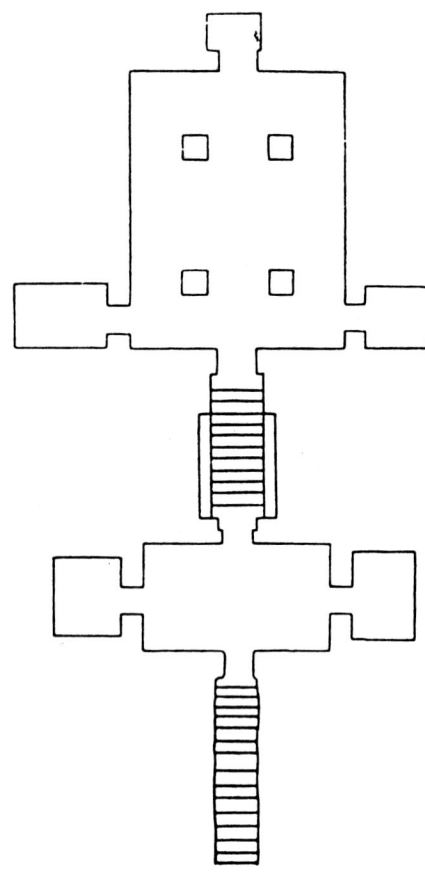

Abb. 148 Grundriß des Grabes der (Mut-)Tuy, das bereits Elemente des Nefertari-Grabes (Abb. 149) vorwegnimmt, im Tal der Königinnen (QV 80).

geschlossen sind, während die Räume IV, V und VI von der Grabkammer (III) ausgehen.

Die Achse «Eingang – Grabkammer» ist nach den realen geographischen Gegebenheiten Süd-Nord orientiert. Da aber, gemäß der ägyptischen Ideologie, jede Grabkammer im «ideellen» Westen – dem Ruheplatz des Sonnengottes – zu liegen hat, soll die Hauptachse des Grabes im folgenden als ideell Ost-West orientiert angesprochen werden. Alle nachfolgenden geographischen Angaben bezeichnen demnach zunächst die ideellen Himmelsrichtungen, das heißt die Eingangsfront entspricht dem Osten, die Rückwand der Grabkammer dem Westen, die Rückwand von Raum II dem Norden und die Rückwand von Raum IV dem Süden. Eine Einbindung der real-geographischen Himmelsrichtungen in die thematische Konzeption des Grabes wird bei der Betrachtung der Sarkophagkammer diskutiert.

Vom Osten – dem Lebensraum der Diesseitigen – führt eine achtzehnstufige Treppe in das Grabinnere zu Raum I. In dieser fast quadratisch ausgeführten Felskammer befindet sich auf der Süd- und Westwand ein ca. 1,4 m hoher Mauervorsprung von ca. 0,8 m Breite, dessen oberer Abschluß eine Hohlkehle bildet. In den Vorsprung sind auf der Südwand drei und auf der Westwand zwei Nischen eingearbeitet (Abb. 158, 159).

Ein Durchgang führt auf der Nordseite in die Räume I a und II. Der dem Raum I angeschlossene Komplex liegt auf einem ca. 3,5 m höheren Bodenniveau als die Sarkophagkammer mit ihren Nebenräumen, so daß man innerhalb des Grabes von einem «oberen» und einem «unteren» Bereich sprechen kann (Abb. 149).

In der Westwand des Raumes I befindet sich der Durchgang zu dem Korridor, der auf Bodenniveau von Raum I auf beiden Seiten einen Mauerrücksprung aufweist, so daß ein Absatz entsteht, der die obere von der unteren Wandhälfte trennt (Abb. 169). Die anschließende Sargkammer (III) wurde, analog zu der Ramses' II., durch eine Vertiefung des Bodenniveaus im zentralen Bereich als dreischiffige Anlage konzipiert. Vier Pfeiler flankieren diesen Mittelteil (Abb. 130a, b), in dem der Sarkophag seine Aufstellung fand. Jeweils vier Stufen führen auf der Ost- und auf der Westseite zum Sarkophagbereich. Rund um die Kammer läuft wiederum in ca. 0,7 m Höhe ein Mauervorsprung, der jedoch keine weitere architektonische Ausschmückung aufweist. In der Mitte der Südwand befindet sich eine Nische (Abb. 130b). An der Süd-, Nord- und Westwand schließen sich jeweils die Nebenräume IV, V und VI an. Die Hinzufügung dieser Nebenräume an die Sarkophagkammer ist als ein Privileg anzusehen, da zwar die Königsgräber seit der Zeit Thutmosis' I. dieses Architekturmerkmal aufweisen, nicht aber die Privatgräber. Nefertari bleibt jedoch sowohl in der Anzahl der Räume wie auch in deren Maßen hinter dem Königsgrab ihres Gemahls Ramses II. zurück.

Anhand der architektonischen Betrachtung lassen sich somit eine Ost-West-Achse, bestehend aus den Räumen I, Korridor, Sargkammer (III) und den Nebenräumen IV, V und VI, sowie eine Nord-Süd-Achse erkennen. Letztere wird von einer vom eigentlichen Grabkomplex unabhängigen Sequenz der von Raum I ausgehenden Räume I a und II gebildet. Der architektonisch kaum als eigenständig anzusprechende Raum I a muß dennoch als solcher angesehen werden, da die zugehörige Dekoration auf das Bildprogramm von Raum II bezogen ist.

Bei Betrachtung des Grundrisses (Abb. 149) fällt der Knick der Ost-West-Achse auf, der durch den schrägen Korridor bedingt wird und im Tal der Königinnen einzigartig ist. Diese architektonische Eigentümlichkeit läßt sich in Zusammenhang mit anderen Bauten aus der Regierungszeit Ramses' II. bringen. So weisen etwa dessen eigenes Grab im Tal der Könige, sein als «Ramesseum» bekannter Totentempel, der Tempel im nubischen Amara sowie auch die unter ihm ausgeführte Erweiterung des Luxortempels diese Besonderheit auf. Als Begründung für die gekrümmten Achsen insbesondere der sepulkralen Bauten führte man eine ideologische Reaktion auf die Amarnazeit an: «Die gekrümmten Jenseitswege des älteren Totenglaubens prägen noch einmal den Grundriß der Gräber ...»

In der Epoche, die unter dem Stichwort «Amarnazeit» gefaßt wird, erfuhren diese Jenseitsvorstellungen eine Modifikation. Nun wiesen die Gräber lineare, geradlinige Achsen auf, die von der Theorie her den ungehinderten Einfall des Sonnenlichtes – Repräsentant des, im Sinne einer Monolatrie, einzigen Gottes Aton – bis hin zur Sargkammer gewähren sollten. Diese Neuerung wurde in der folgenden Zeit beibehalten, da die Vorstellung des nächtlichen Sonnenlaufes fester Bestandteil der Jenseitsvorstellung war. Vor dieser einschneidenden Veränderung spiegelten die Grundrisse der Gräber das theologische Konzept des osirianischen Totenglaubens wider. Dieses war geprägt durch gewundene Wege, die in den gekrümmten Achsen ihre Entsprechung fanden.

Die Vermutung, man habe während der Regierungszeit Ramses' II. dieses ältere Konzept wiederaufgenommen, mag ihre Berechtigung haben, im vorliegenden Fall bietet sich jedoch zudem eine pragmatische Lösung an.

Die beiden Komplexe des Grabes sind exakt gradwinklig zueinander ausgearbeitet. Da der Süd-Nord orientierte Teil, wie zu zeigen sein wird, von der ostwestlichen Raumsequenz inhaltlich zu trennen ist, konnte der Korridor, der eindeutig der Ost-West-Achse zugehört, nicht von einem der Räume der Süd-Nord-Achse abgehen. Hätte man zugunsten der Gradwinkligkeit keine Rücksicht auf diese Zweiteilung genommen, so wäre das Dekorationsprogramm und damit die Konzeption des Grabes unverständlich geworden.

Die Wahl der Benennung für die Ost-West-Achse als «Komplex I» und für die Süd-Nord-Achse als «Komplex II», die auf den ersten Blick nicht den architektonischen Gegebenheiten zu entsprechen scheint, wird bei der anschließenden Betrachtung des Dekorationsprogramms plausibel werden.

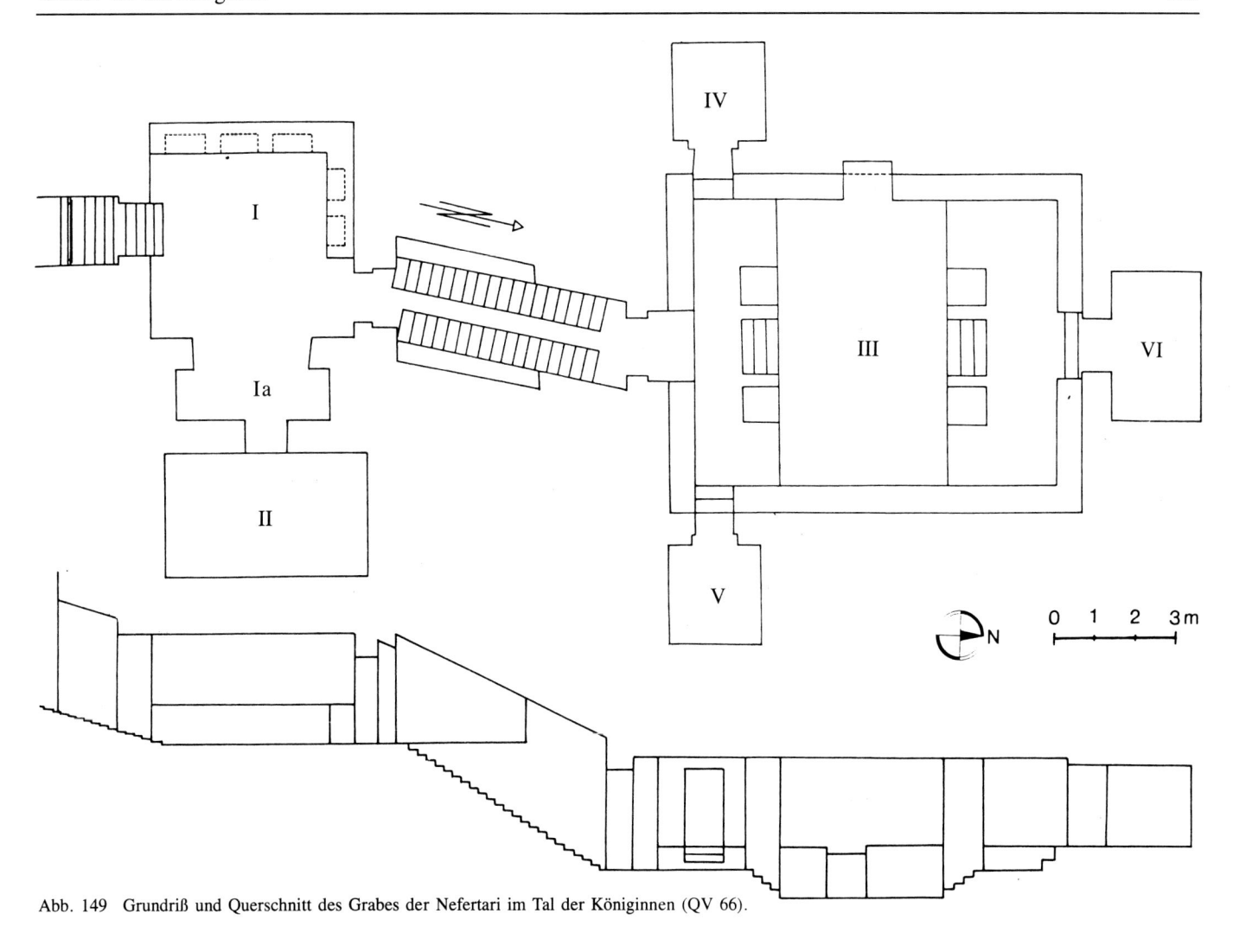

Abb. 149 Grundriß und Querschnitt des Grabes der Nefertari im Tal der Königinnen (QV 66).

Denomination und Raumfunktion

Vor Beginn der Analyse einzelner Szenen und ihrer konzeptionellen Stellung innerhalb des Bildprogrammes sollen im folgenden einige der architektonischen Einheiten des Grabes mit andernorts – wenn auch aus dem königlichen Bereich – überlieferten Raumbezeichnungen verglichen werden. Der auf einem Papyrus überlieferte Grundriß des Grabes Ramses' IV. (Abb. 146), auf dem die einzelnen Räume mit Namen bezeichnet sind, dient als Ausgangspunkt für die Benennung. Da sich das Königsgrab jedoch sowohl in der Architektur als auch im Dekorationsprogramm von «Privatgräbern» unterscheidet und der Papyrus zudem nicht vollständig erhalten ist, können die folgenden Identifikationen nur Vorschläge von Möglichkeiten sein.

Die Korridore des Grabes Ramses' IV. tragen die Bezeichnung «das ‹Ziehen› des Gottes» *(sṯ3-nṯr)* oder «‹Mund› des Ziehens» *(r3-sṯ3.w)*, in Anlehnung an die Gleitbahnen (Mittelrampen) für den Sarkophag, die in der Mitte der Treppen angebracht sind. Diese Bezeichnung dürfte auch für den Korridor im Grab der Nefertari übernommen werden können.

Der Name der Sarkophagkammer lautet «Goldhaus, in dem man ruht» *(pr nj nbw ntj ḥtp.tw im.f)* und liefert damit einen eindeutigen Hinweis auf die im Sarg ruhende Mumie. Im Grabplan Ramses' IV. finden sich an den Wänden des Raumes hinter der Sargkammer Nischen, die als «Ruheplatz der Götter» *(t3 s.t ḥtp nṯr.w)* identifiziert werden. Als solcher dürften auch die Nischen im Raum I im Grab der Nefertari fungiert haben, die in der Süd- und Westwand eingearbeitet sind.

Seitenräume bezeichnet der Grundriß als unterschiedliche «Schatzhäuser» *(pr-ḥḏ)* und charakterisiert sie damit als Aufbewahrungsort der Grabausstattung. Diese Aufgabe wird auch den Seitenräumen IV, V und VI im Grab der Nefertari zugekommen sein.

Über die Erfüllung dieser funktionellen Bestimmungen hinaus können die Räume jedoch auch mit mythischen Lokalitäten identifiziert werden, da Architektur und Dekoration das Bild sowohl einer Realität als auch eines Mythos widerspiegeln können. Die folgende Betrachtung der Wanddekoration wird einige Hinweise auf Schauplätze der Göttermythen geben.

«Bilder für die Ewigkeit»

Im Zuge der verstärkt auftretenden sogenannten «Persönlichen Frömmigkeit», die es dem einzelnen Individuum ermöglichte, direkt mit den Göttern zu kommunizieren – ohne den König als einzigen Mittler zu benötigen, wie es vordem der Fall war –, zeigen die Privatgräber dieser Zeit den Verstorbenen häufig in unmittelbarem Kontakt mit den Göttern. Waren zuvor die soziale Position sowie die Stellung gegenüber dem König entscheidend für die jenseitige Existenz – und somit zwei Hauptthemen der Grabdekoration –, galt es nun vornehmlich, das Totengericht zu bestehen und die Tore der Unterwelt zu passieren, um in die Gemeinschaft der Götter aufgenommen zu werden. So bilden diese Szenen auch im Grab der Nefertari einen Themenschwerpunkt, da durch die kultische Kommunikation die Voraussetzungen für eine Aufnahme der Königin durch die Gottheiten des Jenseits gewährleistet sind. Den zweiten Themenkomplex bilden sogenannte Totenbuchsprüche mit dazugehörigen Illustrationen (Vignetten), die sich insbesondere mit dem Schutz und der Versorgung der Verstorbenen befassen.

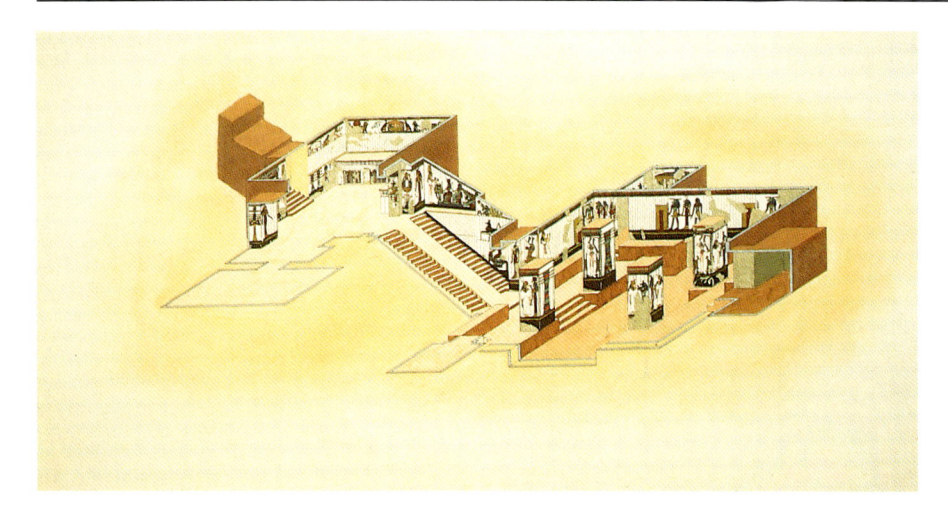

Abb. 150a,b   Isometrische Aufrisse der nördlichen und südlichen Hälfte des Grabes der Nefertari.

Verdienten und hochgeschätzten Persönlichkeiten konnte als besonderer königlicher Gunsterweis die Übernahme ausgewählter Elemente des königlichen Dekorationsrepertoires gestattet werden. So finden sich im Grab der Nefertari «private» Totenbuch-Sprüche neben Szenen, die sonst einer königlichen Anlage vorbehalten waren. Auf diese Weise steht das Dekorationsprogramm des Grabes in der Tradition sowohl der königlichen als auch der privaten Grabanlagen der 19. Dynastie.

Das Dekorationsprogramm

Die folgende Betrachtung und Interpretation der Wandreliefs hat das Ziel, die Transfiguration der Nefertari – die Umwandlung von einer diesseitigen in eine jenseitige Existenz und die damit verbundene «Überführung» in das Reich des Osiris –, die Versorgung der Königin sowie die tägliche, genauer nächtliche Wiederbelebung der Grabherrin durch den Sonnengott Ra nachzuvollziehen.

KOMPLEX I – OST-WEST-ACHSE

Der Eingang

Bereits vor Eintritt in das Grab wird deutlich, daß es sich bei der «Bewohnerin» um eine außergewöhnliche Persönlichkeit handelt, da für sie das königliche Eingangsmotiv, die im Horizont aufgehende Sonnenscheibe, flankiert von Isis und Nephthys, Verwendung fand (Abb. 151). Der einzige Unterschied zu einem Königsgrab besteht darin, daß sich im Zentrum der Sonnenscheibe lediglich ein Bild des morgendlichen, skarabäusgestaltigen Gottes Chepre erkennen läßt und nicht auch der abendliche Sonnengott in Gestalt eines anthropomorphen Widders. Das Fehlen dieser abendlichen Gestalt des Sonnengottes erklärt sich durch die anschließende Darstellung des inneren Türsturzes (Abb. 152). Die Göttinnen Isis und Nephthys, die in unterschiedlicher Gestalt auf beiden Türstürzen zu sehen sind, gehören strenggenommen dem osirianischen Kreis an, sind sie doch Schwestern des Osiris, die ihn bei seinem Tod betrauern und hilfreich zu dessen Auferstehung beitragen. Durch die oben angeführte Vereinigung des Osiris mit Ra im Jenseits dürften sie jedoch auch als Helfer des Sonnengottes bei dessen «Auferstehung» – dem morgendlichen Aufgang am östlichen Himmel – fungieren. Hinter den Göttinnen ist jeweils eine mit der hohen Federkrone geschmückte Kartusche der Nefertari zu sehen, wodurch die Präsenz der Namensträgerin bei dem bedeutenden Vorgang des Sonnenaufgangs sichergestellt wird. Diese, in einem einzigen Bild zusammengefaßte, «Endstation» des nächtlichen Sonnenlaufes findet in den Privatgräbern im Textcorpus der Sonnenhymnen ihre Entsprechung, die den Sonnengott jeweils in seinem Aspekt des Auf- und Unterganges preisen.

Direkt an dieses Bild anzuschließen ist die Darstellung auf dem inneren Türsturz (Abb. 152). Wie im Eingangsmotiv findet sich auch hier die Darstellung der Sonnenscheibe im Horizont, flankiert von Isis und Nephthys in der ihnen – insbesondere in Verbindung mit der Osirismumie (vgl. Abb. 153) – eigenen Vogel-Gestalt. Im Gegensatz zu der vorherigen Szene bildet nun jedoch nicht der untere, sondern der obere Teil des Bildes das Horizontzeichen.

Betrachtet man die beiden Dekorationselemente im Zusammenhang, so sieht man, wie die Sonne vom Horizont in den Gegenhorizont – vom Diesseits ins Jenseits – wechselt und umgekehrt. Bereits durch dieses Eingangsmotiv wird die Funktion des Grabes als Ort der Wiederbelebung durch den nächtlichen Lauf der Sonne gewährleistet.

Doch dieses eingängige Bild ist nicht der erste Hinweis auf den sich im Grab vollziehenden Sonnenlauf. Ein solcher findet sich bereits in der die Fassade schmückenden Szene. Dort befindet sich über den Armen der Göttinnen Isis und Nephthys jeweils die Darstellung eines *Udjat*-Auges. Diese Hieroglyphe, die auch als Horusauge bezeichnet wird, läßt sich als «das Heile» übersetzen. Dieser Wortwert erklärt sich daraus, daß hier das Auge des Gottes Horus dargestellt wird, welches im Kampf mit dem Widersacher und Mörder seines Vaters Osiris, dem Gott Seth, verletzt, jedoch durch Thot wieder geheilt wurde und deshalb als ein Symbol des Schutzes galt. Zudem konnte das *Udjat*-Auge auch stellvertretend für die Sonnenscheibe selbst stehen, da diese – als strahlendes Gestirn am Tage – als rechtes Auge des Sonnengottes galt und in der Nacht mit dem linken Auge – dem Mond oder der nächtlichen Sonne – iden-

Das Dekorationsprogramm 109

Abb. 151 Der Türsturz über dem Eingang ins Grab der Nefertari (vgl. Abb. 129).

Abb. 152 Isis und Nephthys in Vogelgestalt mit dem Motiv der Sonnenscheibe. Darstellung auf der Unterseite des Türsturzes.

tifiziert werden konnte. Die Darstellung beider Aspekte in ein und demselben Bild assoziiert aber die Umwandlung des einen in den anderen und versymbolisiert somit den Lauf der Sonne vom Sonnenaufgang bis zum Sonnenuntergang. Zur «Unterstützung» dieses Geschehens verwendeten die Theologen der Pharaonenzeit eine Bildkonstruktion, die ägyptologisch als «Darstellung(en) des Sonnenlaufes auf der abschüssigen Himmelsbahn» umschrieben worden ist. Um die Sonne gleichsam magisch zu dem lebenspendenden Lauf zu zwingen, setzte man die zum Sonnenaufgang gehörige Szene um wenige Zentimeter höher als die des Sonnenuntergangs. Auf der durch dieses stilistische Mittel geschaffenen «schiefen Ebene» konnte die Sonnenscheibe sodann, von Horizont zu Horizont «rollend», ihren Lauf vollziehen. Dieses Stilmittel findet sich im Grab der Nefertari so häufig, daß der aufmerksame Betrachter es unschwer erkennen wird und hier deshalb darauf verzichtet werden kann, jeweils einen Hinweis zu geben; nicht so bei den folgenden, in immer wieder neuen Bildern und Variationen beschriebenen Ausdeutungen des Sonnenlaufes selbst, die zwar genaugenommen nur Wiederholung sein können, indessen aufgrund der Themenvielfalt immer wieder Faszination wecken.

Die Grenze zwischen Dies- und Jenseits

Als Grenze zwischen zwei Bereichen reflektieren «Eingänge» oder (Tür-)«Durchgänge» für den Ägypter symbolträchtige Momente des «Übergangs». Die bildliche Ausgestaltung dieser «Paß-Stationen» kann daher oft als eine Art «Wegweiser» für die dahinter liegenden Bereiche verstanden werden. Im Grab der Nefertari finden sich unterschiedliche Dekorationselemente, die jedoch immer die Nennung des Namens der Königin beinhalten, so daß diese, bei ihrer Ankunft, ungehindert passieren kann.

Am Eingang des Grabes zeigt der Tür-

Abb. 153 Isis und Nephthys in Vogelgestalt neben der Mumie des Gottes Osiris. Vignette zu Totenbuch-Spruch 17. Südwand von Raum I.

Abb. 154 Osiris, der Herrscher des Jenseits. Nördliche Ostwand von Raum I.

dene personifizierte *Djed*-Pfeiler stellt, gemäß der *interpretatio theologica* des Neuen Reiches, eine Form des Osiris dar, indem man ihn als Rückgrat des Gottes identifizierte. Hier, am Eingang der Sepultur, als Bestandteil einer emblemhaften Bildkomposition, dürfte der Symbolgehalt der «(ewigen) Dauer» Anlaß zur Anbringung gewesen sein.

Entsprechend der Herrschaft der Göttinnen über die beiden Landeshälften findet sich Uto auf der nördlichen (unterägyptischen) und Nechbet auf der südlichen (oberägyptischen) Durchgangsseite. Während sie hier beide in der von Nechbet abzuleitenden Geiergestalt auftreten, weisen sie im Inneren des Grabes ausschließlich die von Uto übernommene Schlangengestalt auf. Dieses Spezifikum läßt an die unter anderem aus dem königlichen Unterweltsbuch *Amduat* (*jmj-dw3.t*, «das, was in der Unterwelt ist») bekannten «Türwächterschlangen» denken, deren Rolle hier von den Kronengöttinnen assoziativ mit übernommen worden sein dürfte, so daß den Göttinnen eine apotropäische – Übel abwehrende – Funktion zukommt. Das Bild der beiden Göttinnen an sich stellt wiederum eine Übernahme aus dem königlichen Repertoire dar und wird auf Nefertaris Stellung als «Große königliche Gemahlin» und die damit verbundene Würde als «Herrin der beiden Länder» (*nb.t-t3.wj*) anspielen.

Raum I: Im Reich des Osiris

Das Dekorationsprogramm des Raumes I beschäftigt sich mit der Ankunft der Nefertari und der Sicherung ihrer Weiterexistenz in der Unterwelt, dem Herrschaftsbereich des Osiris.

Die Ost- und der anschließende Teil der Nordwand zeigen die Königin im Adorationsgestus vor diesem Gott (Abb. 154), der, zusammen mit dem schakalsköpfigen Gott Anubis (Abb. 156), in einem Schrein thront. Nefertari trägt, wie auch in fast allen anderen Darstellungen, ein weißes transparentes Plisseegewand, das mit einer roten Binde gegürtet ist. Ein goldener Halskragen sowie Armbänder bilden ihren Schmuck. Bekrönt wird die Königin von der Geierhaube und der hohen Federkrone. Analog zu den Darstellungen fast aller Göttinnen im Grab trägt Nefertari die sogenannte «dreigeteilte» Perücke: jeweils ein Teil der Haare liegt über der Schulter, während das Gros über den Nacken in den Rücken fällt.

durchgang die Kronengöttinnen Nechbet und Uto, vor denen die Kartusche der Königin abgebildet ist. Auf ihre Würde als «Herrinnen» (*nb.wt*) der beiden Länder anspielend, ruhen die Göttinnen jeweils auf einer *Neb*-Hieroglyphe (*nb* ⌣). Dieses Kompositionsschema ist verbindlich für alle weiteren Türdurchgänge des Komplexes I (Abb. 163a–d). Es finden sich jedoch verschiedene Variationen des Arrangements, die insbesondere die Zeichen und Bilder, die als Untersatz der *Neb*-Hieroglyphe dienen, betreffen. Hier, am Eingang des Grabes, erfüllt ein personifizierter *Djed*-Pfeiler (vgl. Abb. 192 rechts) diese Funktion.

In der Hieroglyphenschrift steht das Zeichen *Djed* für den Begriff «(ewige) Dauer» und fand dadurch auch Verwendung als Amulett. Die Identifikation des dargestellten Gegenstandes ist umstritten, auch wenn im allgemeinen die Deutung als gebundene Ährengarbe favorisiert wird. Als personifiziertes Symbol entwickelte sich der Pfeiler zu einer eigenständigen Gottheit, deren ältester Kultort möglicherweise in Busiris im Zentraldelta lag. Im memphitischen Bereich finden sich bereits im Alten Reich Priester des «ehrwürdigen *Djed*» (*Ḏd-šps*). Dieser ursprünglich mit dem Hauptgott von Memphis, Ptah, verbun-

Das Dekorationsprogramm

Die farbliche Ausgestaltung ihres Körpers zeigt eine Innovation der Künstler. Erstmalig führten diese eine Schattierung aus. Das Phänomen ist jedoch auf die Darstellungen der Königin beschränkt (vgl. Abb. 139) und wurde als «Betonung des zeitlich-Lebendigen, Individuellen» gegenüber dem Göttlichen interpretiert.

Osiris, den Krummstab und Geißel als Herrscher der Unterwelt ausweisen, wird durch seine grüne Hautfarbe als «Fruchtbarkeitsgott» charakterisiert – eine Anspielung auf die zyklische Regeneration der Pflanzenwelt, exemplifiziert in der täglichen Auferstehung des Gottes. Wie Nefertari, so ist auch er mit einem weißen Gewand – jedoch mumiengestaltig – bekleidet, gegürtet von einer roten Binde. Diese auffallende Ähnlichkeit der Kleidung – in aktueller Diktion sozusagen ein altägyptischer Partnerlook – könnte bereits einen Hinweis auf die angestrebte «Osiriswerdung» der Nefertari enthalten.

Die Beischrift des Gottes kennzeichnet diesen als «Vorderen der Westlichen» und «Herrn des ‹heiligen Landes› *(T3-dsr)*», zudem aber auch als «Herrscher der Götterneunheit». Auf dieses spezielle Epitheton nimmt ein Detail seiner *Atef*-Krone Bezug (Abb. 155). Die sonst als oberer Abschluß fungierende Sonnenscheibe wurde durch das Zeichen für «Neunheit» (*psd.t* ⊘) ersetzt. Diese spielerische Varianz im Umgang mit Wort und Bild findet sich noch in zahlreichen anderen Darstellungen des Grabes. Zeigen sich auf den ersten Blick dem Betrachter der Wandreliefs lediglich die traditionellen, der Konvention verpflichteten Bilder des ägyptischen Totenkultes und die jahrhundertealten Vorstellungen des Jenseitsglaubens, offenbaren sich aufgrund des assoziativen Denkens der alten Ägypter auf den zweiten Blick häufig Zusammenhänge, die wegen der Tragweite der ägyptischen Bilder nur einer Andeutung bedurften. So wird etwa auch der an das Bild der thronenden Götter Osiris und Anubis anschließende Fries über dem Durchgang zu Raum I a tiefer in die ägyptischen Jenseitsvorstellungen eingebunden sein, als es die Dekoration zunächst vermuten läßt. Der Fries gestaltet sich jeweils aus alternierenden Uräen und *Maat*-Federn, in deren Zentrum sich eine Gestalt mit zwei falkenkopfartigen Gebilden befindet (Abb. 190). Diese Art Fries ist ansonsten nur aus Tb-Spruch 125 bekannt. Der Spruch umfaßt das «negative Sündenbekenntnis» und die Totengerichtsszene, in der das Herz des Verstorbenen – der Sitz des Verstandes –

Abb. 155 Detail von Abb. 154.

Abb. 156 Der schakalsköpfige Gott Anubis gilt als Wächter der Nekropole. Östliche Nordwand von Raum I.

Abb. 157 Das Gewand des Gottes Osiris zeigt hier eine auffallende Ähnlichkeit zur Kleidung Nefertaris, so daß man fast von einem altägyptischen «Partnerlook» sprechen könnte, der in diesem Fall sicher als Indiz für eine assoziative Gleichsetzung der Nefertari mit Osiris zu werten sein dürfte. Westliche Nordwand von Raum I.

Die übrige Dekoration des Raumes I – südliche Ost-, komplette Süd- und südliche Westwand – wird in der oberen Hälfte durch Auszüge des Textes sowie einiger zugehöriger Vignetten von Tb-Spruch 17 bestimmt (Abb. 158). Dieser Spruch dient der Gleichsetzung der Verstorbenen einerseits mit dem Schöpfergott als Repräsentanten der unwandelbar dauernden *Djet*-Ewigkeit *(D.t)*, durch den alles Existierende entstanden ist, sowie andererseits mit dem Sonnengott als Repräsentanten der zyklischen *Nechech*-Ewigkeit, der die Schöpfung unablässig belebt. Wenn Nefertari von sich behauptet: «Ich bin Atum, indem ich allein gewesen bin im Urozean. Ich bin Ra bei seinem Erscheinen», so impliziert diese Identifikation die «Aneignung der Kräfte der komplementären Ewigkeit» ihrerseits und damit die gesicherte *nechech*- und *djet*-ewige Existenz.

Diese beiden komplementären Ewigkeiten finden in der zu dem Phönix (ägyptisch *Benu* [Abb. 158]) gehörigen Beischrift nochmals Erwähnung, in der eine Zuweisung der zyklischen *Nechech*-Ewigkeit an den Tag und der unwandelbar dauernden *Djet*-Ewigkeit an die Nacht stattfindet. Der Vogel, der eine Gestalt des Sonnengottes selbst darstellt, dürfte als das zwischen diesen beiden Ewigkeiten regulativ wirkende Element, das den Wechsel der Tageszeiten bestimmt, angesehen worden sein.

Die ersten beiden Vignetten – Nefertari in einer Laube beim Brettspiel und der *Ba*-Vogel der Königin (Abb. 162), der sich auf der Grabfassade niedergelassen hat – werden in den ersten Sätzen des Spruches beschrieben, wenn es dort heißt: «[Anfang der Erhebungen und Verklärung]en, des Herausgehens und Hinabsteigens im To[tenreich]. Verklärt zu sein im schönen Westen. Des Herausgehens am Tage, Gestalt annehmen in jeglicher Gestalt, die er wünscht. Des Spielens des Brettspieles und Sitzens in der Halle (Laube). Des Herausgehens als lebender *Ba* seitens des Osiris der großen königlichen Gemahlin, Herrin der beiden Länder, Nefertari-Merit-en-Mut, gerechtfertigt.»

Der Wunsch, als lebender, d. h. in seiner Bewegungsfreiheit uneingeschränkt agierender *Ba* das Grab zu verlassen, wie es die zweite Vignette illustriert, bedarf kaum einer Erklärung. Gegenüber dem Körper des Grabherrn, der mumifiziert im Sarkophag ruht, hatte die Seele des Verstorbenen die Möglichkeit, das Grab zu verlassen. Die als *Ba*-Seele bezeichnete Seins- oder Wesensform wurde als menschenköpfiger Vogel dargestellt,

gegen die Feder der Maat – das Prinzip der Wahrheit und Ordnung – aufgewogen wird, um den Erweis der Rechtschaffenheit zu erbringen (Abb. 204). Im Grab der Nefertari findet sich keine eindeutige Darstellung des Jenseitsgerichts. Der Fries könnte demnach als stark verkürzte Vignette zu diesem Spruch angesehen werden, oder aber als Hinweis darauf, daß die Halle, in der das Totengericht stattfand, in räumlicher Nähe zu lokalisieren ist. Beide Deutungsmöglichkeiten finden durch weitere Dekorationselemente Unterstützung. So schließt sich etwa eine Darstellung des Gottes Osiris auf der Nordwand an den Fries an, in der der Gott als «Vorderer des Westens und König der Lebenden» charakterisiert wird (Abb. 157). Diese «Lebenden» dürften jedoch mit den im Totengericht Gerechtgesprochenen zu identifizieren sein. Als Vorsitzender des Totengerichtes kann Osiris der gerechtgesprochenen Nefertari sodann versichern: «Ich habe dir die *Nechech*-Ewigkeit *(Nhh)* gegeben wie deinem Vater Ra».

Die zweite Möglichkeit, den Fries als Hinweis auf die räumliche Nähe der Gerichtshalle zu verstehen, wird bei der Beschreibung von Komplex II diskutiert.

Das Dekorationsprogramm 113

Abb. 158 Auszug aus Totenbuch-Spruch 17 mit dazugehörigen Vignetten im oberen Bildfeld. Die untere Bildhälfte zeigt einen Mauervorsprung mit eingearbeiteten Nischen. Südwand von Raum I.

Abb. 159 Historische Aufnahme des Motivs von Abb. 158. Vor allem in der rechten Bildhälfte ist die fortschreitende Zerstörung deutlich zu erkennen.

analog zu der Vorstellung, daß ihr eine himmlische Entität zu eigen ist. So sagt die Göttin Nephthys auf dem vierten Schrein des Tut-anch-Amun zu dem König: «Deine *Ba*-Seele ist am Himmel vor Ra. Dein Leib ist in der Erde bei Osiris. Deine Seele möge täglich auf deinem Leib ruhen.» Der im letzten Satz ausgesprochene Wunsch impliziert die tägliche Vereinigung von *Ba*-Seele und Leichnam – analog der gegenseitigen Einwohnung von Ra und Osiris, die sowohl für den Grabherrn als auch den «vereinten» Gott Revivifikation und Verjüngung bedeuten.

«Spielerische Assoziationen»

Der Wunsch, in der Laube das Brettspiel zu spielen, erfordert eine eingehendere Betrachtung. Das Brettspiel fungierte im alten Ägypten nicht nur als Freizeitbeschäftigung, sondern hatte auch – wie hier erkennbar (Abb. 162) – einen festen Platz in den Jenseitsvorstellungen. So interpretierte man es als eine Art «Spiegelung des Jenseitsweges», eine «Reise durch das Jenseits», in deren Verlauf der Spieler verschiedene Stationen der Unterwelt zu passieren hat. Am Ende der Partie erreicht er den Status eines «Gerechtgesprochenen», findet Aufnahme unter die Götter und hat das Recht auf eine Wiedergeburt sowie die tägliche Belebung «gewonnen». Untrennbar mit fast jeder Art von Geburt verbunden ist jedoch eine geschlechtliche Zeugung – und für genau diese finden sich in der zugehörigen Vignette Indizien.

Nefertari – deren Epitheton «gerechtfertigt» den Spielausgang bereits vorwegnimmt und die Königin als siegreiche «Gewinnerin» der Partie ausweist – sitzt auf einem durch die Dekoration mit einer Palastfassade als Götterthron gekennzeichneten Sessel vor einem Spielbrett. Ihr Plisseegewand öffnet sich über ihrem Schoß einen Spalt breit. Während sie mit ihrer Linken die Spielsteine berührt, hält ihre rechte Hand ein Szepter. Durch eine assoziative Betrachtung dieser Szene offenbart sich ein zweites, transzendentes Geschehen. Sowohl für das Spielbrett (altägyptisch *mn.t*) als auch das Szepter (*shm*) läßt sich eine sexuelle Konnotation aufweisen. Im Sinne einer Paronomasie mit den Worten für «Schenkel/Schoß» (*mn.t*) und «Zeugungsvermögen» (*shm.t*) lassen sich Brettspiel und Szepter als Umschreibungen des weiblichen bzw. männlichen Geschlechtsorgans deuten. Ein Sargtextspruch stellt diese Verbindung zwischen Brettspiel und Geschlechtsverkehr explizit her: «Möge er (der Verstorbene) Geschlechtsverkehr ausüben ... möge er singen, tanzen und das *hqr*-Schmuckstück (*mnj.t*) empfangen, möge er das Brettspiel spielen ... »

Unterstützung erfährt diese Interpretation durch die in der Darstellung beschriebene Lokalität. Nefertari sitzt, ihrem im Text geäußerten Wunsch gemäß, in einer Laube. Im Idealfall verfügte ein ägyptisches Haus über einen Garten mit Teich und dazugehöriger Laube. Diese Örtlichkeit fand, als Bild der Zerstreuung jeglicher Art, Eingang in die ägyptische Literatur. Im Garten trafen sich Verliebte (und Verheiratete) zu einem «Schäferstündchen», zu dem, was der Ägypter mit «sich-einen-schönen-Tag-machen» umschrieb. Gleichzeitig aber konnte eine solche Laube auch als «Geburtslaube» dienen, da der Geburtsvorgang selbst von der Gesellschaft als «unrein» angesehen wurde und damit außerhalb des eigentlichen Wohnhauses stattfinden mußte. Sowohl Zeugung als auch Geburt konnten also realiter in einer solchen Laube stattfinden.

Der Hintergrund von Nefertaris Laube ist gelb ausgemalt, analog zu dem des einleitend beschriebenen Schreines mit den Göttern Osiris und Anubis. Gelb aber war den Ägyptern Synonym für Gold, das nicht nur als «Fleisch» der Götter galt – Kultstatuen wurden aus diesem Material hergestellt –, sondern auch zur Ausschmückung ihrer Aufenthaltsorte diente. Nefertari gibt sich somit hier als «göttlich» zu erkennen, wie es schon die Ausgestaltung ihres Sitzes als Götterthron indizierte.

Die Vignette der brettspielenden Nefertari ist somit einerseits als Symbol der sich während des (brett-)spielerischen Durchwandelns der Unterwelt vollziehenden Transfiguration zu verstehen; anhand der in den philologischen Termini enthaltenen Assoziationen manifestiert sich andererseits die Umwandlung in ein gottähnliches Wesen auch ganz realiter durch die physische Dokumentation der Zeugung, eingebettet in ein die (göttliche) Wiedergeburt assoziierendes Umfeld.

Der Sitz der «Neunheit»

Der untere Bereich der Süd- und der südlichen Westwand zeigt einen durch eine Hohlkehle abgeschlossenen Mauervor-

Abb. 160 Ausschnitt der Vignette zu Totenbuch-Spruch 17 in Raum I.

Abb. 161 Die «Horussöhne». Anschlußszene zu Abb. 160.

Das Dekorationsprogramm   115

Abb. 162   Nefertari beim Brettspiel in der Laube und der Ba-Vogel der Königin. Vignette zu Totenbuch-Spruch 17. Südliche Ostwand von Raum I.

sprung, der in der Südwand drei und in der Westwand zwei Nischen aufweist, die wiederum jeweils mit Darstellungen von drei Kapellen im unterägyptischen Typus dekoriert sind (Abb. 158). Solche Kapellen sind in Verbindung mit dem Totenkult aus Darstellungen des sogenannten «heiligen Bezirkes» *(T3-dsr)* bekannt. Nefertaris Kapellen fehlt jegliche spezifische Beischrift, so daß weder eine Identifikation des Ortes, etwa als der angeführte «heilige Bezirk», noch eine Zuweisung der Kapellen an bestimmte Götter vorgenommen werden kann. Ein mögliche Identifikation der Götter anhand der in 24 Schreinen/Kapellen gefundenen 37 Götterstatuetten aus dem Grab des Tut-anch-Amun, oder der Darstellungen im Grabe Sethos' II., ist problematisch, da es sich jeweils um Beigaben und Darstellungen einer *königlichen* Grabanlage handelt. Unter den Privatgräbern können einzig im Grab des Rechmira die göttlichen «Bewohner» der dort dargestellten vierzehn Kapellen des «heiligen Bezirkes» anhand der Beischriften identifiziert werden. Neben den vier Horussöhnen finden der Gott Ptah, drei nicht näher benannte Götter, die Göttin Menkeret sowie summarisch die Standartengötter, die seligen Verstorbenen *(s'h.w)* sowie die Götter an allen ihren Stätten und die der Unterwelt Erwähnung. Möglicherweise ließe sich an eine ähnliche Besetzung der Kapellen im Grab der Nefertari denken.

Diese Interpretation ist jedoch nicht die einzig mögliche. Die Beschränkung der Dekoration auf Kapellen sowie deren Zahl und räumliche Aufteilung in neun (drei mal drei) auf der Süd- und sechs (zwei mal drei) auf der Westwand zu insgesamt fünfzehn Kapellen könnte einen Hinweis auf eine weitere Deutungsmöglichkeit geben.

Die Beischrift auf dem Grabplan Ramses' IV. (Abb. 146) bezeichnet Nischen, die mit diesen vergleichbar sind, als «Ruheplatz der Götter». In der im Grab der Nefertari zugehörigen Inschrift, die sich unterhalb der Hohlkehle befindet, verspricht Osiris der Königin zum einen einen Platz im Jenseits *(Jwgr.t)*, zum anderen aber auch die Vereinigung mit der großen Götterneunheit. Eine solche Göttergemeinschaft besteht im Idealfall, wie es der Name nahelegt, aus neun Mitgliedern. Als prominenteste Neunheit ist die von Heliopolis anzusehen, die sich aus vier Generationen zusammensetzt: dem Urgott-Vater Atum, dessen Kinderpaar Schu und Tefnut (Luft und Feuchtigkeit), deren Nachkommen Geb und Nut (Erde und Himmel) sowie deren Kindern Osiris, Isis, Seth und Nephthys. Diese heliopolitanische Neunheit erfuhr eine Translokation in den thebanischen Bereich, wo sie, erweitert zum Beispiel durch «lokale Reichsgötter» – in von Ort zu Ort unterschiedlicher Zusammensetzung –, als große Neunheit beispielsweise fünfzehn Götter umfassen konnte. Die Kapellen könnten demnach stellvertretend für die Anwesenheit einer großen Götterneunheit im Grab stehen, die sich hier aus neun plus sechs gleich fünfzehn Mitgliedern zusammengesetzt hätte.

Die Decke des Raumes – wie auch die des übrigen Grabes – zeigt einen dunkelblauen, mit gelbgoldenen Sternen geschmückten Himmel (Abb. 164). Auch dieses «kosmische» Dekorationselement ist eigentlich königlichen Sepulturen vorbehalten.

Den oberen Abschluß zwischen Wanddekoration und Decke bildet hier eine als Hohlkehle aufzufassende Farbleiter sowie ein sandfarbener, gepunkteter Streifen, der, als Antipode zu dem kosmischen Sternenhimmel, als chthonisches Element aufzufassen ist (Abb. 161).

Am Durchgang zu dem anschließenden Korridor, der direkt in die Grabkammer

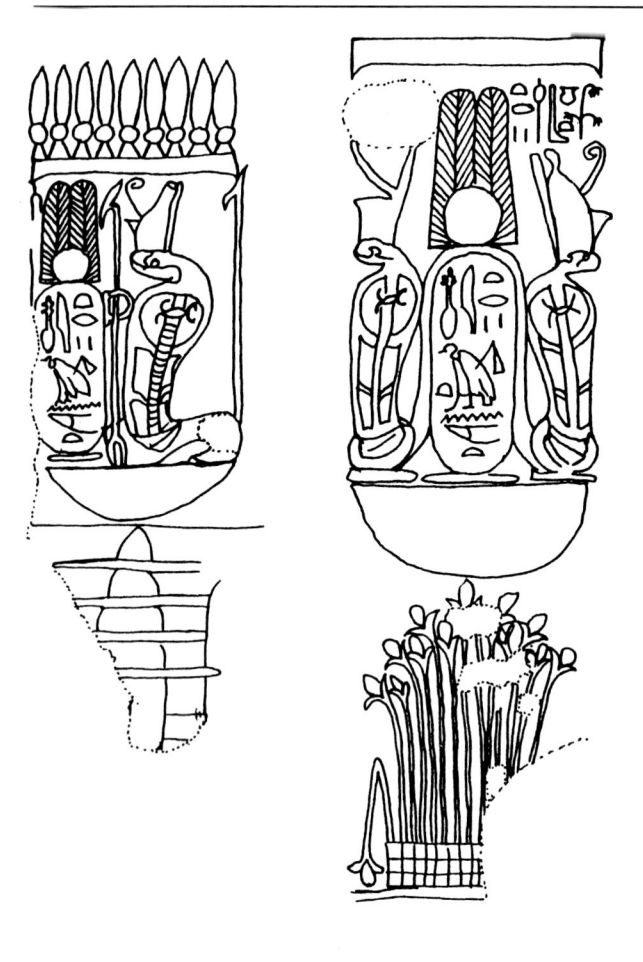

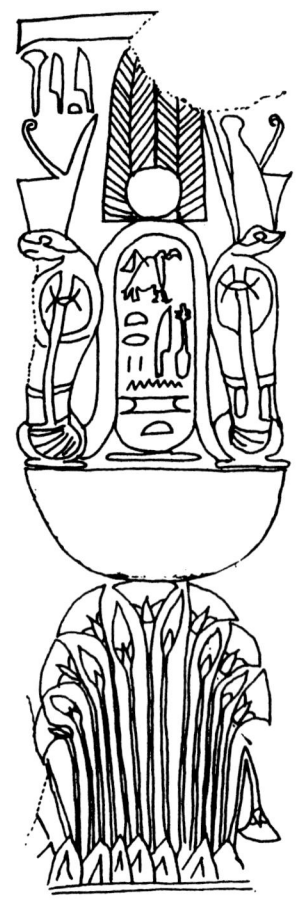

Abb. 163   Die Kronengöttinnen von Ober- und Unterägypten, Nechbet und Uto. Durchgang zum Korridor.

führt, wird durch die letzten Kolumnen des Tb-Spruches 17 deutlich, warum die Hieroglyphen des Textes sowie die zugehörigen Vignetten alle von links nach rechts – gegenläufig zur bevorzugten Schreibrichtung und entgegen der Leserichtung des Textes – angeordnet wurden (Abb. 161). Der letzte hier zitierte Paragraph des Tb-Spruches endet häufig mit den Worten: «Jenes ‹Abgeschirmte Tor› aber – das ist das Tor der Hochhebung des (Luftgottes) Schu.» Hier wird dieser Aussage jedoch noch eine Variante hinzugefügt, indem die Frage an Nefertari gerichtet wird: «Was betrifft dieses Tor, was ist es?», und die Antwort lautet: «Was es betrifft, das ist das Tor der Unterwelt.»

Durch diesen als «Tor der Unterwelt» spezifizierten Durchgang, der wiederum von Darstellungen der Kronengöttinnen – jetzt in der «unterweltlichen» Schlangengestalt – flankiert wird, gelangt die Eintretende in den Korridor. Allerdings erfährt das Motiv an dieser Stelle eine Verdopplung, da auch der Rücksprung des Türdurchganges nochmals Bilder der Landesgöttinnen aufweist (Abb. 163 a–d). In Erweiterung der vorhergehenden Darstellung wurden an dieser Stelle jeweils beide Göttinnen abge-

bildet, deren Schlangenleiber die in ihrer Mitte befindliche Kartusche der Nefertari umspannen. Anders als in den entsprechenden vorigen Szenen ruht die den Göttinnen als Sitz dienende nb-Hieroglyphe hier jedoch nicht auf zwei Djed-Pfeilern, sondern auf den jeweiligen Wappenpflanzen der «beiden Länder», der sogenannten Lilie von Ober- und dem Papyrus von Unterägypten.

Über der ersten Darstellung der Kronengöttinnen findet sich das Motiv des Cheker-Frieses (ḫkr), der auch am Durchgang zur Sarkophagkammer sowie zusammen mit dem «Sandstreifen» als oberer Registerabschluß aller Wände der Sarkophagkammer Anbringung fand. Die Bedeutung dieses Frieses ist noch unklar. Verschiedene Erklärungen, wie «dolchartige Zinnen», Fransen eines Wandteppichs oder zusammengebündelte Pflanzenstengel, die an die Bauweise der archaischen Heiligtümer aus Pflanzenmatten erinnern sollen, und ähnliches wurden angeführt. Auch die ägyptische Bezeichnung ḫkr, die mit «Schmuck» übersetzt werden kann, gibt keinen näheren Aufschluß. Da das Ornament jedoch bevorzugt an thematisch bedingt als «gefährlich» einzustufenden Lokalitäten, zum Beispiel Durchgängen, oder in

der Sarkophagkammer Anbringung fand, dürfte diesem eine apotropäische Funktion zugesprochen werden können.

Der Korridor: Weg in die «Unterwelt»

Der Korridor, der sich anhand des Grabplanes von Ramses IV. als Ort des «‹Ziehens› des Gottes» (stȝ-ntr) oder «‹Mund› des Ziehens» (rȝ-stȝ.w) – in Anlehnung an die Gleitbahn für den Sarkophag in der Mitte der Treppe – identifizieren ließ, zeigt sowohl Szenen des kultischen Kontaktes der Königin zu den Göttern als auch Vignetten des Totenbuches.

Rechts und links des Eingangs erwarten die Göttinnen Selket und Neith die Eintretende und versprechen ihr unter anderem Schutz zu gewähren.

Im oberen Bereich des Korridors, der durch den nischenartigen Mauerrücksprung von dem unteren getrennt wird, tritt Nefertari mit je zwei Weinkrügen vor Isis (Abb. 168) und Nephthys (Südwand) sowie vor Hathor (Abb. 165) und Selket (Nordwand). Hinter den thronenden Göttinnen kniet jeweils eine geflügelte Maat, zwischen deren schützend ausgebreiteten Schwingen eine Kartusche der Königin angebracht ist. Neph-

Das Dekorationsprogramm 117

thys, Selket und Maat sind jeweils von der sie charakterisierenden Hieroglyphe bekrönt: Haus-Determinativ, Skorpion und die sogenannte *Maat*-Feder der Gerechtigkeit (Abb. 167). Die beiden Hauptkultempfänger, Isis und Hathor, tragen das Kuhgehörn mit der Sonnenscheibe. Die Krone ist ursprünglich das Insigne der Göttin Hathor, da diese in ihrer zoomorphen Erscheinungsform als Kuh dargestellt wird. Als solcher ist ihr – wie (fast) jeder Göttin, deren zoomorphe Erscheinungsform die Gestalt eines Säugetieres zeigt – insbesondere der Aspekt einer Muttergöttin zu eigen. Durch die Adaption von Hathor-Aspekten konnte somit jedoch jede Muttergöttin diesen Kopfschmuck tragen.

Der Szene wird der Gedanke der Begrüßung Nefertaris durch die beiden Göttinnen in der Nekropole zugrunde liegen. Isis dürfte dabei als Inkarnation des verheißenen Schutzes angesehen werden, den sie – analog zu ihrem Verhalten ihrem Gemahl Osiris gegenüber – auch Nefertari angedeihen lassen wird. Hathor hingegen wird hier wegen ihrer Stellung als Nekropolengöttin Darstellung gefunden haben. Zudem werden beide Göttinnen – entsprechend ihrer göttlichen «Grundstruktur» – die Mutterfunktion gegenüber der Königin übernommen haben.

Während Isis hier allein mit Kuhgehörn und Sonnenscheibe dargestellt wird, trägt Hathor zusätzlich die Geierhaube (Abb. 165). Diese Geierhaube ist – analog zum Lautwert des hieroglyphischen Zeichens *(mw.t)* – in erster Linie der Göttin Mut, Gefährtin des Reichsgottes Amun, zuzuordnen. Bereits seit dem Alten Reich läßt sich die Geierhaube aber auch als Krone der Königin belegen. So zeigt jede Darstellung der Königin Nefertari diesen Kopfputz, der durch die hohe Federkrone – ebenfalls eine Reminiszenz an den Gott Amun – erweitert werden kann. Gerade in dieser Szene trägt Nefertari jedoch lediglich die einfache Geierhaube (Abb. 166). Wie bereits eingangs eine frappante Ähnlichkeit zwischen dem Gewand der Nefertari und dem des Osiris festgestellt werden konnte, so scheint auch hier die Übereinstimmung des Kopfputzes von Hathor und Nefertari nicht willkürlich. Während die Angleichung an den Herrscher des Jenseits als Hinweis auf die «Osiris-Werdung» der Königin gedeutet werden konnte, dürfte es sich hier um eine Anspielung an die Identifikation der Königin mit Hathor handeln, wie sie im kleinen Tempel von Abu Simbel propagiert wurde. Ein winziges Detail am Ornat der Göttin scheint in diesem Kon-

Abb. 164 Ausschnitt der Decke des Grabes mit Sternenhimmel. Im Zuge der Restaurierungsarbeiten wurden die Risse vorübergehend mit Gazestreifen fixiert.

text beachtenswert. Zum Schmuck der Nefertari gehören in einigen Szenen des Grabes neben Halskragen und Armbändern auch Ohrringe, die in Form einer Papyrusblüte oder eines Uräus gebildet sind. Als einzige Göttin im Grab trägt auch Hathor hier einen solchen Uräus-Ohrring (Abb. 165). Neben der Geierhaube dürfte somit auch das Schmuckstück als Hinweis auf die «Hathor-Identität» der Königin gewertet werden. Die Tatsache, daß Nefertari gerade in dieser Szene einen «Papyrusblüten-Ohrring» trägt (Abb. 166), steht nicht im Widerspruch zu der vorgeschlagenen Interpretation. Eine Analyse der Szenen zeigt, daß Nefertari ungleich häufiger den Papyrusblüten- als den Uräus-Ohrring trägt. Die Beschränkung des Ohrschmuckes auf diese beiden Varietäten dürfte nicht zufällig sein. Über die rein dekorative Wirkung hinaus hatte der «Schmuck» im alten Ägypten zudem eine symbolische Bedeutung. Dem Uräus kommt dabei vornehmlich eine apotropäische Funktion zu. Darüber hinaus kann die Schlange jedoch auch eine Manifestation der Göttin Hathor selbst sein, so daß dieser Ohrschmuck – wie das Kuhgehörn – gewissermaßen Tribut an eine der zoomorphen Erscheinungsformen der Göttin zollt. Der Papyrusblüte dürfte der

Gedanke der Verjüngung innewohnen, dem im Grab – als Ort der Transfiguration und Wiedergeburt – ein großer Stellenwert zukommt. Neben der Vorliebe der ägyptischen Künstler für Variationen im Detail dürften hier somit auch theologische Gründe für die Wahl des Papyrusblüten-Ohrringes als Schmuck der Königin vorliegen.

Auf den hinteren Schmalseiten des Mauerrücksprungs findet sich jeweils die Darstellung eines personifizierten *Djed*-Pfeilers, Ikon der (ewigen) Dauer, der in den Händen ein *Was*-Szepter *(w3s)*, Symbol der Stärke, hält (Abb. 169).

Beim Betreten der Treppe wird auch durch die Wanddekoration verdeutlicht, daß man sich (noch) tiefer in die Unterwelt begibt. Als oberer Abschluß der Dekoration der unteren Wandhälfte findet sich erneut der bereits aus Raum I bekannte «Sandstreifen» (Abb. 169) an der Kante des Mauerrücksprungs, so daß der Abstieg unter das Bodenniveau (den Sand der Wüste respektive den Fels des Berges) – der realiter natürlich längst vollzogen wurde – erneut vor Augen steht.

Sowohl auf der Süd- wie auf der Nordwand findet sich die Darstellung eines auf einem Schrein ruhenden Anubis-Schakals (Abb. 170). Dazu tritt im Süden Isis

Abb. 165 Die Göttin Hathor mit Geierhaube und dem Kuhgehörn mit Sonnenscheibe. Nordwand des Korridors.

und im Norden Nephthys (Abb. 171). Ein gleichartiges Bild findet sich am Ende des zweiten Korridores im Grab Sethos' I. Beide Vignetten dienen zur Illustration des Tb-Spruches 151, der sich mit der Balsamierung des Verstorbenen durch Anubis und dem Schutz in der Nekropole allgemein befaßt. Den Bildern selbst muß dabei genügend Aussagekraft innewohnen, da die Beischriften keinerlei Bezug auf den Spruch nehmen. Hier wird Nefertari vielmehr ein Platz in der Nekropole versprochen sowie der Vollzug des täglichen Sonnenlaufes. Anubis verheißt: «Ich gebe dir einen Sitz im heiligen Land *(T3-dsr)*» und «ich gebe dir das Erscheinen des Ra am Himmel». Darüber hinaus wird Nefertaris eigenes Erscheinen mit dem des Sonnengottes geglichen. So wie dieser wird auch Nefertari von Nut, der Himmelsgöttin, mit einem feierlichen Willkommensgestus begrüßt, denn Anubis sagt: «Du bist am Himmel erschienen wie dein Vater Ra ... Nut, deine Mutter, macht die *Nini*-Begrüßung *(njnj)* für dich, wie sie es auch für Harachte tut.» Die Göttin Isis schließt sich mit ähnlichen Worten an: «Ich gebe dir einen Sitz im heiligen Land *(T3-dsr)* vor Onophris (Form des Gottes Osiris); du bist erschienen wie Aton am Himmel ewiglich», und sie bekräftigt nochmals: «Ich gebe dir einen Sitz in der Nekropole *(Hr.t-ntr)*, du bist am Himmel erschienen wie dein Vater Ra, das Jenseits *(Jwgr.t)* wird durch deine Strahlen erleuchtet.»

Der Schutzgedanke, den der Tb-Spruch 151 eigentlich beinhaltet, wird durch die Darstellung einer geflügelten Uräusschlange aufgegriffen, die den oberen Abschluß der jeweiligen Szene bildet (Abb. 169, 187).

Die Dekoration des Korridors dient demnach zur Illustration verschiedener Schritte und Stationen auf dem Weg zur Unsterblichkeit. Im Vordergrund steht zunächst die erstmalige Ankunft der Nefertari im Jenseits. Der Sarkophag, der den ordnungsgemäß mumifizierten Leichnam der Königin enthält, wird über die «Gleitbahn» *(r3-st3.w)*, in der Mitte der Treppe, in Richtung auf die Sargkammer «gezogen» *(st3)*. Nefertari erfreut sich dabei des Schutzes der von ihr verehrten Gottheiten. Die Denomination der für diesen initialen Vorgang nötigen «Gleitbahn» als «‹Mund› des Ziehens» *(r3-st3.w)* ist zugleich Ausgangspunkt der zyklischen Wiederholung der Handlung sowie der Identifikation der mythischen Lokalität.

Der auf einem Ostrakon überlieferte Plan des Grabes Ramses' IX. benennt den ersten Korridor als Ort des «‹Ziehens› des Gottes, das der Weg des Sonnenlichtes ist» *(p3 st3-ntr ntj w3.t šw)*, und kann damit den Weg der Sonne bei ihrem zyklischen Lauf durch das Jenseits umschreiben. Diese «Wege des Jenseits» aber sind es, die im Ägyptischen mit den Worten «‹Mund› des Ziehens» *(r3-st3.w)* benannt werden, so daß der Korridor real den «Weg» der Nefertari in die «unterweltliche» Sarkophagkammer darstellt, ideell gesehen aber die mythischen «Wege des Jenseits» beschreibt, die der Sonnengott – und mit ihm die *Ba*-Seele der Königin – im nächtlichen Sonnenlauf durchzieht. Das «Ziehen» wiederum kann ganz buchstäblich verstanden werden, da gemäß dem königlichen Unterweltsbuch *Amduat* die Barke des Sonnengottes tatsächlich «realiter» durch die Unterwelt «gezogen» wird.

Am Eingang der Sargkammer (III) wird die Eintretende von der Göttin Maat empfangen. Auf dem Türsturz in Form einer geflügelten Göttin dargestellt, verheißt sie der Königin Schutz (Abb. 172). In rein anthropomorpher Gestalt verspricht sie Nefertari auf den Türdurchgängen ihre Gegenwart. Auf solche Art beschützt, kann die Königin unbesorgt die Tür passieren, die sie (im Bildpro-

Das Dekorationsprogramm 119

Abb. 166 Nefertari mit einem Trankopfer. Anschluß an Abb. 165. Nordwand des Korridors.

Abb. 167 Die thronende Göttin Selket und die geflügelte Maat, Göttin der Wahrheit, die an der Feder auf ihrem Kopf zu erkennen ist: Anschluß an Abb. 165. Nordwand des Korridors.

Abb. 168 Nefertari mit der hohen Federkrone bringt ein Trankopfer dar. Südwand des Korridors.

gramm des Grabes) zu den Toren und Pforten des Jenseits führen wird, welche für den ohne *Maat* Lebenden undurchlässig sind. Die durch die Architektur bedingte Doppelung der Göttin im Türdurchgang kann hier auch tatsächlich als solche angesehen werden, da sie als «die beiden Wahrheiten» *(M3ᶜ.tj)* den Sonnengott – und damit auch die Königin, die im vorangehenden Korridor mit dem Sonnengott gleichgesetzt wurde – auf seiner Fahrt durch die Unterwelt begleitet. Auch dieses Dekorationselement stellt eine Übernahme aus dem königlichen Repertoire dar.

Sarkophagkammer (III): Ort der Transfiguration

Als Bezeichnung der Sarkophagkammer nennt der Papyrus Ramses' IV. «Goldhaus, in dem man ruht» *(pr-nbw ntj htp.tw im.f)* und nimmt damit Bezug auf die im Sarkophag ruhende Mumie. Die Denomination als «Goldhaus» wurde als Hinweis auf die reiche Grabausstattung der Könige sowie die vornehmliche Grundfarbe der Wanddekoration des Raumes gewertet. Zudem weist der Name jedoch – durch die Assoziation von Gold und Götter – auf die an diesem Ort zu vollendende Transfiguration in ein gottähnliches Wesen. Darüber hinaus könnte auch eine Anspielung auf die angestrebte Belebung der Verstorbenen durch die «goldenen» Strahlen des Sonnengottes enthalten sein.

Die Wände der Sarkophagkammer zeigen – oberhalb des rings um die Kammer laufenden Mauervorsprungs – auf der südlichen Hälfte einen Teil des Textes sowie Vignetten von Tb-Spruch 144 (Abb. 173) und auf der nördlichen den Tb-Spruch 146 (Abb. 174). Die beiden Sprüche betreffen zum einen die sieben «Tore» *('rrj.t)* und zum anderen die 21 «Pforten» *(sbḫ.t)* des Jenseits. Diese Kapitel des Totenbuchs dienten in den «Privatgräbern» als Ersatz für das den Königsgräbern vorbehaltene «Pfortenbuch», mit dem auch die Sarkophagkammer Ramses' II. dekoriert wurde.

Die adorierende Nefertari – jeweils rechts und links des Eingangs vor dem 1. Tor respektive der 1. Pforte – leitet die betreffende Szenenfolge ein.

Zugehörig zu den «Toren» von Tb-Spruch 144 sind jeweils drei anthropomorphe Wesen, die hinter dem betreffenden Tor stehen. Gemäß der Beischrift handelt es sich um erstens den «Wächter», zweitens den «Torhüter» und drittens den «Anmelder». Während die in der

Wanddekoration erhaltenen Wächter und Torhüter jeweils tierköpfig (Löwe, Widder u. a.) dargestellt sind, findet sich für die «Anmelder» hier lediglich die rein anthropomorphe Gestalt. Der «Wächter» hält in seiner Rechten einen Palmzweig und in seiner Linken ein Messer. Der «Torhüter» trägt in beiden Händen ein Messer. Während sowohl «Wächter» als auch «Torhüter» zum Teil zusätzlich Lebens-Zeichen (ʿnh) in den Händen halten, ist dieses – zumindest in den erhaltenen Abbildungen – das einzige Attribut der «Anmelder» (Abb. 173). Trotz der bedrohlichen Ausrüstung der «Wächter» und «Torhüter» mit Messern findet sich auch hier sowohl durch das Lebens-Zeichen als auch den Palmzweig ein Symbol des Willkommens für die Königin, da beide als Sinnbild des Lebens angesehen wurden.

Die «Tore» sind mit Türpfosten, Sturz und Durchgang dargestellt, so daß es sich wohl eher um ein ganzes «Torgebäude» handeln dürfte. Howard Carter und Alan Gardiner machten bereits 1917 darauf aufmerksam, daß die hier verwendete ägyptische Bezeichnung für «Tor» (ʾrrj.t) mehrere Übersetzungsmöglichkeiten zuläßt. Ursprünglich wohl von der architektonischen Bezeichnung «Türsturz» ausgehend, wurde das Wort zum Synonym für Tor oder Torgebäude. In der Verwendung als letzteres diente es wiederum zur Bezeichnung der Lokalität eines Gerichtshofes, der – analog zu dem Gerichtshof der älteren Männer in Israel – im Torhof stattfand. Das «Durchschreiten» der sieben «Tore» könnte somit assoziativ auch als «Bestehen» vor sieben «Gerichtshöfen» verstanden werden. Von den kanonischen sieben Toren wurden hier aber nur fünf abgebildet.

Zu den «Pforten» von Tb-Spruch 146 gehört jeweils nur ein Wächter, der – mit ungegliedertem Leib – in der Pforte hockend dargestellt wird (Abb. 175, 176). Von den 21 bekannten Pforten fanden hier zehn eine Darstellung.

Um die Tore und Pforten unbeschadet durchschreiten zu können, muß die Verstorbene die Namen der «Durchgänge» sowie der dazugehörigen Wesen nennen. Bereits die einleitenden Worte der vor dem ersten Tor stehenden Nefertari setzen diese Kenntnis als gegeben voraus: «Spruch des Kennens der Tore des Hauses des Osiris im Westen und die Götter, die in ihren ‹Höhlen› (zu den Türdurchgängen gehörig) sind.» Die vor bzw. hinter den Toren und Pforten stehende hieroglyphische Inschrift dokumentiert sodann die genaue Kenntnis der Namen und gestattet es Nefertari, ungehindert diese Stationen des Jenseits zu passieren. Nach der 10. Pforte erreicht sie dann auch folgerichtig das Ziel ihres Weges, den Gott Osiris. Dieser nimmt, als «Vorderer des Westens», zusammen mit Hathor, die durch ihren Kopfschmuck als Westgöttin gekennzeichnet ist, sowie dem Gott Anubis, Herr der Balsamierung und Wächter der Nekropole, die Anbetung der Königin entgegen (Abb. 178). Die drei Götter, Osiris, Anubis und Hathor, galten – aufgrund ihrer Funktionen – seit der 18. Dynastie als Träger der Jenseitshoffnungen des Verstorbenen. Unterhalb des Thrones des Anubis befindet sich in der Wand eine kleine Nische, die ehedem zur Aufnahme eines Schutzamulettes diente. Das in dieser Nische gefundene Amulett eines *Djed*-Pfeilers in fayencener Farbe (Abb. 131 a, b), das heute im Museum von Turin aufbewahrt wird, war nur eines von vier Amuletten, die ursprünglich in vier gleichartigen Nischen – jeweils in einer der Wände der Sargkammer – «versteckt» wurden. Bei den Amuletten wird es sich neben dem *Djed*-

Abb. 169 Der untere Teil des Korridors ist mit Vignetten zu Totenbuch-Spruch 151 verziert, der sich mit der Balsamierung und dem Schutz in der Nekropole befaßt. Unterer Teil des Korridors und Eingang in die Sarkophaghalle.

Abb. 170 Der schakalsgestaltige Gott Anubis ist für die Balsamierung zuständig. Vignette zu Totenbuch-Spruch 151. Südwand des Korridors.

Abb. 171 Die Göttin Nephthys. Vignette zu Totenbuch-Spruch 151. Nordwand des Korridors.

Abb. 172 Die Göttin Maat schützt den Eingang zur Sarkophagkammer.

Symbol um eine Götterfigur, eine Fackel sowie die Statuette eines Schakals gehandelt haben. Von letzteren hat sich jedoch anscheinend keines erhalten. Diese vier Symbole, die jeweils auf einen sogenannten «magischen Ziegel» gelegt wurden, sind Teil der Illustration zu Tb-Spruch 151, der unter anderem die Versorgung sowie den Schutz der Mumie gewährleisten sollte.

Analog zur Dekoration im Grab ihres Gemahls, Ramses' II., ist der rund um die Kammer verlaufende Mauervorsprung mit jeweils alternierenden Paaren von *Djed*-Pfeilern und Isisblut-Zeichen geschmückt (Abb. 130a, b). Während der *Djed*-Pfeiler – Symbol des Gottes Osiris – Nefertari (ewige) Dauer verheißt, so gilt das Isisblut, als Symbol mit der Göttin Isis verbunden, als Garant des Schutzes. Den beiden Amuletten sind die Tb-Sprüche 155 und 156 gewidmet. Der einleitende Satz zu Tb-Spruch 155 lautet «richte dich auf, Osiris» und nimmt im folgenden Bezug auf das Rückgrat des Gottes, dessen Festigkeit als Symbol der Auferstehung gewertet werden kann.

Die Identifikation des Isisblut-Zeichens ist – wie die des *Djed*-Pfeilers – umstritten. Der (ägyptologische) Name des Amulettes resultiert aus Tb-Spruch 156, der mit den Worten beginnt: «Dein Blut gehört dir, Isis». Die Form der Hieroglyphe als Stoffschleife führte in Verbindung mit der Nennung des Blutes der Isis dazu, das Zeichen als eine Art Schutz-Tampon zu identifizieren, der bei der Schwangerschaft verwendet worden sein soll, um eine Fehlgeburt zu verhüten. In der Sarkophagkammer – dem Ort der Wiedergeburt – hätte dieses Amulett somit durchaus berechtigte Schutzfunktion.

Der Verwendungszweck der im Mauervorsprung der Südwand eingelassenen Nische (Abb. 130a, b) ist unklar. Die andersartige, monochrome Ausgestaltung der Figuren und Hieroglyphen könnte einen Hinweis auf eine spätere, nachträgliche Ausarbeitung geben.

Die Seitenwände zeigen jeweils zwei der vier Horussöhne zusammen mit Anubis, der, wie diese, ebenfalls mumiengestaltig dargestellt ist. Auf der Rückwand befindet sich ein Bild der Göttin Nut. Die Darstellung der vier «Kanopengötter» (Horussöhne) sowie des Gottes Anubis könnten gegebenenfalls darauf hinweisen, daß in dieser Nische der Kanopenkasten, in dem die vier Krüge mit den separat mumifizierten Eingeweiden bewahrt wurden, Aufstellung finden sollte.

Das Dekorationsprogramm

123

Abb. 173 Historische Aufnahme durch E. Schiaparelli von zwei «Wächtern», die zu einem der «Tore des Jenseits» gehören. Südwand der Sarkophagkammer. – Abb. 174 Historische Aufnahme durch H. Burton (1920–23) von Nefertari vor zwei «Pforten» des Jenseits mit einem geier- und einem löwenköpfigen Wächter. Vignette zu Totenbuch-Spruch 146. Nördliche Ostwand der Sarkophagkammer.

Pfeiler: Stützen des «Kosmos»

Die Pfeiler – die real sicher als architektonische Stützen dienen – können ideell, gemäß dem altägyptischen Weltbild, als «Träger» des Himmels verstanden werden. Stellvertretend für die vier Himmelsrichtungen stehend, umrahmen sie den Mittelpunkt dieses Miniaturkosmos: den Sarkophag (Abb. 130, 179).

So ist auch die Dekoration der vier Pfeiler eindeutig auf dieses Zentrum, in dem die Mumie ruhen sollte, hin ausgerichtet. Die beiden dem Eingang zugewandten Pfeilerseiten zeigen die Götter Horus-Iunmutef («Horus, Stütze/Pfeiler seiner Mutter» [Abb. 181]) und Harendotes («Horus, Rächer seines Vaters» [Abb. 182]) jeweils im Gewand eines für den

Abb. 175 Historische Aufnahme durch E. Schiaparelli (1904) des Motivs von Abb. 174 in teils erheblich besserem Erhaltungszustand.

Abb. 176 Der «Wächter» der 5. «Pforte des Jenseits». Nordwand der Sarkophagkammer. – Abb. 177 Zwei «Wächter» vor dem 1. «Tor des Jenseits». Südwand der Sarkophagkammer.

Abb. 178 Die Götter Osiris, Hathor und Anubis gelten als Garanten menschlicher Jenseitshoffnungen. Nördliche Westwand der Sarkophagkammer.

Totenkult zuständigen *Sem*-Priesters. Sie überweisen Nefertari an Osiris und ersuchen diesen, der Königin zu gewähren, ihren Platz unter der großen Götterneunheit einnehmen zu dürfen. Hier übernimmt demnach Horus, der Sohn des Osiris, in seiner spezifischen Rolle als Iunmutef und Harendotes, selbst die Aufgabe des *Sem*-Priesters. Welche bessere Einführung zu dem Herrscher des Jenseits als die durch dessen eigenen Sohn könnte die Verstorbene sich wünschen? Der Uräus an der Stirn des jeweiligen Gottes dürfte eine Reminiszenz an die Vorstellung sein, daß es ursprünglich der leibliche Königssohn war, der als Thronfolger in dieser Gestalt das Totenritual für den verstorbenen König vollzog.

Der Gott Osiris selbst ist auf den inneren Pfeilerdurchgangsseiten, jeweils in einem Naos stehend, dargestellt (Abb. 179). Er verspricht der Eintretenden einen Platz in der Unterwelt sowie das zur Auferstehung nötige (Er-)Scheinen des Ra. Die Epitheta des Gottes nehmen nochmals Bezug auf den durch Harendotes und Iunmutef dargelegten Wunsch nach Aufnahme der Nefertari unter die Götterneunheit. Lediglich auf den beiden Pfeilerseiten, die den «Eingang» zum Sarkophagbereich flankieren, trägt Osiris den Titel «Herrscher der Neunheit» *(ḥq3-psd.t)*, der ihn legitimiert, dem Wunsch zu entsprechen. Die Vereinigung mit der Götterneunheit kann sodann, nachdem Nefertari die beiden Pfeiler passiert hat, als vollzogen angesehen werden.

Die vier dem Sarkophag zugewandten Pfeilerseiten zeigen, wie wohl auch im Grab Ramses' II., jeweils einen *Djed*-Pfeiler (Abb. 180). Als «Rückgrat» des Osiris und Symbol der (ewigen) Dauer verheißen sie der im Sarkophag ruhenden Mumie Auferstehung und Beständigkeit.

Die Pfeileraußenseiten sind der bildlichen Schilderung der von Osiris gewährten Aufnahme der Nefertari unter die Götter gewidmet. Sie zeigen die bereits wiederauferstandene Königin im Kontakt mit den Göttern Isis (Abb. 185), Hathor (Abb. 183) und Anubis (Abb. 184), die als Mitglieder der mehrfach angesprochenen großen Götterneunheit zu identifizieren sein dürften.

Bis auf eine Ausnahme trägt Nefertari auffälligerweise in den Darstellungen auf den Pfeilern sowie in der bereits beschriebenen Szene, die sie in Adoration vor Osiris, Hathor und Anubis zeigt (Abb. 183), nicht mehr die rote Binde über ihrem Plisseegewand. Der Verzicht gerade auf dieses Kleidungsstück in den Darstellungen der Sarkophagkammer – dem Ort der Wiedergeburt – könnte gegebenenfalls durch einen bei tatsächlichen Geburten praktizierten Ritus Erklärung finden. Um den Geburtsvorgang zu erleichtern und das Kind magisch von der Mutter zu lösen, wurden sämtliche Knoten und Flechten an der Kleidung und den Haaren der Schwangeren gelöst. Bei der Wiedergeburt der Nefertari hätte man diesen Ritus auf das Lösen der roten Binde beschränkt.

Im Mittelpunkt: der Sarkophag

Entsprechend den ideell-geographischen Himmelsrichtungen im Westen der Anlage gelegen, ist die Sargkammer – analog ihrer Funktion als Ort der Wiedergeburt und Revivifikation der Grabherrin – Kulminationspunkt des nächtlichen Sonnenlaufes. Bei einer Betrachtung der real-geographischen Verhältnisse ergibt sich eine Lage der Sarkophagkammer im Norden der Sepultur. Einer der an die Göttin Nut gerichteten Wünsche der Nefertari – überliefert auf den Frag-

Das Dekorationsprogramm 125

Abb. 179 Blick in das Innere der Sarkophagkammer mit den vier Pfeilern.

menten ihres Sarkophagdeckels (Abb. 134) – gilt der Transposition der Königin unter die unvergänglichen Zirkumpolarsterne, deren Sitz im Norden des Himmels – im Körper der Himmelsgöttin Nut – zu lokalisieren ist. Bereits in den ältesten überlieferten Jenseitsvorstellungen, die in den Pyramidentexten fixiert wurden, galten diese Sterne als erstrebter Aufenthaltsort der *Ba*-Seele des Verstorbenen. Die bereits vollzogene Realisierung des inschriftlich geäußerten Wunsches der Nefertari zeigen unmißverständlich die unmittelbar sowie die mittelbar zugehörigen Dekorationselemente. So trägt etwa der Sarkophagdeckel eine Darstellung der Nut selbst, die ihre geflügelten Arme schützend über der – im Sarg befindlichen – Königin ausbreitet. Dieses Motiv der Aufnahme der Nefertari seitens der Himmelsgöttin findet sodann seine Entsprechung in der Deckendekoration der Sarkophagkammer, die den Sternenhimmel – also den Leib der Nut (Abb. 179) – zeigt. Evoziert durch Nefertaris «Identifikation» mit der Göttin Hathor – die auch mit dem Epitheton «Gebieterin des Nordens» *(ḥnw.t mḥj.t)* ausgestattet sein kann –, ist die Königin jedoch nicht nur legitimiert,

einen Platz im Nordhimmel unter den Zirkumpolarsternen zu beanspruchen, sondern kann selbst als «Herrin der Sterne» *(nb.t sb3.w)* angesehen werden.

Während der real-geographischen Nord-Lage der Grabkammer somit die Vorstellung der Nefertari als unvergänglicher Zirkumpolarstern und ihre damit verbundene Würde als «Herrin der Sterne» zugrunde liegt, reflektiert die ideell-geographische West-Lage des Raumes ihre angestrebte «Osiris-Identität» und die dazugehörige Wiederbelebung anläßlich des nächtlichen Sonnenlaufes. Somit fanden sowohl die real- als auch die ideell-geographischen Gegebenheiten Einbindung in die religiöse Konzeption der Sepultur mit ihren mobilen (z. B. Sarkophag) und immobilen (Architektur und Wanddekoration) Ausstattungselementen und trugen damit zur Komplementierung des Mikrokosmos «Grab» bei.

Seitenräume: «Schatzkammern» und mythologische Stätten

Die ursprüngliche reale Funktion der Seitenräume wird sicher die Verwendung

als Aufbewahrungsort der Grabbeigaben gewesen sein. Im folgenden soll jedoch zudem, zumindest für zwei der Nebenräume, auch versuchsweise eine mythologische «Ortsbestimmung» vorgenommen werden.

Seitenraum IV: das mythische Abydos

Wie in jedem Türdurchgang des Komplexes I finden sich auch im Seitenraum IV die beiden schlangengestaltigen Kronengöttinnen. Die Eingangswand zeigt in der westlichen Hälfte einen personifizierten *Djed*-Pfeiler (vgl. Abb. 169) und auf der östlichen Nefertari selbst in Mumiengestalt. Diese Ikonographie ist einmalig im ganzen Grab, tritt die Königin doch sonst immer in der frei beweglichen menschlichen Gestalt auf, die sie in der Unterwelt auch einzunehmen wünscht. Obwohl die Einbalsamierung unumgänglich für den Erhalt des Leichnams und damit eine der Grundvoraussetzungen für die angestrebte Transfiguration des Verstorbenen ist, wird die Darstellung der Mumie in der Wanddekoration – ausgenommen in den wichtigen Szenen der Grablegung und Mundöff-

Abb. 180 Das Bild des Djed-Pfeilers – Symbol der ewigen Dauer – schmückt alle Pfeilerinnenseiten. Pfeiler II a.

Abb. 181 Horus-Iunmutef («Horus, Stütze seiner Mutter») empfängt die Grabherrin am Eingang zur Sarkophagkammer. Pfeiler I a.

nung – weitgehend vermieden. Im Bewußtsein der Unerläßlichkeit der Mumifizierung entwickelte sich jedoch die Furcht vor dem Gefangensein in den den Körper umhüllenden Mumienbinden. Zeugnis dieser Angst sind die in den Sargtexten und im Totenbuch zu findenden Sprüche, die die Befreiung aus den «fesselnden» Binden und die uneingeschränkte Bewegungsfreiheit im Jenseits sicherstellen sollten. Die Darstellung der Nefertari in Mumiengestalt gerade in diesem Nebenraum dürfte dekorationsthematisch bedingt sein.

Die Seitenwände zeigen jeweils ein Paar der vier Horussöhne, im Osten Amset und Duamutef zusammen mit der Göttin Isis, im Westen Hapi und Kebechsenuef mit der Göttin Nephthys.

Kulminationspunkt der Wanddekoration ist jedoch die Darstellung des Osirisgrabes von Abydos auf der Rückwand des Raumes (Abb. 186). Das Bild zeigt das als Schrein gestaltete Grab, dessen obe-

rer Wandabschluß durch eine Hohlkehle gebildet wird. In der Mitte des kuppelartig gewölbten Daches erhebt sich ein menschlicher Kopf. Ein vergleichbares Motiv ist aus der 5. Stunde des *Amduat* bekannt, in der das Haupt der Göttin Isis die Höhle des Gottes Sokar abschließt. Dieser Bereich wird in dem Text des *Amduat* beschrieben als: «Der Name der Höhle dieses Gottes ist ‹Westen›». Sokar wiederum konnte eine synkretistische Verbindung mit dem Gott Osiris eingehen, so daß er hier stellvertretend für den Herrscher des Jenseits Abbildung fand. Somit kann das Ikon – auch in Analogie zur Höhle des Sokar (die ebenfalls als Synonym für den Westen steht) – als Charakteristikum des Osirisgrabes angesehen werden.

Im Grab der Nefertari weist die sichtbare Außenseite des Schreines zudem Abbildungen von vier Göttern auf. Alle zeigen eine anthropomorphe Gestalt – die beiden außen stehenden Götter sind

ibisköpfig. In ihren Händen halten sie eine Art Standarte mit dem Zeichen für «Himmel». Anhand zahlreicher nahezu identischer Szenen – etwa auf den Längsseiten des vierten Schreines aus dem Grabe des Tut-anch-Amun – lassen sie sich als Darstellungen des Gottes Thot identifizieren. In einer Inschrift verheißt dieser der Königin: «Ich veranlasse für dich das Füllen des Auges, damit du zufrieden darüber bist, Osiris-Nefertari.» Das «Füllen des Auges», das mit dem «Heilen» des im Kampf mit Seth verletzten Horusauges gleichzusetzen ist, steht somit als Symbol für die Unversehrtheit der Mumie sowie die Auferstehung der Verstorbenen.

Die beiden anderen, in westliche Richtung schreitenden Götter können als die Horussöhne Amset und Duamutef identifiziert werden. Die mittlere Kolumne nennt zudem den Gott Anubis, der jedoch keine Abbildung fand. Die gesamte Darstellung stellt die Vignette zum Tb-

Abb. 182 Der Gott Harendotes («Horus, Schützer seines Vaters») trägt das Pantherfell des Sem-(Toten-)Priesters. Pfeiler IV a.

Abb. 183 Die Göttin Hathor, die durch ihre Kopfbedeckung als Herrin der (thebanischen) Nekropole gekennzeichnet ist, empfängt Nefertari. Pfeiler III c.

Spruch 161 dar, der die Überwindung des Feindes des Sonnengottes in Gestalt einer Schildkröte schildert und dem Körper des Osiris Unversehrtheit verheißt.

Die Beischriften im Grab der Nefertari enthalten selbst keinerlei Hinweis auf den Inhalt des Tb-Spruches. Die Darstellung des Thot kann jedoch als Paraphrasierung der Überschrift des Textes angesehen werden, die lautet: «Spruch, eine Öffnung in den Himmel zu brechen, von Thot für Wennefer (Osiris) verfertigt, als er die Sonnenscheibe aufgeschlossen hat.» Die erst in der Spätzeit überlieferte Nachschrift verdeutlicht den Zweck des Spruches mit den Worten: «*Was jede Mumie betrifft, für die man das Bild ausführt über ihrem Sarg, für die werden vier Öffnungen im Himmel aufgetan:
eine für den Nordwind – das ist Osiris; eine andere für den Südwind – das ist Re; eine andere für den Westwind – das ist Isis; eine andere für den Ostwind – das ist Nephthys. Jeder einzelne von diesen Winden, die in seiner Öffnung sind, dessen Pflicht ist es, in seine Nase einzutreten.*»

Damit wird der Spruch aber auch mit dem sogenannten Mundöffnungsritual in Beziehung gesetzt, das der (Wieder-)Öffnung der Sinnesorgane des Verstorbenen nach der Mumifizierung galt.

Analog zu den vier Himmelsrichtungen mußte auch die im Text überlieferte Formel viermal rezitiert werden. Zu jeder Rezitation gehörte ein Bild des Gottes Thot mit dem Himmelszeichen. Im Neuen Reich wurde der Tb-Spruch in das Repertoire der Darstellungen auf den Sarkophagen aufgenommen, so daß je eine Darstellung des Gottes Thot eine der Ecken der Längsseiten des Sarkophages schmücken konnte.

Auf der rechten Seite des Schreines finden sich zudem Reste der Darstellung der Kufe eines Schlittens, wie er zum Transport des Sarkophages während des sogenannten Sargschlittenzuges diente. Das Relief im Grab der Nefertari zeigt demnach mit großer Wahrscheinlichkeit eine Längsseite ihres heute, bis auf einige Deckelfragmente, verlorenen Sarkophages, wie es auch eine vergleichbare Szene in einem anderen Grab im Königinnengräbertal nahelegt.

Auch die Dekoration des Giebelfeldes, die zwei antithetisch zueinander angeordnete Uräen zeigt, spricht für eine solche Identifikation. Die Uräen weisen die gleiche äußere Gestalt auf wie die Schlangen im Korridor (Abb. 187), die oberhalb der Vignette des auf einem Schrein ruhenden Anubis (über dem Eingang zur Sarkophagkammer) angebracht sind. Metaphorisch betrachtet diente das Bild demnach einer Gleichsetzung der Sarkophagkammer und des Sarkophages der Nefertari mit dem Grab des (Gottes) Osiris. Diese Gleichsetzung der Grabstätten und damit auch ihrer «Bewohner» führte wiederum dazu, daß Nefertari lediglich in diesem Nebenraum mumiengestaltig – der einzigen Wesensform des Gottes Osiris und Gestalt des im Sarkophag befindlichen Körpers – dargestellt wurde.

Setzt man einen Zusammenhang zwischen den Wandreliefs und der Raumfunktion voraus, so könnte dieser Raum als Aufbewahrungsort des Kanopenkastens gedient haben, da sich an den Seitenwänden die Bilder der vier Horussöhne, die für den Schutz der Eingeweidekrüge zuständig waren, erhalten haben. Und auch die Darstellung des Osirisgrabes kann als Anspielung auf den Kanopenkasten verstanden werden, da dieser in seiner äußeren Gestalt zumeist dem Sarkophag angeglichen ist.

Die assoziative Identifikation des Sarkophages als Osirisgrab impliziert zugleich die mythische Örtlichkeit, die der Raum inkorporiert. Als Begräbnisstätte des Osiris kann es sich nur um Abydos handeln.

Das Dekorationsprogramm

Seitenraum V: das mythische Chemmis

Auch im Seitenraum V flankieren die Kronengöttinnen den Durchgang ins Rauminnere. Die Eingangswand trägt auf beiden Seiten neben dem Durchgang die Darstellung eines *Djed*-Pfeilers.

Die Ostwand des Raumes zeigt die Königin adorierend vor Anubis, dem «Vorderen des Gotteszeltes» (ḫntj zḥ-nṯr), und der Göttin Isis. Auf der Westwand steht Nefertari im Adorationsgestus vor der zoomorphen Erscheinungsform der Hathor als Kuh (vgl. Abb. 188 aus einem anderen Grab). Das stark zerstörte Wandrelief zeigt noch den von einem Kuhgehörn mit Sonnenscheibe und zusätzlich mit der hohen Straußenfeder-Federkrone (ʾnḏtj) bekrönten Kuhkopf sowie einen Rest des Hinterhufes und die Schwanzspitze. Diese wenigen Details wie auch die Reste der Beischrift zeigen, daß in dem Bild zwei unterschiedliche Jenseitsvorstellungen verquickt wurden. Die mit der Krone versehene Kuhgestalt sowie die Benennung als «Hathor, Oberhaupt von Theben, Herrin der westlichen Wüste» identifizieren die Göttin zunächst als Personifikation der thebanischen Nekropole mit der für diese charakteristischen Bergspitze. Die Göttin wurde hier unter anderem in einem Heiligtum verehrt, das sich neben dem Totentempel Thutmosis' III. in Deir el-Bahari befand, und dessen Kultbetrieb nachweislich noch in der Ramessidenzeit bestand. Das steinerne Kultbild aus der Zeit Thutmosis' III., das heute im Museum von Kairo aufbewahrt wird, zeigt die Göttin in ebendieser zoomorphen Gestalt als Kuh, die die hohe Straußenfederkrone und die Sonnenscheibe trägt.

Die mit diesem Kultbild verbundenen Regenerationsvorstellungen, die ursprünglich dem Pharao vorbehalten waren, wurden in Form des Tb-Spruches 186 auch den Privatpersonen zugänglich. Zahlreiche Darstellungen in deren Gräbern sowie die Vignetten der Totenpapyri nehmen die Vorstellung auf und zeigen diese Kuh im Begriff, aus dem Berg herauszutreten, wobei Berg (= thebanische Nekropole) sowie Hinterleib der Kuh zu einer Einheit verschmolzen: «Die Hathorkuh ist ‹eins› mit der Bergwand des Westens.» Bestattung und Wiedergeburt fanden demnach gleichsam *im* Leib der Göttin Hathor statt. Der Geburtsvorgang selbst wurde assoziativ mit der «Kaskaden-Grotte» genannten Felsformation am Ende des Königinnengräbertales verbunden, die ebenfalls eine besondere Affinität zu Hathor aufweist. So wie der Berg

Abb. 184 Der schakalsköpfige Gott Anubis umfaßt Nefertari. Pfeiler III d.

Abb. 185 Die Göttin Isis hält der Königin das *anch*-(Lebens-)Zeichen an die Nase, so daß diese den Lebenshauch einatmet. Pfeiler IV d.

als Leib der Kuh angesehen wurde, so soll der Eingang der Grotte die Vulva und die Höhle selbst den Unterleib oder Uterus der Göttin darstellen, aus dem – bei den seltenen starken Regenfällen – das «Fruchtwasser» herausfließt, das die Wiedergeburt der an diesem Ort bestatteten Personen ankündigt.

Diese Vorstellung der Wiedergeburt wird in einigen Vignetten, die die aus dem Berg heraustretende Kuh zeigen, noch durch die Hinzufügung von Papyrusstauden exemplifiziert, die eine Identifikation der thebanischen Nekropole – Stätte der Wiedergeburt – mit dem mythischen Ort Chemmis gestatten. Dort hatte Isis ihren von Osiris posthum gezeugten Sohn Horus geboren und vor allen Feinden verborgen aufgezogen. Bedingt durch diesen Mythos galt das Papyrusdickicht von Chemmis als «Geburtsort» par excellence.

Die weiterführende Beischrift benennt die Göttin zudem als «Herrin des Himmels, Auge des Ra, das in seiner Scheibe ist». Mit diesem Epitheton läßt sich die zweite Jenseitsvorstellung fassen, die im Bild der Kuh ihren Ausdruck fand. Gegen Ende der 18. Dynastie – wahrscheinlich im Zuge der Wirren der Amarnazeit – entstand das «Buch von der Himmelskuh». Dieser Text berichtet von der Auflehnung der Menschen gegen die Herrschaft des altgewordenen Sonnengottes. Der Sonnengott beschließt – auf den Rat seiner Götterversammlung

Abb. 186 Darstellung des Sarkophags der Nefertari an der Südwand von Raum IV.

hin –, die Menschheit zu vernichten. Vollstrecker des Planes ist das «Auge des Ra» in Gestalt der Göttin Hathor. Sie zieht auf die Erde und tötet die Menschen. Einige entgehen jedoch dieser Gewalttat, und Ra beschließt, diese Überlebenden vor einem weiteren Angriff der Göttin zu schützen. Mit 7000 Krügen blutrot gefärbten Bieres, das über die Felder gegossen wurde, gelang es, die Göttin zu täuschen. Im Mythos heißt es: «Trunken kam sie zurück und konnte die Menschen nicht erkennen.» Der Menschheit widerfuhr hierdurch Rettung; jedoch der müde gewordene Sonnengott entzog sich weiteren Machtkämpfen dieser Art, indem er auf die irdische Herrschaft verzichtete und sich auf dem Rücken der Kuh zum Himmel tragen ließ, an dem er seither unangefochten herrscht. Der Rückzug des Gottes an den Himmel, der sich hier als Leib der Kuh darstellt, bedeutete für die Menschen jedoch, daß aufgrund der Gottesferne von nun an ein Wechsel zwischen Tag und Nacht stattfand.

Beim Tod des ägyptischen Pharaos, des Stellvertreters des Sonnengottes auf Erden, wiederholte sich dieser im Mythos geschilderte Vorgang des Rückzuges des Herrschers an den Himmel. Der Pharao vereinigt sich mit dem Sonnengott und fährt von nun an in einer Barke am Leib der Himmelskuh entlang. Zur Illustration dieses Vorganges dient in den Gräbern der Könige das Bild der Himmelskuh, die die an ihrem Leib entlangfahrenden Barken des Sonnengottes und der anderen Gestirne zeigt. Für Privatpersonen war dieses königliche Motiv theoretisch nicht zugänglich. Die Darstellung der Hathor als Personifikation der thebanischen Nekropole im Grab der Nefertari sowie in zahlreichen anderen Begräbnisstätten enthält jedoch genügend Assoziationshilfen, um dem Betrachter die Verquickung von Tb-Spruch 186 mit den königlichen Jenseitsvorstellungen, wie sie im «Buch von der Himmelskuh» geschildert werden, vor Augen zu führen. Nicht zuletzt durch die Anbringung des Bildes im nördlichen Seitenraum der Sarkophagkammer erfährt diese doppelte Interpretation der Göttin Hathor Unterstützung, da sich der Bericht des «Buches von der Himmelskuh» im Grab Ramses' II. an der – im Rahmen der Architektur des Grabes – gleichen Stelle findet.

Die Rückwand des Raumes zeigt die Darstellung einer geflügelten Göttin (Abb. 189). Die Reste der Zeichen über ihrem Kopf identifizieren sie als Nut, Personifikation des Himmels und Mutter des Sonnengottes. Sie verheißt Nefertari die «Lebenszeit des Ra» und damit die *Nechech*- und *Djet*-Ewigkeit. Gut die Hälfte der zu dem Bild gehörigen Inschrift ist zerstört, so daß keine definitiven Aussagen über die Versorgungsaspekte, die Nut der Nefertari gewährt, getroffen werden können. Interessant ist jedoch ein Epitheton, um das die Titulatur der Königin an dieser Stelle erweitert wurde. Neben ihren Titeln als «Große königliche Gemahlin, Herrin der beiden Länder, Gebieterin von Ober- und Unterägypten, Herrin der Beliebtheit, süß an Liebe» wird sie zudem als «die einen Sitz im Haus des Amun einnimmt» *(ḥnm.t s.t m Pr-Jmn)* bezeichnet. Dieser Zusatz könnte darauf hinweisen, daß sich eine Statue der Nefertari im Tempel des Gottes Amun befand, durch die sie die Möglichkeit hatte, am Kult sowie an den Opferzuweisungen für den Gott zu partizipieren.

Betrachtet man die Dekoration des Raumes als Einheit, so lassen sich die Bilder etwa wie folgt interpretieren: Nefertari – deren erfolgreiche Transfiguration von einer menschlichen Seinsform in das göttliche Wesen Osiris-Nefertari durch die Darstellung der beiden *Djed*-Pfeiler dokumentiert wird – findet in der thebanischen Nekropole (Hathorkuh) Aufnahme. Durch die assoziative Ver-

Abb. 187 Uräusschlange, die mit ihren Flügeln die Kartusche der Nefertari «schützt». Südwand des Korridors.

Das Dekorationsprogramm

knüpfung der Hathor mit dem «Auge des Ra» erfährt Nefertari die Transposition in die Barke am Leib der Himmelskuh, zoomorphe Personifikation der mit Nut gleichgesetzten Himmelsgöttin. In dieser Funktion verleiht Nut ihr die «Lebenszeit des Ra».

Die Darstellung der geflügelten Nut befindet sich auf der – ideell-geographisch – nördlichsten Wand von Komplex I. An dieser Stelle bildet sie architektonisch gesehen gewissermaßen die Antipode zu der Dekoration auf der gegenüberliegenden «südlichsten» Wand im Seitenraum IV, die den Schrein/Sarkophag der Osiris-Nefertari zeigt. In Anbetracht dessen, daß das Weltbild der alten Ägypter sich geographisch gesehen nach dem Süden hin orientierte – das heißt, rechts bedeutet Westen, links Osten –, scheint die Verteilung der Wanddekoration unlogisch, da die zentrale Rückwand des links (d. h. im Osten) von der Hauptachse liegenden Seitenraumes mit dem Osirisgrab einen Wandschmuck zeigt, der idealiter im Westen anzusiedeln ist. Gleiches gilt für die Rückwand des rechts (d. h. im Westen) von der Achse liegenden Raumes V, die mit der Himmelsgöttin Nut eine eher mit dem Osten zu verbindende Dekoration zeigt. Diese auf den ersten Blick konträre Aufteilung von Szenen findet sich in zahlreichen Gräbern. Jan Assmann stellte deshalb fest: «Das sieht nicht nach einer Verwechslung, sondern nach bewußter Vertauschung aus, die den Sonnenuntergang als Aufgang in der Unterwelt und den Sonnenaufgang entsprechend als Untergang deutet.» Der im Bild der Nut assoziierte Sonnenaufgang findet demnach – anläßlich des unterweltlichen Sonnenlaufes – tatsächlich im Westen statt.

Darüber hinaus stellen die beiden Seitenräume jedoch assoziativ den Geburtsort (Raum V) bzw. die Begräbnisstätte (Raum IV) des Gottes Osiris dar, da sie als mythische Lokalitäten mit den Stätten Chemmis und Abydos gleichgesetzt werden können.

Seitenraum VI: Erweiterung des «Goldhauses»

Der Türdurchgang des Seitenraumes VI zeigt wie gewohnt die Bilder der beiden Kronengöttinnen. An dieser Stelle sind, wie am Eingang zum Korridor (Abb. 163b, c), jeweils beide Göttinnen auf jeder Türdurchgangsseite zu sehen. Das *Neb*-Zeichen, auf dem die Kartusche und die Schlangen ruhen, wird hier, als vierte

Abb. 188   Die aus dem Westgebirge (von Theben) heraustretende Hathorkuh. Vergleichsmotiv aus einem anderen Grab im Tal der Königinnen.

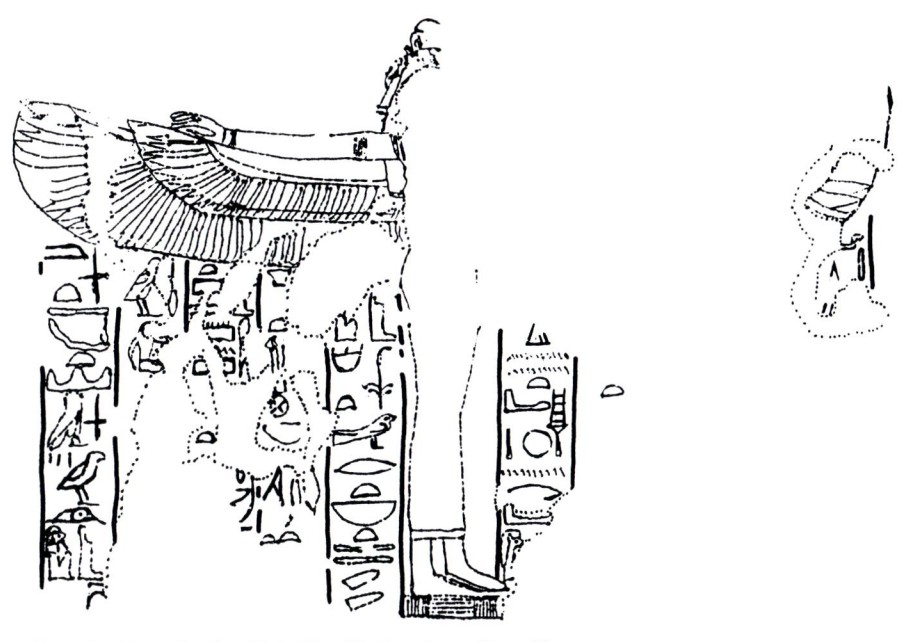

Abb. 189   Die geflügelte Göttin Nut. Nordwand von Raum V.

Abb. 190 Blick in den «Komplex II».

und letzte Variante dieser Komposition, von dem hieroglyphischen Zeichen für Gold (*nbw*) getragen.

Die Wandreliefs dieses Raumes sind großenteils sehr stark zerstört, so daß sich ein zusammenhängendes Dekorationsprogramm nicht mehr erkennen läßt. Das einzige Fragment der Ostwand, südlich des Eingangs, zeigt die Göttin Isis mit erhobenen Armen (vgl. Abb. 132 unten). Die Südwand trägt keinerlei Dekoration. Gegebenenfalls hat auf ihr eine Götterprozession – analog zur Nordwand – Darstellung gefunden.

Auf der Westwand sind lediglich Reste der Dekoration in Gestalt einer geflügelten Göttin zu erkennen. Die Nordwand zeigt die Relikte einer Reihe von Gottheiten, an deren Ende die Göttin Selket steht. Das Ikon ist wahrscheinlich mit Tb-Spruch 17§20 in Verbindung zu bringen, der diese Götter als Beschützer des Osiris-Grabes ausweist. Einzig die Dekoration der nördlichen Ostwand läßt sich noch vollständig erkennen, die die Darstellung eines *Djed*-Pfeilers zwischen zwei Isisblut-Zeichen trägt.

Die ursprüngliche Funktion sowie die mythologische Lokalität des Raumes können nicht näher bestimmt werden. Das Eingangsmotiv der beiden Kronengöttinnen, die auf dem Gold-Zeichen ruhen, legt jedoch nahe, daß der Raum eine konzeptionelle Erweiterung der Sarkophagkammer – und damit des «Goldhauses» – darstellt.

Abb. 191 Detail von Abb. 192 in einer historischen Aufnahme E. Schiaparellis vor der Restaurierung.

Zusammenschau von Komplex I

Die Darstellungen der Ost-West-Achse sind insbesondere sepulkralen Themen gewidmet. Initiale und einmalige Ereignisse werden jedoch nicht durch explizite Darstellungen oder Beschreibungen dokumentiert, sondern mit Bildern von im Jenseits zyklisch wiederkehrenden Abläufen verquickt. So ist das Durchschreiten der Tore und Pforten der Unterwelt, das der Verstorbene erstmalig nach dem Tode vollziehen muß, um in das Reich des Osiris zu gelangen, tägliche (nächtliche) Aufgabe der *Ba*-Seele, die zusammen mit dem Sonnengott «erscheint», um sich, analog zur Einwohnung des Ra in Osiris, mit der im Sarkophag ruhenden Mumie zur gegenseitigen Regeneration zu vereinen. Der Schutz der Götter und Göttinnen wird, ebenso wie das Versprechen der – durch die Mumifizierung gewährleisteten – Unversehrtheit des Leichnams, täglich (nächtlich) «ideell» durch das auf die Wanddekoration fallende Sonnenlicht aktualisiert. Wie Nefertari, so partizipieren auch die dargestellten Götter an der zyklischen Wiederkehr der Initialhandlungen, da die als

Abb. 192 Der Gott Harsiese («Horus, Sohn der Isis») geleitet Nefertari. Ostwand des Raumes I a.

Abb. 193 Der skarabäusköpfige Gott Chepre gilt als der morgendliche Aspekt des Sonnengottes. Westliche Nordwand von Raum I a.

Abb. 194 Der falkenköpfige Gott Ra-Harachte und die Göttin Hathor, in ihrer Eigenschaft als West-(Nekropolen-)Göttin, repräsentieren den Westen. Östliche Nordwand von Raum I a.

«Einführungsopfer» gebrachten Gaben zur täglichen Überweisung werden.

Komplex I diente somit zur Dokumentation der physischen Voraussetzungen der Unsterblichkeit durch die beschriebene Transfiguration.

KOMPLEX II – SÜD-NORD-ACHSE

Raum I a

Bereits die Darstellungen auf den Türdurchgangsseiten von Raum I a weisen darauf hin, daß Komplex II ein anderes Dekorationskonzept zugrunde liegt als Komplex I. Die Eintretende wird nicht mehr durch die beiden Kronengöttinnen in Schlangengestalt empfangen. An deren Stelle flankieren die Schutzgöttinnen Selket und Neith den Eingang (Abb. 190) und verheißen Nefertari – neben einem Sitz in der Nekropole – ein mit dem des Sonnengottes vergleichbares Erscheinen, indem sie sagen: «Mögest du am Himmel erscheinen wie Ra». Die Wände zu beiden Seiten des Durchgangs in Raum I a tragen jeweils die Darstellung eines anthropomorphen *Djed*-Pfeilers. Im Unterschied zu allen bisherigen Abbildungen halten diese Personifikationen jedoch nicht nur die Herrschaftsinsignien Krummstab und Geißel in den Händen, sondern sind zudem mit einer Straußenfeder-Krone ausgestattet, sicheres Indiz dafür, daß es sich um Darstellungen des Gottes Osiris selbst handelt (Abb. 192). Die beiden Seitenwände sowie der östliche bzw. westliche Teil der Nordwand des Raumes bilden eine Einheit. Unabhängig von der Einbindung der Szenen in einen größeren Sinnzusammenhang des Bildprogramms des gesamten Komplexes II lassen sich die Szenen auch als Einzelmotiv interpretieren.

Die westliche Hälfte zeigt Nefertari, die von der Göttin Isis zu dem Sonnengott in seiner morgendlichen Form als Chepre geleitet wird. Auf der Ostwand ist die Einführung der Königin durch Harsiese (Horus, Sohn der Isis [Abb. 192]) zu den Göttern Ra-Harachte und Hathor, letztere in ihrer Eigenschaft als Westgöttin (Abb. 194), zu sehen. Während Chepre (Abb. 193) als Repräsentant der aufgehenden, östlichen Sonne angesehen werden kann, steht Ra-Harachte (Abb. 194), der im allgemeinen als Exponent der mittäglichen Sonne gilt, an dieser Stelle zudem stellvertretend für die untergehende, westliche Sonne, wie dies durch die Verbindung mit der Westgöttin nahegelegt wird. Die chiastische Darstellung der Morgensonne auf der westlichen und der Abendsonne auf der östlichen Wandhälfte wird wiederum Reminiszenz an die Vorstellung des unterweltlichen Gegenhimmels sein, an dem der Sonnenlauf von West nach Ost stattfindet. Die Gaben der Götter an die Königin entsprechen jedoch ihren relativen Stellungen als morgendliche und abendliche Gestalt des Sonnengottes. So vermag Chepre ihr die zyklische *Nechech*-Ewigkeit in Aussicht zu stellen sowie das Aufgehen des Ra am Himmel. Erst seine dritte Gabe stellt einen Sitz im «heiligen Land» *(T3-dsr)* dar. Die Versprechungen des «abend-

Das Dekorationsprogramm

lichen» Sonnengottes Ra-Harachte sind hingegen enger mit den unterweltlichen Erfordernissen verbunden: «Ich gebe dir einen Sitz inmitten des heiligen Landes. Ich gebe dir die Lebenszeit des Ra. Ich gebe dir die (unwandelbar dauernde) *Djet*-Ewigkeit in Leben, (ewiger) Dauer und Stärke.»

Über dem Türdurchgang zu Raum II befindet sich die Darstellung der geiergestaltigen Göttin Nechbet, die schützend ihre Flügel ausbreitet (Abb. 195). Wie zahlreiche andere Dekorationselemente wurde auch dieses dem königlichen Repertoire entlehnt. Im Dekorationsprogramm der Königsgräber – beginnend mit Sethos I. – sowie der ägyptischen Tempel finden sich an den Decken der Korridore häufig alternierende vogel- und schlangenköpfige Geier, die in ihren Fängen Wedel tragen (Abb. 196). Diese zoomorphen Erscheinungsformen der Landesgöttinnen Nechbet (Geier) und Uto (Schlange) haben zum einen die Aufgabe, den Eintretenden zu schützen, zum anderen aber auch, ihm die zum Leben notwendige Luft zuzufächeln.

Raum II

Raum II, der den Zielpunkt der Süd-Nord-Achse darstellt, wird von Adorationen der Nefertari vor verschiedenen Göttern dominiert, durch die veranlaßt werden soll, daß der Königin die zum (Über-)Leben notwendigen Gaben und Verheißungen – im Gegenzug zu den von Nefertari dargebrachten Opfern – gewährt werden.

Den nach Westen hin dezentrierten Durchgang zu Raum II flankiert – parallel zum Eingang der Sarkophaghalle – jeweils eine Darstellung der Göttin Maat (Abb. 197). Sie fordert Nefertari, die sie als ihre Tochter bezeichnet, auf, zu ihr zu kommen und verspricht ihr einen Sitz im Jenseits *(Jwgr.t)*. Der innere Türsturz zeigt erneut Nechbet, die geiergestaltige Kronengöttin von Oberägypten.

Auf der westlichen Hälfte der Eingangswand opfert die Königin vor Ptah (Abb. 198). Der Gott ist, in seiner üblichen ungegliederten Form, stehend in einem Naos dargestellt. Die Türflügel des Naos sind geöffnet, so daß Nefertari ihm von Angesicht zu Angesicht gegenübersteht. In seinen Händen hält Ptah das für ihn charakteristische, mit einem *Djed*- und einem Lebens-Zeichen *(ꜥnḫ)* kombinierte *Was*-Szepter *(wꜣs)*. Hinter dem Kultbild befindet sich die Darstellung eines *Djed*-Pfeilers, der wohl als der ursprünglich zu Ptah gehörige «ehrwür-

Abb. 195   Die geiergestaltige Göttin Nechbet.

dige *Djed (Ḏd šps)*» zu identifizieren ist (Abb. 204). Die Beischrift bezeichnet Ptah als «Herrn der Maat, König der beiden Länder, der Schöngesichtige auf seinem großen Sitz». Auffälligerweise scheint das sonst diesem Gott auch häufig zugeordnete Epitheton «großer Gott» *(nṯr-ꜥꜣ)* in dieser Reihung zu fehlen. Betrachtet man die Naos-Konstruktion, in der das Kultbild steht, genau, so zeigt sich vorn als oberer Abschluß nicht nur der *Djed*-Pfeiler, sondern auch die Hieroglyphe für «Gott» (*nṯr*). Am rückwärtigen Teil läßt sich leicht die Zeltstange als Träger der Dachkonstruktion erkennen, die als Hieroglyphe mit «groß» (*ꜥꜣ*) zu übersetzen ist. Der im Naos stehende Gott ist somit durch seinen Aufenthaltsort ebenfalls als «großer Gott» *(nṯr-ꜥꜣ)* klassifiziert. Keiner der Titel gibt jedoch einen Hinweis darauf, ob es sich bei dem Gott um die spezielle thebanische Kultform des «Ptah von Ta-set-neferu» handelt, der zusammen mit der Göttin Mertseger in einem Felsensanktuar im Tal der Königinnen verehrt wurde.

Vor dem Kultbild steht Nefertari, die dem Gott gemäß der Inschrift «*Menechet*-Kleider *(mnḫ.t)*» im «heiligen Land»

Abb. 196   Nechbet und Uto, hier beide geiergestaltig, fächeln dem Grabinhaber mit ihren Schwingen und den Fächern, die sie in ihren Klauen halten, Luft zu. Decke des Korridors im Grab Ramses' IV. im Tal der Könige.

Abb. 197 Die Göttin Maat empfängt die Eintretende am Durchgang zu Raum II.

Abb. 198 Der Gott Ptah empfängt ein Stoff-Opfer. Westliche Südwand des Raumes II.

Abb. 199 Nefertari empfängt von dem ibisköpfigen Gott Thot eine Schreibpalette sowie ein Wassergefäß. Vignette zu Totenbuch-Spruch 94. Westwand von Raum II.

(*T3-dsr*) darbringt. Zwischen dem Gott und der Königin befindet sich ein Opfertisch, auf dem ebenfalls – symbolisch in Gestalt der Hieroglyphe – ein Kleideropfer dargestellt ist. In den thebanischen Beamtengräbern berichten Darstellungen und Inschriften häufig vom Überreichen der *Menechet*-Stoffbinden an den Grabinhaber. Diese können mit den bei der Balsamierung verwendeten Mumienbinden identifiziert werden. Darüber hinaus ist das Übergeben eines «weißen *Menechet*-Gewandes» zudem Bestandteil des Mundöffnungsrituals. In den Königsgräbern ist das Motiv des Versorgens mit Kleidern implizit in der 8. und 9. Stunde des *Amduat* belegt.

Bei allen angesprochenen vergleichbaren Opfern von Kleidern oder Stoffbinden handelt es sich um Gaben, die dem Grabherrn dargebracht werden. Hier ist es jedoch der Gott Ptah, der von der Grabherrin selbst ein «Kleideropfer» empfängt. Zur Klärung dieses Sachverhaltes könnte die letztgenannte Versorgung mit Kleidern, wie sie in der 9. Stunde des *Amduat* beschrieben wird, beitragen. Dort sind es unter anderem die zwölf Götter, die den «Göttergerichtshof» (*d3d3.t-nj.t-ntr.w*) bilden, die mit dem *Menechet*-Zeichen in Verbindung gebracht werden. Ein solcher Gerichtshof hat aber auch über die «moralisch-ethische» Unbedenklichkeit des Verstorbenen zu richten, wie dies etwa im Jenseitsgericht geschieht.

Die Hieroglyphe für «*Menechet*» (*mnḫ.t*), die Nefertari dem «Herrn der Maat», Ptah, als Opfer darbringt, muß jedoch nicht zwingend ideogrammatisch, im Sinne einer Übereinstimmung von Bildinhalt und -sinn, aufgefaßt werden. Dieselbe Hieroglyphe kann in der gleichen Lesart als «*Menechet*» (*mnḫ.t*) auch für das Wort «Trefflichkeit» stehen. Diese «Trefflichkeit» könnte durchaus als eine «moralisch-ethische» Größe angesehen werden, wie dies zahlreiche phraseologische Wendungen in loyalitätsbekundenden Biographien von Beamten nahelegen.

Was sich auf den ersten Blick lediglich als implizite Eigenversorgung der Verstorbenen mit Kleidern darstellt – und sowohl mit der Mumifizierung als auch der Mundöffnung in Verbindung gebracht werden kann –, läßt sich – durch die Paronomasie der Worte Menechet-Kleidung (*mnḫ.t*) und Menechet-Trefflichkeit (*mnḫ.t*) – auch als bildliche Versicherung der eigenen «Trefflichkeit» gegenüber dem «Herrn der Maat», Ptah, verstehen. Diese «Trefflichkeit» wiederum dürfte ethisch-moralische Voraussetzung für ein Leben im «heiligen Land» gewesen sein.

Das «Opfer» der Königin erinnert an das «Darbringen der Maat» seitens des Königs. So wie der König damit seine Rechtschaffenheit und Idoneität als rechtmäßiger Herrscher gegenüber den Göttern dokumentiert, so weist sich Nefertari hier als «trefflich», d. h. «lebenswürdig» vor dem «Herrn der Maat», Ptah, aus, von dem es an anderer Stelle heißt: «jedes gute Werk, Ptah belohnt es reichlich».

Auf der anschließenden Westwand ist Nefertari vor dem thronenden Gott Thot zu sehen (Abb. 199). Die zugehörige Inschrift gibt den Text des Tb-Spruches 94 wieder, der mit «Spruch, um Wassernapf und Schreibpalette zu erbitten» überschrieben ist. Diese beiden Geräte waren die Hauptutensilien, die ein Schreiber in Ägypten zur Verrichtung seiner Arbeit benötigte. Die trockenen Farbpigmente, die man in Vertiefungen der Palette aufbewahrte, wurden bei Bedarf mit dem Wasser aus dem Napf angerührt. Durch die Rezitation der Formel will Nefertari in den Besitz der Schreibgeräte des Thot gelangen, die auf dem Bild vor der Königin dargestellt sind. Nefertari identifiziert sich gegenüber dem Gott als eine im Jenseits anerkannte, das heißt gerechtgesprochene Person und bittet ihn, ihr seine Schreibutensilien zu übergeben. Sie sagt: «Siehe, ich bin gekommen, ich bin verklärt *(3ḫ)*, ich bin *ba*-haft *(b3)* und machtvoll *(sḫm)*, ich bin ausgestattet mit den Schriften des Thot. Bring mir, eile, Aker, der im Sumpf ist. Bring mir den Wassernapf, bring mir die Palette, jenen Aktenbehälter des Thot und die Geheimnisse in ihnen.» Während der Wunsch nach Wassernapf und Palette, nebst den zugehörigen Akten und ihren geheimen Inhalten, keine Verständnisprobleme bereitet, ist das Verlangen nach «Aker, der im Sumpf ist» unklar. Gegebenenfalls könnte er mit dem Frosch in Verbindung gebracht werden, der zusammen mit den gewünschten Gerätschaften auf dem Tisch zwischen dem Gott und der Königin dargestellt ist.

Durch den Tb-Spruch soll die Verstorbene mit Thot gleichgesetzt werden. Vehikel der Identifikation ist die Aneignung der Geräte des Gottes sowie die Bewältigung seiner Aufgaben als Schreiber der Götter. Durch die Identifikation kann Nefertari aber auch weitere Funktionen und Eigenschaften des Gottes übernehmen, zum Beispiel seinen Platz als Steuermann in der Sonnenbarke oder seine Stellung als Stellvertreter des Sonnengottes selbst. Zudem wäre sie in der Lage, den Platz des Thot als Schreiber im Totengericht einzunehmen und so das Ergebnis des Wägevorgangs selbst zu dokumentieren. Darüber hinaus finden sich in der Darstellung und der zugehörigen Inschrift zusätzlich Symbole der Fruchtbarkeit sowie der Versorgung der Königin im Jenseits. Thot ist – durch die Schärpe über der Schulter – als Vorlesepriester anzusehen. Als solcher ist er für die Ausführung der Totenriten, zu denen auch die tägliche Versorgung gehört, zuständig.

Der Frosch, um den die Darstellung des Wassernapfes und der Palette erweitert ist, galt als Symbol der Fruchtbarkeit, da nach der jährlichen Nilüberschwemmung Tausende von Fröschen gleichsam aus dem Nichts in den Teichen und Sümpfen, die das zurückgehende Wasser hinterließ, erschienen. Daher wurde die Hieroglyphe des Frosches Bestandteil des Ausdruckes «das Leben wiederholen» *(wḥm ꜥnḫ)*, das heißt «auferstehen».

Des weiteren erbittet Nefertari in dem Spruch «Bring mir den Ausfluß des Osiris», um mit diesem die Befehle des Gottes Ra-Harachte aufzuschreiben. Der «Ausfluß des Osiris» wird jedoch mit den Wassern der Nilüberschwemmung identifiziert, so daß Nefertari um nichts anderes bittet, als die zum Schreiben notwendige Farbe mit Überschwemmungswasser, das heißt mit dem Garanten der jährlichen Regeneration und Fruchtbarkeit des Landes, anrühren zu dürfen. Wird ihr diese Bitte gewährt, so ist ihr auch die zyklische Wiederkehr der Fruchtbarkeit des Landes und damit ihre eigene Versorgung gesichert. Dieser Gedanke der Fruchtbarkeit, die letztendlich durch die Gaben des Thot gewährt werden soll, wird zusätzlich durch die grüne Gesichtsfarbe des Gottes manifestiert.

Auch die Darstellung auf der gegenüberliegenden Ostwand ist der Sicherung der Versorgung und dem Schutz der Königin im Jenseits gewidmet. Die ganze Fläche wird von der Vignette zu Tb-Spruch 148 eingenommen. Sie zeigt sieben Kühe und einen Stier sowie vier

Abb. 200 Nefertari in Anbetung der sieben Kühe und des Stiers aus dem Totenbuch-Spruch 148. Ostwand von Raum II.

Abb. 201 Die Götter Osiris und Atum empfangen je ein Opfer von Nefertari. Nordwand von Raum II.

Ruder (Abb. 200). Alle dargestellten Rinder und Ruder werden durch Beischriften identifiziert. Von dem Spruch selbst, der überschrieben ist «Spruch, einen Verklärten zu speisen im Totenreich – das bedeutet, ihn vor jeglichem Übel zu bewahren», finden sich keine Zitate. Die Reihenfolge der sieben Kühe scheint beliebig zu sein, da sie in den unterschiedlichen Überlieferungen des Spruches, die sich in anderen Gräbern sowie auf Papyri finden, variieren. Dennoch berücksichtigte man bei der Denomination der Rinder auch die Dekoration; so zeigt die Kuh mit dem Namen «Die mit großer Beliebtheit, die Rothaarige» folgerichtig ein rotes Fell. Während die sieben Kühe die Versorgung der Verstorbenen gewährleisten, ist der Stier als Garant der Fruchtbarkeit anzusehen.

Die vier Ruder, deren Riemenblätter so dargestellt sind, als wären sie in Wasser eingetaucht, sind unerläßliche Instrumente der Barke des Sonnengottes und stehen stellvertretend für die vier Himmelsrichtungen. Wie die Vierzahl der Ruder wird auch die Siebenzahl der Kühe eine symbolische Bedeutung haben. Sicher klingt hier auch eine Verbindung zu den «sieben Hathoren» an, die das Schicksal des Kindes bei seiner Geburt bestimmen und seine Versorgung sichern.

Eine, von anderer Stelle bekannte, Nachschrift zu dem Spruch verdeutlicht nochmals die Aufgabe der Formel: «Derjenige, für den dies ausgeführt wird, dessen Steuerruder und dessen Schutz wird Ra sein, für den gibt es keinerlei Feinde im Totenreich, im Himmel, in der Erde und an jeglichem Ort, an den er geht. Es bedeutet, einen Verklärten wirklich zu speisen.»

Dieser Tb-Spruch kann -- wie bereits das Kleideropfer an Ptah – mit der 9. Stunde des *Amduat* in Verbindung gebracht werden, in der eine kuhgestaltige Gottheit als «Opferherrin vor der *Dat*» angesprochen wird, die mit zwei weiteren Göttern dafür zuständig ist, die Opfer an die Verstorbenen weiterzuleiten. Die vier Steuerruder könnten in diesem Zusammenhang stellvertretend für die Rudermannschaft der Sonnenbarke stehen, die die Versorgung der Unterweltlichen mit Wasser gewährleistet.

Zu der gesamten Darstellung gehört noch die auf der östlichen Eingangswand im Adorationsgestus dargestellte Nefertari. Diese Anbetung der in der Vignette von Tb-Spruch 148 dargestellten Götter bildet jedoch auch mit der hinter der Königin angebrachten Szene eine Einheit.

Die Nordwand des Raumes II trägt eine Darstellung der Königin in einer doppelten Opferszene vor den Rücken an Rücken thronenden Göttern Osiris und Atum (Abb. 201). Nefertari, die in ihrer rechten Hand jeweils das *Sechem*-Szepter *(sḥm)* hält (Abb. 202), überweist jedem der Götter ein Opfer, das in erster Linie aus zwei geschlachteten Rindern besteht, denen Früchte, Gemüse und Brot beigelegt sind. In der typisch ägyptischen Art der «aspektivischen» Darstellungsweise sind die jeweils drei Matten, auf denen die Opfergaben liegen, übereinander dargestellt, obwohl ein «Nebeneinander» gemeint ist. Wenngleich die beiden Götter ein identisches Opfer zu empfangen scheinen, ist das des Osiris doch merklich größer. So haben hier fünf Schalen mit brennendem Weihrauch Platz, während das des Atum lediglich drei aufweist. Die Gewichtung der Szene auf den Gott Osiris hin wird jedoch nicht nur durch die dezentrierte Gesamtkonzeption der bildlichen Darstellung deutlich, die die Wand in zwei ungleiche Hälften teilt, sondern auch in den Bei-

Abb. 202 Nefertari bei der Opferüberweisung. Anschluß an Abb. 201. Nordwand von Raum II.

worten der Götter. Während Atum als «Herr der beiden Länder, (Herr von) Heliopolis und großer Gott» der «Herr des heiligen Landes *(nb T3-dsr)*» ist, wird Osiris «König der Lebenden, großer Gott» als «Herrscher des heiligen Landes *(hq3 T3-dsr)*, Herr bis zur *Nechech*-Ewigkeit und Herrscher der *Djet*-Ewigkeit» identifiziert. Als solcher ist er auch mit den Herrschaftsinsignien Krummstab *(hq3)* und Wedel ausgestattet, während Atum – wie fast alle Götter in den Darstellungen des Grabes – ein Lebens-Zeichen *(ʿnh)* sowie das *Was*-Szepter *(w3s)* in den Händen hält.

Die Gaben der beiden Götter, die sie Nefertari im Gegenzug zu deren Opfer gewähren, beziehen sich nun nicht mehr auf einen Sitz in der Unterwelt – diesen hat Nefertari eingenommen –, sondern auf die Sicherung des täglichen Sonnenlaufes für die Ewigkeit. Während Atum ihr verspricht, «ich gebe dir das Erscheinen des Ra am Himmel, die *Djet*-Ewigkeit in Leben, (ewiger) Dauer und Stärke *(w3s)*, die *Nechech*-Ewigkeit wie Ra sowie jegliche ‹Herzensweite› (das heißt ‹Verstand› *[3w.t-ib]*)», erweitert Osiris die vergleichbaren Wünsche jeweils um den Zusatz «bei mir», das heißt, in der zu ihm gehörigen Sphäre, dem Jenseits.

Der für Nefertari lebensnotwendige Sonnenlauf bleibt jedoch nicht nur ein Versprechen der Götter, das sich in der Aussage «ich gebe dir das Erscheinen des Ra» – und damit nur die allgemeinste Voraussetzung – erschöpft. Der Ägypter kannte kein Wort für «Sonnenlauf». Er war bei der Umschreibung dieses Geschehens immer auf Chiffren angewiesen, deren Symbolgehalt zumeist erst den Wahrheitswert des Dargestellten erfassen lassen. Durch diesen auf den ersten Blick als Mangel erscheinenden Umstand war man jedoch in der Lage, durch unterschiedlichste Zeichen und Symbole die Welt(en) und ihre Abläufe gleichsam metaphorisch in Bildern, deren Tragweite die Möglichkeiten der Sprache weit übertrifft, festzuhalten. So ist die Darstellung von Osiris und Atum selbst bereits als Bild des sich vollziehenden Sonnenlaufes anzusehen. Während Osiris, als Herrscher des Jenseits, stellvertretend für den Westen steht, kann Atum zum einen als Repräsentant des Ostens, aber auch als Ikon der abendlichen, untergehenden Sonne angesehen werden. Das Bild des zyklischen Sonnenlaufes von Ost nach West impliziert zugleich das Eingehen des Sonnengottes – in seiner Form als Atum – in den Gott der Unterwelt Osiris, der als Leichnam des Ra gilt. Explizit zeigt diese gegenseitige Einwohnung der beiden Götter die bisher ausgesparte Szene auf der gegenüberliegenden Südwand. Zwischen den Göttinnen Isis und Nephthys ist eine widderköpfige Mumie zu sehen, die mit der Sonnenscheibe bekrönt ist (Abb. 203). Die Darstellung ist der Sonnenlitanei, einem der königlichen Jenseitsführer, entnommen. Dieses «Buch der Anbetung des Ra im Westen» enthält 75 Anrufungen an den Sonnengott, die seine unterschiedlichen Gestalten, die er während der nächtlichen Fahrt durch die Unterwelt einnimmt, beschreiben. Das Geschehen kulminiert in der Vereinigung des Ra mit Osiris. «Ein Jubellaut ist in der *Schetit* (das heißt dem Totenreich) – ‹Ra ist es, der in Osiris eingegangen ist – und umgekehrt!›»

Auch die Beischrift zur Darstellung im Grab der Nefertari gibt die vollzogene Vereinigung der beiden Götter bekannt. Es heißt dort: «Osiris ruht in Ra» und «Ra ist es, der in Osiris ruht». Während die Mumiengestalt von Osiris übernommen wurde, der – wie angeführt – als

Abb. 203 Die widderköpfige Mumie des Sonnengottes zwischen Nephthys und Isis. Vignette zu Totenbuch-Spruch 180. Östliche Südwand von Raum II.

Leichnam des Sonnengottes angesehen werden konnte, ist der Widderkopf dem durch die Unterwelt fahrenden Sonnengott Ra zu eigen, der als *Ba*-Seele des Osiris galt. Vermutlich ist dieses spezielle Bild eigens für das Grab der Nefertari geschaffen worden. Die Szene scheint als einzige im Raum II keine eindeutig zugehörige Darstellung der Königin aufzuweisen, da diese zwar unmittelbar im Anschluß, aber mit dem Rücken zum Geschehen, der Einwohnungsszene, dargestellt ist. Dennoch dürften diese beiden Bilder als Einheit zu betrachten sein. Wie bei der Besprechung der auf der Ostwand befindlichen Vignette zu Tb-Spruch 148 ausgeführt, konnte dieses Bild mit der 9. Stunde des *Amduat* in Verbindung gebracht werden. Neben der Versorgung des Verstorbenen mit Nahrung, Wasser und Kleidung beinhaltet die Beschreibung dieser Stunde unter anderem die Gestalten von zwölf Göttinnen, denen eine besondere Aufgabe zukommt. Die zugehörige Beischrift besagt: «Was sie in der *Dat* zu tun haben, ist, die Erhebung des Osiris zu machen und die geheime Seele herabschweben zu lassen durch ihre Worte.» Anders ausgedrückt: die Göttinnen hatten die Aufgabe, die Einwohnung der *Ba*-Seele, also des Ra, in die «Mumie» Osiris zu bewirken. In diesem Fall dürfte Nefertari die Funktion der Göttinnen übernommen haben, da sie bewußt «zwischen» der Vignette des Tb-Spruches und der Einwohnungsszene Darstellung fand und somit die Vereinigung von Seele und Leichnam initiierte, die die Verjüngung des Ra und die Revivifikation des Osiris – und damit auch die «Wiederbelebung» der «Osiris-Nefertari» – bewirkte.

Unterstützt wird die Aktion der Königin wiederum durch das eingangs erwähnte Motiv des «Sonnenlaufes auf der abschüssigen Himmelsbahn». Bei genauerer Betrachtung der Dekorationselemente fällt auf, daß die hohe Federkrone der Nefertari die als Himmelszeichen gestaltete Abgrenzung der Bildkomposition gänzlich durchstößt (Abb. 200), während die den Widderkopf bekrönende Sonnenscheibe nur bis in die Hälfte der Himmelshieroglyphe reicht. Die «abschüssige Himmelsbahn» neigt sich demnach von links (Nefertari) nach rechts (Widdermumie), und das Gestirn des Sonnengottes «rollt» – den Gesetzen der Schwerkraft folgend – auf dieser schiefen Ebene zur Mumie des Osiris, um sich mit dieser zu vereinigen, wie es in dem Bild Darstellung findet.

Abb. 204 Vignette zu Totenbuch-Spruch 125, der das sogenannte Totengericht zum Thema hat.

Zusammenschau von Komplex II

Zusammenfassend lassen sich anhand der Wanddekoration der Raumsequenz der Süd-Nord-Achse die folgenden drei Themenkomplexe benennen:

1. *Versorgung*: der Aspekt der Versorgung läßt sich eindeutig anhand der Dekoration zeigen. Anders als in Komplex I, dessen Opferszenen Nefertari mit Gaben vor den Göttern und Göttinnen zeigen, finden sich hier explizite sowie implizite Hinweise auf die Versorgung der Grabherrin. Insbesondere die acht zu Tb-Spruch 148 gehörigen Rinder können als Garanten für die Versorgung der Nefertari angesehen werden. Aber auch der Gott Ptah sowie Thot – beide charakterisiert durch eine grüne Gesichtsfarbe (Abb. 199) – sind, zumindest assoziativ, Spender von Fruchtbarkeit.

2. *Jenseits-/Totengericht*: Die Szenen, in denen sich Aspekte des Totengerichtes fassen lassen, sind eng mit dem Themenkomplex der Versorgung verknüpft. Ausgangspunkt der Betrachtung ist der Eingang zu Raum I a, dessen Türsturz den Fries zeigt, der ansonsten nur aus der Vignette zu Tb-Spruch 125 bekannt ist (Abb. 190). Wie bereits angeführt, umfaßt dieser Spruch das sogenannte Jenseitsgericht. Aufgabe dieses Gerichtshofes ist es, festzustellen, ob der Verstorbene einen Platz im Reich des Osiris in Anspruch nehmen kann. Zur Verifizierung dieses Anspruchs wird das Herz des Verstorbenen – Sitz des Verstandes – gegen die Feder der Maat – Symbol der Wahrheit – aufgewogen (Abb. 205). Hat der Verstorbene sein Leben gemäß den Gesetzen der Maat ausgerichtet, so hält sich das Herz mit der Feder die Waage, und der Anspruch auf ein Weiterleben im Jenseits ist «gerechtfertigt». Ein altägyptischer, literarischer Text formuliert deshalb: «Die Wahrheit aber dauert bis in Ewigkeit und mit dem, der nach ihr handelt, steigt sie zur Unterwelt hinab.» Als Lokalität des Gerichtshofes ist die sogenannte «Halle der beiden Maat-Göttinnen» (Maat ist Göttin der Wahrheit) bekannt. Zahlreiche Darstellungen zeigen, wie der Verstorbene von dem Gott Harsiese in diese Halle zur Waage geführt wird, wo Thot das Ergebnis des Wägevorgangs dokumentiert. Nachdem der Verstorbene als «gerechtfertigt» ausgewiesen ist, wird er zu Osiris, dem Herrscher des Jenseits, gebracht. Im Grab der Nefertari findet sich keine dieser Szenen im Zusammenhang mit dem Jenseitsgericht, und dennoch sind fast alle zugehörigen Akteure vertreten. So führt Harsiese die Königin (Abb. 192) in Richtung auf einen Raum, der von zwei Maatgöttinnen flankiert wird (Halle der beiden Maatgöttinnen [Abb. 197]); dem Gott Ptah bringt Nefertari ihre «moralisch-ethische» «Trefflichkeit» dar (Abb. 198), die zweifelsohne auch durch den Wägevorgang selbst festgestellt worden wäre; Thot, dem als Schreiber des Gerichts eine wichtige Rolle zukommt, ist genauso präsent (Abb. 199) wie auch der Herrscher des Jenseits, Osiris, dem Nefertari auf der zentralen Nordwand gegenübertritt (Abb. 201). Demnach findet sich auch im Grab der Nefertari – zumindest assoziativ – das Totengericht, das allein den Status des «Gerechtfertigtseins» – und damit den Anspruch auf einen Platz in der Unterwelt – vergeben kann.

3. *Sonnenlauf*: Augenfälligste Aufgabe des Komplexes II ist die Dokumentation des täglichen (nächtlichen) Sonnenlaufes. Blickt man von Raum I entlang der Süd-Nord-Achse auf die Rückwand des Raumes II, so zeigen sich – in den Szenen der Dekoration seitlich der sich verjüngenden Durchgänge von Raum I a und Raum II – die verschiedenen Phasen des Sonnenlaufes (Abb. 190). Der Sonnenaufgang, repräsentiert durch den mor-

gendlichen Sonnengott Chepre, der mittägliche Zenit, assoziiert durch Ra-Harachte, der Sonnenuntergang, personifiziert in Atum, und letztendlich der «Zielpunkt» des nächtlichen Sonnenlaufes in Gestalt des Gottes Osiris. Die vor den Götterbildern stehende Nefertari aber ist es, die den Lauf der Sonne durch ihre Adoration initiiert und damit an diesem partizipiert.

Durch diese Identifikation des Komplexes II als – im Vergleich zu dem sepulkralen Komplex I – «solarer» Bereich der Grabanlage erklärt sich auch der obere Wandabschluß der Raumsequenz. Anders als in Komplex I wird dieser nicht mehr durch den Sandstreifen gebildet, sondern stellt eine Himmelshieroglyphe dar (beispielsweise Abb. 200). Selbst in diesem Dekorationselement widerspiegelt sich der Themenschwerpunkt des Komplexes, denn unabhängig davon, ob es sich um den täglichen im Diesseits oder nächtlichen im Jenseits handelt, findet der Sonnenlauf doch immer am Himmel respektive Gegenhimmel statt.

Komplex I und II in der Gegenüberstellung

Diese letzte Beobachtung bezüglich der Wanddekoration führt nochmals die intellektuelle Konzeption der ägyptischen Bilder vor Augen, denn schon allein durch die unterschiedliche Gestaltung des oberen Wandabschlusses in «Sandstreifen» (beispielsweise Abb. 153) und «Himmelshieroglyphe» gliedert sich das Grab in einen sepulkral-chthonischen (I) und einen solaren Komplex (II). Das Durchwandeln der beiden Bereiche aber bildet den Weg zur Unsterblichkeit.

Komplex I ist ganz dem Gedanken der Transfiguration der Nefertari gewidmet. Diese Transfiguration vollzieht sich bei der erstmaligen, initialen Durchwanderung des Totenreiches, deren Ausgangspunkt die Mumifizierung darstellt. Nach Ablauf der Initialhandlung ist die eigentliche Transfiguration – die Umwandlung von der menschlichen in eine gottähnliche Existenz – sowie die Aufnahme unter die Götter vollzogen. Als solch göttliches Wesen ist die Königin Osiris-Nefertari zwar bereits unsterblich, bedarf jedoch sowohl der Versorgung als auch einer zyklischen Belebung durch die Sonne. Beides wird durch die Wanddekoration des Komplexes II gewährleistet. Die dort verehrten Götter sind als Garanten der Versorgung anzusehen, und der allnächtliche Lauf der Sonne durch das Grab wird durch die Adorationen und Opfer der Nefertari an die Repräsentanten der einzelnen Sonnenphasen initiiert. Der tägliche Weg, den die Sonne auf ihrer Fahrt durch das Jenseits durchziehen muß, führt sie dann über die «Wege des Jenseits» von Komplex I in die Sarkophagkammer, um den dort ruhenden Leichnam zum Leben zu (er)wecken.

Durch die Sicherung dieses «täglichen» Sonnenlaufes ist die periodische Belebung der Nefertari garantiert und nichts, außer eine Zerstörung der Wandreliefs, kann ihr Leben in *Djet-* und *Nechech-*Ewigkeit bedrohen.

So gesehen bleibt Nefertari auch nach ihrem Tod und der daran anschließenden, erfolgreichen Transfiguration in ihrem «Haus der Ewigkeit» die
«*Große königliche Gemahlin Nefertari-Meri-en-mut,
für die Ra (er-)scheint*».

Bildnachweis:

Abb. 1, 7 a, b, 45–47, 67–69, 101, 130 b, 152, 163 a–d, 186, 189: H. C. Schmidt; Abb. 2 : Ägyptisches Museum Berlin (Margarete Büsing); Abb. 3, 36, 57, 58, 63: Jürgen Liepe; Abb. 4: Katalog «Ägyptens Aufstieg zur Weltmacht» (Mainz 1987); Abb. 5, 120, 122, 139–145, 147, 150 a, b, 164, 176, 177, 178, 187: A. Siliotti (CEDAE); Abb. 6, 8 b, 9, 13–19, 21, 37–42, 44, 54, 59–62, 76, 82, 85–87, 90–100, 102–107, 110, 112, 116: J. Willeitner; Abb. 8 a, 64, 77, 153–158, 162, 165, 172, 179–185, 188, 190, 192–195, 197–203: Archiv; Abb. 10, 11: nach ASAE 39 (1939) pl. XIII f.; Abb. 12, 81, 123, 124, 130 a, 131 a, b, 133, 134, 137, 147: Museo Egizio Torino (Franco Lovera); Abb. 20: Staatliche Sammlung Ägyptischer Kunst (H. Wenzel); Abb. 22 a, b: Glasgow Museums and Art Galleries, Burrell Collection; Abb. 23 a–c, 32 a–c, 33 a, b: Musées Royaux d'Art et d'Histoire, Brüssel; Abb. 24–26 b: Ägyptisches Museum Berlin (D. Wildung); Abb. 27: Roemer- und Pelizaeus-Museum Hildesheim (P. Windszus); Abb. 28, 34: Katalog «Das Museum für altägyptische Kunst in Luxor» (Mainz 1981) (J. Ross); Abb. 29: University Art Gallery San Bernardino, Harer Family Trust; Abb. 30, 31: nach H. Sourouzian, Les monuments du roi Merenptah, SDAIK 22 (Mainz 1989); Abb. 35: Egypt Exploration Society (G. T. Matin); Abb. 43: nach SAK Beih. 4 (1991); Abb. 48, 73, 74, 88, 89, 109 a–c, 121, 148, 149: Zeichnung E. Ziegler; Abb. 49, 56: nach Legrain CGC; Abb. 50 a, b: nach Legrain, ASAE 14 (1914); Abb. 51: nach Naville, EEF 32; Abb. 52, 53: British Museum, London; Abb. 55: F. Schultz (Acanthus); Abb. 65, 71, 75, 78, 79: nach Lepsius, Denkmäler; Abb. 66: nach Champollion, Monuments; Abb. 70: nach Borchardt, ZÄS 67 (1931); Abb. 72: W. R. Gust; Abb. 80, 113: Musée du Louvre, Paris; Abb. 83: nach Edel, NAWG (1978); Abb. 84: P. Neve; Abb. 108: nach Chr. Desroches-Noblecourt/G. Gerster, Die Welt rettet Abu Simbel (Wien/Berlin o. J.); Abb. 111 a, b: nach Desroches-Noblecourt, Memnonia 1 (1990/91); Abb. 114: Kestner-Museum, Hannover; Abb. 115: Metropolitan Museum of Art, New York; Abb. 117–119: Museum of Fine Arts, Boston, Emily Esther Sears Fund; Abb. 125, 126: nach Porter & Moss, Topographical Bibliography I,2; Abb. 127, 128: nach P. Racanicchi (Hrsg.), Fotografi in terra d'Egitto (E. Schiaparelli); Abb. 129, 135, 136, 138, 151, 159–161, 173, 175, 191: E. Schiaparelli; Abb. 132: nach L. Habachi, Fs. 150 Jahre Berliner Ägypt. Mus.; Abb. 174: Metropolitan Museum of Art (H. Burton); Abb. 196: nach E. Hornung, Theben XI; Abb. 204: nach J. G. Wilkinson.

Literatur (Auswahl):

WOLFGANG HELCK, in: *Lexikon der Ägyptologie* IV (Wiesbaden 1982) Sp. 518f., s. v. «Nofretere»; ROBERT HARI, *Mout-Nefertari, épouse de Ramsès II: Une descendante de l'hérétique Aï?*, in: *Aegyptus* 59 (1979) 3–7; J. J. JANSSEN, *La reine Nefertari et la succession de Ramsès II par Merenptah*, in: *CdE* 38, no. 75 (1963) 30–36; LUDWIG BORCHARDT, *Die Königin bei einer feierlichen Staatshandlung Ramses' II.*, in: *ZÄS* 67 (1931) 29–31; JEAN CAPART, *Nefertari, Isisnefert et Khaemouast*, in: *CdE* 33 (Jan. 1942) 72–82; CHRISTIAN LEBLANC, *Isis-Nofret, grande épouse de Ramsès II. Quelques reflexions sur la reine, sa famille et Nofretari*, in: *BIFAO* (im Druck); ALBERTO SILIOTTI/CHRISTIAN LEBLANC, *Nefertari e la Valle delle Regine* (Florenz 1993); HENRY GAUTHIER, *Le Livre des Rois d'Egypte* Bd. III. MIFAO 19 (Kairo 1914) 75–77; JANET R. BUTTLES, *The Queens of Egypt* (London 1908) 147–151 mit pl. XIV; HERMANN MÜLLER-KARPE, *Frauen des 13. Jahrhunderts v. Chr.*, Kulturgeschichte der antiken Welt Bd. 26 (Mainz 1985) 12–39; K. A. KITCHEN, *Pharaoh Triumphant – The Life and Times of Ramesses II* (Warminster 1982) passim, insbes. 97–103; MICHEL GITTON, *Variation sur le thème des titulatures de reines*, in: *BIFAO* 78 (1978) 397–399; ELMAR EDEL, *Der Brief des ägyptischen Pasijara an den Hethiterkönig Hattusili und verwandte Keilschriftbriefe: III. Der Brief der Naptera, Gemahlin Ramses' II. (KBo I 29 + IX 43). Nachr. Akad. Wiss. Göttingen* I. Phil.-Hist. Kl. (Göttingen 1978) Nr. 4, 137 ff.; CHRISTIANE DESROCHES-NOBLECOURT/CHARLES KUENTZ, *Le Petit Temple d'Abou Simbel*, 2 Bde. (Kairo 1968); ERNESTO SCHIAPARELLI, *Relazione sui lavori della Missione Archaeologica Italiana in Egitto, anni 1903–1920*, Vol. I: *Esplorazione della «Valle delle Regine» nella necropoli di Tebe* (Turin 1924) 51–104 mit Tav. XVI-XXI; HANS GOEDICKE, *Nofretari – The Documentation of her Tomb*, in: G. THAUSING/H. GOEDICKE, *Nofretari* (Graz 1971) 31–55; Rezensionen dieses Werkes mit wertvollen Ergänzungen durch a) JACQUES VANDIER, in: *BiOr* 29 3/4 (1972) 160–163; b) STEFFEN WENIG, in: *OLZ* 68 (1973) Sp. 574–576; c) ERIK HORNUNG, in: *BiOr* 32 3/4 (1975) 143–145; E. DONDELINGER, *Der Jenseitsweg der Nofretari. Bilder aus dem Grab einer ägyptischen Königin* (Graz 1973); *La reconstitution photographique de la tombe de Nofretari*, in: *Ramsès le Grand*. Ausstellungskatalog Galéries Nationales du Grand Palais (Paris 1976) 207–221; PIERO RACANICCHI (Hrsg.), *Fotografi in terra d'Egitto – Immagini dall'Archivio storico della Soprintendenza al Museo delle Antichità Egizie di Torino. Pubblicazione edita nell'ambito del Sesto Congresso Internazionale di Egittologia, Torino 1–8 Settembre 1991* (Turin 1991) Tf. 60–63 (vgl. auch Tf. 64 und 65).

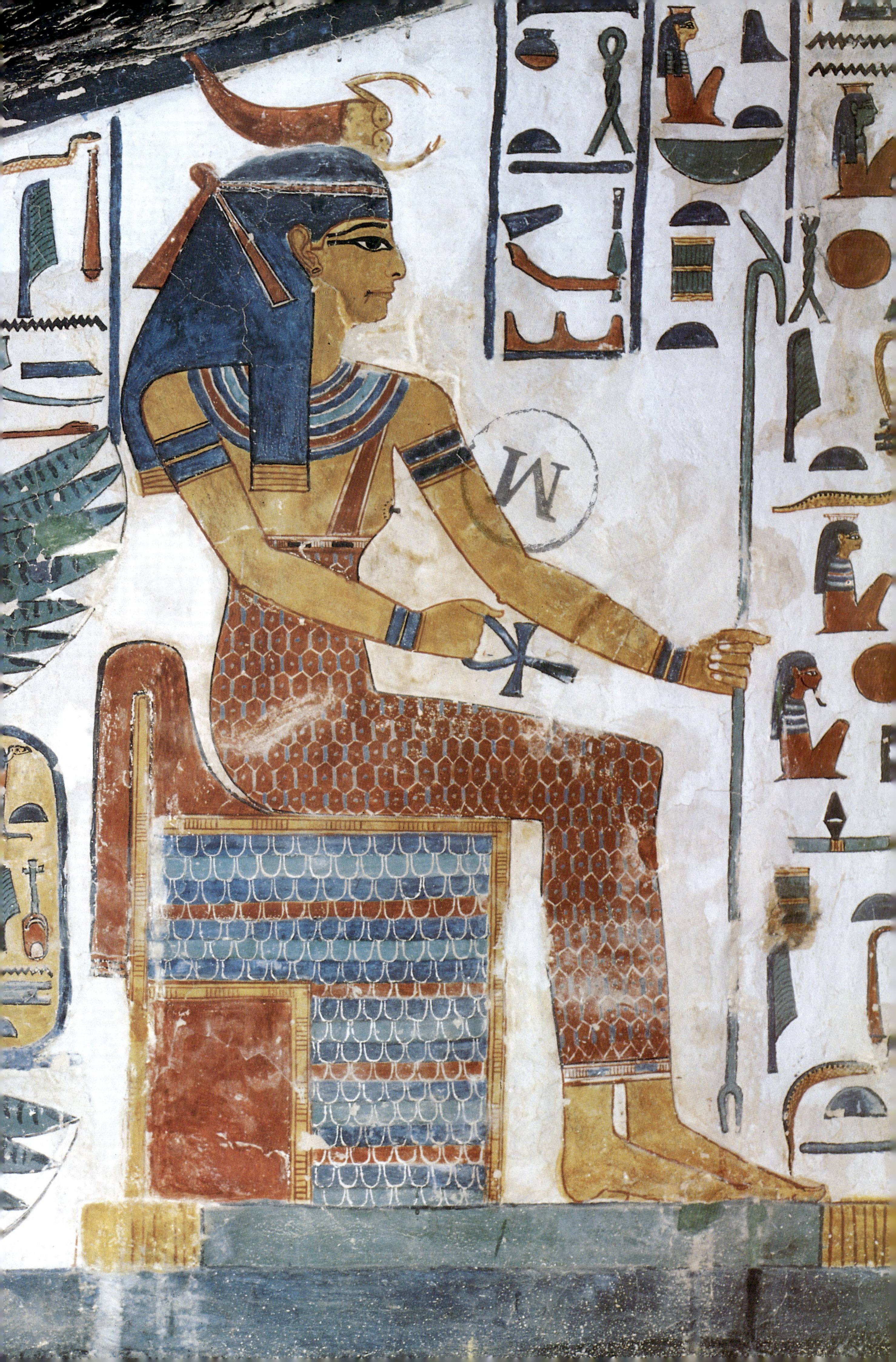